青年学术丛书·历史

YOUTH ACADEMIC SERIES-HISTORY

柳诒徵
文化思想研究

范红霞 著

人民出版社

目　录

序

柳诒徵是中国 20 世纪上半叶，学术造诣精深并产生过重要影响的著名学者。章太炎、梁启超都曾对他表示过敬意，固然反映了这一点；1948 年中央研究院选举第一届院士 81 人，史学仅五人，他与陈垣、陈寅恪、顾颉刚、傅斯年同时当选，同样也反映了这一点。柳诒徵在学术上开荆辟莽的创造性贡献，常为人称道者有三：其一，他先于刘师培、夏曾佑等人，较早地用章节体形式编写出了适应新式教育要求的历史教科书《历代史略》，开创了中国新式历史教科书编撰之先河；其二，他的影响广泛的名著《中国文化史》，从 1925 年起，便开始在《学衡》杂志上连载，被学界公认有"开山之功"；其三，他长期担任江苏省立国学图书馆馆长，主持编纂了 30 巨册的《江苏省立国学图书馆图书总目》，开中国大型图书馆目录建设的风气之先。这些无疑都是重要的；但是，要登堂入室，真正了解作为学术大家的柳诒徵思想之"大"者，还必需进一步理解他作为 20 世纪二三十年代风行一时的"学衡派"的主将，所代表的文化意义。

20 世纪初，无论东西方都面临着各自"重新估定一切价值"的时代。当国人发动新文化运动，藉西方文化批判固有文化之时，经历了欧战的西方正进一步陷入社会文化危机。欧人对近代资本主义文化的反省，除了马克思主义的批判之外，从尼采到柏格森，反省现代性，即非理性主义思潮的兴起也是一个重要的取向。欧洲现代思潮的变动不仅深刻地影响了西方世界，也深刻地影响到了东方。就中国而言，反省现代性思潮的东传，显然有先后两个不同的渠道：在北方，以梁启超、蒋百里、张君劢诸人为代表，他们战后游欧归来并发表了梁的《欧游心影录》，将柏格森为代表的学说传回了中国（此前《东方杂志》的杜亚泉等人通过日本，对此也有所介绍，但影响有限）；在南方，以梅光迪、吴宓、汤用彤诸人为代表，将乃师美国哈佛大学教授白璧德为代表的新人文主义引到国内，并创办了《学衡》杂志，形成了所谓的"学衡派"。这两种渠道的主体都是留学生，只是有留学欧洲与美国的分别而已。二者具体的思想见解虽有差异，但他们主张反省现代性，重新审视中西文化关系和独立地发展民族的新文化，却是共同的。现在的学界已渐达到共识：缘此引起的新文化运动的纷争，绝非什么进步与倒退的对立，而是反映了新文化运动在多元视角下的丰富与发展。柳诒徵在《中国文化史》第 19 章《最近之文化》中这样写道："欧战以后，世界思潮，回皇无主，吾国学者，亦因之而靡所折衷，不但不慊于中国旧有之思想制度，亦复不满于近世欧美各国之思想制度"。"然因此现象，复生二种思潮：一则欲输入欧美之真文化，一则欲昌明吾国之真文化，又以欧美人之自讼其短，有取法于吾国先哲之思。而吾国人以昌明东方文化为吾人之大任之念，乃油然以生。又进而以儒家之根本精神，为解决今世人生问题之要义。其思想之冲突而相成，实一最奇幻之事也。"① 强调欧战后的中国思想界受西方现代思潮变动的影响，异彩纷呈，虽不免于矛盾与冲突，但究其实质，却是相辅相成："其思想之冲突而相成"，说明柳诒徵对其时社会思潮变动理解之深刻。柳诒徵的学术地位与人格魅力，使之成为东南学术的巨擘，南高及东南大学的精神领袖，也成为了学衡派的主将和可资号召的一面旗帜。而他自己所以乐于参与发起《学衡》杂志，归根结底，还在于他认同反省现代性的新人文主义与"以昌明东方文化为吾之人大任之念"。也惟其如此，他得以藉此平台，发舒新想，成就了自己在新文化运动大潮中，独领风骚的历史地位。

　　研究柳诒徵的文化思想具有重要的学术价值，显而易见；学界在这方面虽有一些研究成果，但多缺乏系统性研究。范红霞同志在攻博期选择它作为自己学位论文的选题，对柳诒徵的文化思想进行系统深入的考察，这不仅是恰当的，而且也表现出了相当的学术勇气。因为，柳诒徵作为著名的史学家、教育家、图书馆学家，著述丰富，涉猎广博，不仅博通古今，且兼通内外，研究难度甚大。现在大家看到的这本《柳诒徵文化思想研究》，是作者在博士学位论文的基础上修改而成的。全书参考文献多达近二百种，足见用力之勤。作者超越革新与复古、进步与倒退，非此即彼的传统思维，将柳诒徵的文化思想置于 20 世纪上半叶尤其是二三十年代，中国社会文化思潮大变动的时代大背景下加以考察，具体探讨了柳诒徵与学衡派的关系及其中西文化观、史学思想、诸子学思想、道德思想和教育思想等，同时注重比较的方法，避免了就柳诒徵谈柳诒徵，从而展现了开阔的学术视野。作者持论平实，多有自己独立的见解。例如，作者写道："柳诒徵融合中西文化的主张，是对世界文化潮流和中国文化现状的积极回应。他批评新文化运动的过激行为，但他并不反对新文化运动本身，也不排拒西方文化，而是主

---

① 《中国文化史》下册，中国大百科全书出版社 1988 年版，第 869、870 页。

张既不故步自封，也不率然从人。因此，在借鉴吸收西方文化，建设新文化的终极目标上，柳诒徵与新文化派并无二致。所不同的是，在建设新文化的方法的选择上，一方主张在不抛弃固有的传统文化，立足于本国国情和文化特点的基础和前提下，吸收借鉴西方新文化；一方则主张吸收西方文化，必须舍弃传统。时至今日，在社会主义现代化建设的今天，社会主义的文化建设依然需要立足本国国情，既要弘扬祖国优秀的传统文化，又要借鉴西方优秀的文化成果。"相信本书的出版，将有助于进一步丰富近代思想文化史与学术史的研究。

柳诒徵的文化思想博大精深，自然不是一本书所能穷尽，需要作进一步探讨的问题还很多。希望作者在现有基础上，能继续努力，作出新的成绩。

郑师渠

2010 年 7 月 21 日

于北京师范大学

绪　论

一、缘　起

　　中西学术志沟通，
　　文笔东南第一峰，
　　还见劬堂风范后，
　　相看剩有六朝松。①

　　这是中国著名学者、柳诒徵的学生王季思对柳诒徵的评价；柳诒徵逝世后，他的学生兼多年同事周悫撰写的挽联，也反映了柳诒徵在人们心目中的地位：

　　经师人师当今熟匹，
　　史学书学此后伊谁。

　　好友赵曾俦也曾高度赞誉柳诒徵的道德文章：

　　守约施博儒家事，
　　大有劳谦哲人义。
　　……
　　大师载德起东南，
　　敏求好古弘知类。②

　　综观柳氏一生，这些评价当是客观的，是符合实际的。

　　柳诒徵1880年生于江苏省丹徒县，是中国近现代著名的国学大师、史学家、教育家、图书馆学家。他是南高师及南高学派的精神领袖，是学衡派的领军人物

---

　　①　柳曾符：《新版〈国史要义〉后记》，柳诒徵：《国史要义》，华东师范大学出版社2000年版，第373页。

　　②　《挽词与纪念诗文》，柳曾符、柳佳编：《劬堂学记》，上海书店出版社2002年版，第338页。

之一。他在史学史、史学理论、文化史方面都有很深的造诣，在历史研究、教育理论及实践、图书馆学理论方面也成就卓著。

19 世纪末 20 世纪初，中国社会丕变，古今、中西文化激荡日趋激烈，中国文化向何处发展，文化的现代化如何实现，文化的选择问题成为摆在中国人面前亟待解决的问题。各家各派立言陈词，主张尊孔复古者有之，主张欧化者有之，主张弘扬国粹者有之，主张新文化者有之，主张融合中西文化者亦有之，等等，不一而足。近代中西文化论争的焦点则是如何对待中西文化，它反映了不同文化派别和思想人物对中国文化发展以及民族前途和命运的多样化思考。这一时期，也成为中国历史上思想文化空前活跃的时期。

20 世纪二三十年代，占据中国主流学术话语的当为新文化派，这是毫无疑义的。新文化运动之于中国思想启蒙和思想解放，之于中国文化现代化的巨大作用也是人所共见的，它存在某些过激之处也是不争的事实。对新文化运动的不足和偏弊时人就有所觉察和批评。梁启超的《欧游心影录》、梁漱溟的《东西文化及其哲学》等，在一定意义上都可以说是受当时文化论争的影响，有感于新文化运动的偏弊而作。作为这一时期众多思想文化流派之一的学衡派，也于 20 世纪 20 年代应时而兴，它成立的最初动议也是不满于新文化运动的偏激，企图对新文化运动有所补救。学衡派深怀“探究学术，阐求真理。昌明国粹，融化新知”① 之志，希冀以此改造中国旧文化，建设新文化。针对国人“几若无文化可言”的民族文化虚无主义倾向，柳诒徵以弘扬中国传统文化为己任，对中国传统文化进行了深入细致的爬梳，发掘“民族全体之精神所表现者”，以“明吾民独造之真际”，② 从而有力地证明中国传统文化有其精髓在，不能一概抛弃，应批判地继承。对西方文化，他主张既不能完全排斥，亦不能不加区别地全盘吸收，不能“食洋不化”，要吸收并加以改造，使之中国化。柳诒徵对中西文化的思考和见解，对当时的民族文化虚无主义思潮有一定的遏制作用，对人们正确对待中西文化也有一定的帮助和启迪。长期以来，由于种种原因，作为学衡派主要代表的柳诒徵，一直没有引起学者的足够关注，甚至逐渐被时代浪潮所淹没。改革开放后，随着思想的进一步解放及学术环境的日益宽松和文化热的出现，学术界对学衡派的关注日渐增多，与学衡派相关的人物，学者们关注的焦点多在梅光迪、

---

① 《学衡杂志简章》，《学衡》第 3 期，1922 年 3 月。
② 柳诒徵：《中国文化史·绪论》，东方出版中心 1988 年版，第 7、1 页。

吴宓等人上面，对柳诒徵的研究却仍显不足和薄弱。

　　无论家学还是师承，柳诒徵受传统学术文化的熏染远在西学之上。长期以来，学者们多以新文化派的对立派来定性学衡派，实则，学衡派内部对新文化运动的态度并不完全一致。柳诒徵与梅光迪等人不同，他对新文化运动本身并不甚批评，他也不反对新文化，他批评的只是新文化运动过度侮毁传统文化，过度崇尚西方文化的一种不良学风。因此，研究柳诒徵的文化思想，不仅可以获得对学衡派更为全面的认识，而且有助于深入研究 20 世纪二三十年代的中国社会文化思潮。继承传统，融合中西文化，创造中国的新文化是柳诒徵文化思想的主要特征。基于此，他反对疑古派对古史的过分怀疑，由是他长期被目为信古派的麾帜，被视为扛起"信古"大旗的反对"疑古"者①；他批评新文化运动对传统文化的过激态度，由是，他又被目为逆时代潮流的反动者、落后者、保守分子；由于他对古圣先哲揣摩深透，自然而然他受古圣先哲影响很大，因此，使人感觉从他身上可以领略到旧时代学人的流风余韵，由是，他又被目为典型的旧书生。今天看来，对柳诒徵的这些评价未免失之简单化了，显然也不是公允之论。长期以来，一些学者习惯用激进、保守，"疑古"、"信古"的研究框架和非此即彼的评判模式，对 20 世纪上半叶的文化现象和人物进行评判和分类，在很多情况下，这种方式不可能取得理想的效果。因此，从客观历史出发，突破以往研究模式，对柳诒徵做出符合实际的评价，是非常有必要的。而且，对柳诒徵而言，只有将其置于当时的时代背景下，紧紧抓住其弘扬中国传统文化和深厚的爱国主义情愫这一中心，才能真正了解柳诒徵，才能对其学术文化活动做出合理的解读。

　　20 世纪上半叶，是中国史学发展的重要时期，在西方史学思潮的影响下，实证主义史学受到冲击，新史学出现并获得长足发展。在历史观方面，也出现了进化史观、宗教史观、英雄史观、政治史观、唯物史观等众多史观。同时，这一时期也是史学名家辈出的重要时期，涌现了梁启超、顾颉刚、傅斯年、朱希祖、陈垣、陈寅恪、钱穆等诸多著名学者。柳诒徵在民国时期的学术界享有很高的威望和学术地位，跻身史学名家之列。柳诒徵的史学研究涉及通史、专史、地方史、史学理论等诸多方面。他主张求真与致用相统一的治史原则和宗旨，反对当时以傅斯年为首的"史料学"派"为学问而学问"、"史学即史料学"的学术理路。他主张史学研究应怀有了解之同情，不能以今人来范围古人。对于史料，既

---

　　①　参见沈松侨：《学衡派与五四时期的反新文化运动》，"国立"台湾大学出版委员会 1984 年版。

不能一切皆信，也不能一切皆不信，要分别疑信，不能穿凿附会，应持一种"存信阙疑"的中正态度以治史。他不赞成以顾颉刚为首的"古史辨"派对古史的过度怀疑，反对盲目疑古。他认为中国的古史有相当一部分本是无伪可辨的，疑古之风不是一种求真，而是一种毛病，是一种不良的治学风气。在长期的史学研究中，柳诒徵不仅积累了丰富的史学研究方法和理论，而且，在史学研究上也取得了巨大成就。尤其是《国史要义》一书，作为他晚年对中国传统史学理论的总结之作，文理密察，"钩稽群言，穿穴二民，根核六艺，渊源《官》、《礼》。发皇迁、固，踵蹑刘、章，下逮明清，旁览域外。抉摘政术，评骘学林，返溯古初，推暨来叶。"[1] 长期以来，该著一直被视为"命世之奇作"[2]。经过半个多世纪的检验，《国史要义》在史学理论建设方面的价值更显突出，柳诒徵对中国古代史家有关史学思想资料的发掘、爬梳和解释，"在当时，尤其在今天，具有非常重要的学术价值和方法论意义，无疑是留给后学的珍贵遗产。"[3]

在教育领域，柳诒徵注重个性和能力培养的教育理念，对中国教育教学体制、人才培养机制的意见和建议，对"成人"教育宗旨的再三致意等，对今天的教育仍不失借鉴的意义。他在教育上所取得的重大成就，尤其使人敬佩。著名学者郑鹤声、缪凤林、张其昀、范希曾、陈训慈、王焕镳、王庸、向达等，都是他一手栽培的，吴宓由此赞叹"国文系四年级学生十余人，则由柳翼谋先生（诒徵），在南京高师校多年之培植，为最优秀之一班。""南京高师之成绩、学风、声誉，全由柳先生一人多年培植之功。论现时东南大学之教授人才，亦以柳先生博雅宏通，为第一人。"[4] 吴宓的称颂并不为过。

在图书馆方面，柳诒徵也成就颇丰。柳诒徵"担任大图书馆馆长时间最久"，其担任南京国学图书馆馆长长达二十多年，比梁启超、蔡元培、陈垣诸先生担任大图书馆长都长得多；"编出大图书馆藏书总目最先"，其在 20 世纪 30 年代主持编写的三十巨册的《江苏省立国学图书馆图书总目》，"我国在解放后四十七年之久的今天，也还未闻有大图书馆编出此类完整的图书总目"。同时，他还主持影印了九十余种珍贵图书，开创图书馆允许学者住馆读书搜集资料的制度；提出

---

① 柳诒徵：《国史要义·题辞》第 1 页。

② 苏渊雷：《柳诒徵史学论文集·序》，上海古籍出版社 1991 年版，第 1 页。

③ 瞿林东：《探索建设史学理论的道路——谈谈〈史学要论〉和〈国史要义〉的启示》，"二十世纪中国史学与中外史学交流国际研讨会论文"，2003 年 10 月，北京。

④ 吴宓著，吴学昭整理：《吴宓自编年谱》，三联书店 1995 年版，第 223、228 页。

将图书馆办成学术研究机构的理念并付诸实施，由此培养了大批图书馆学家和史学家，如向达、范希曾、缪凤林、王焕镳等。

柳诒徵作为教育家、史学家、图书馆学家、国学大师，其学术地位和影响都很大。正如蔡尚思所言：柳诒徵"培养出的文、史、地、哲各门乃至自然科学方面的著名专家最多"；"博通古今中外，编著多种历史专书最早"。① 钱穆对柳诒徵的评价也很高，认为在史学研究领域，柳诒徵与陈垣、陈寅恪齐名，由此，民国史学界有"南柳北陈"之称。钱基博在《〈国学文选类纂〉总叙》中对柳诒徵曾有过这样的评价："丹徒柳诒徵，不趋众好，以为古人古书，不可轻疑；又得美国留学生胡先骕、梅光迪、吴宓辈以自辅，刊《学衡杂志》，盛言人文教育，以排难胡适过重知识论之弊。一时反北大派者归望焉。"② 遗憾的是，与陈垣、陈寅恪相比，柳诒徵并未得到与其学术地位相一致的重视，甚至被时人或后人误解，因此，对柳诒徵的文化思想及活动进行系统研究，是近代文化史研究所必需的。

二、学　术　史

20世纪80年代以前，中国大陆几乎没有关于柳诒徵的专题研究，1986年，柳诒徵的故乡，镇江市政协为其逝世30周年举行了纪念活动，并编辑出版了《柳翼谋先生纪念文集》，即《镇江文史资料》第11辑。这次纪念活动，本应为展开对柳诒徵的研究提供很好的契机，但遗憾的是，该文集的出版，并未引起国内学术界的广泛关注。2002年柳诒徵后人柳曾符又以《纪念文集》为底本，加以补充修改，编辑出版《劬堂学记》。《劬堂学记》主要是柳诒徵先生的门生故旧对他生前事略的回忆。其中除柳诒徵自己的"自传与回忆"以外，共收录纪念文章43篇，另有一些挽词和纪念诗文。书的最后附有"柳诒徵年谱简编"和"同学弟子传略"。《劬堂学记》中蔡尚思的《柳诒徵先生学述》、陈训慈的《劬堂师从游脞记》、郑鹤声的《记柳翼谋老师》、张其昀的《吾师柳翼谋先生》、黄

---

① 蔡尚思：《柳诒徵先生学述》，《劬堂学记》第1页。
② 钱基博：《〈国学文选类纂〉总叙》，钱基博著，曹毓英选编：《钱基博学术论著选》，华中师范大学出版社1997年版，第18页。

裳的《柳翼谋先生印象记》等，对柳诒徵的生平、学术、教育等方面进行了简要
回顾，使我们对柳诒徵有了较为直觉的印象；柳曾符的《柳诒徵与赵声》、《柳
诒徵与缪荃孙》、《柳诒徵与柳亚子》、《柳诒徵与王国维》、《柳诒徵与胡适》，以
及孙金振《柳诒徵与鲍鼎》等文，则对柳诒徵的交游以及与胡适、王国维等人的
学术异同进行了比较；顾廷龙《柳诒徵先生与国学图书馆》，许廷长《柳诒徵振
兴国学图书馆》，柳曾符《霞墅检书记》、《衰翁尽瘁绍宗楼》等，则介绍了柳诒
徵在图书馆方面的贡献。从严格意义说，这些都算不上是学术研究。20 世纪 80
年代以来，大陆对柳诒徵的研究逐渐增多并取得了一定成绩。

（一）　柳诒徵研究所取得的主要成就

首先，对柳诒徵本人的系统研究。

以笔者陋见，截至目前，孙永如的《柳诒徵评传》① 是我们所见到的第一部
也是唯一一部系统研究柳诒徵的论著。该论著最突出的贡献是较全面地介绍了柳
诒徵的学术成果，对柳诒徵不同时期的三部代表作——《历代史略》、《中国文
化史》和《国史要义》，分章进行论述，剖析了每部著述的主要内容，及其治学
特色，并以此为柳诒徵史学方法进程的三个阶段。孙永如还对柳诒徵的生平分五
个阶段进行了简单概括，并对柳诒徵在"历史考论"，以及在版本目录、诗歌书
法等方面的成就进行了总结。孙永如分析了《历代史略》的撰述背景，肯定了它
在历史教科书撰述体裁方面的开创之功；孙氏还高度评价了《中国文化史》的重
要价值，但也不否定其不足。对《国史要义》一书，孙永如则主要是赞颂之词。
总之，《柳诒徵评传》是目前研究柳诒徵学术思想最全面、最系统的一部力作。

其次，对《中国文化史》及柳诒徵文化观的研究。

有关柳诒徵的研究，关注最多的依然是《中国文化史》。该书一问世就引起
了世人的关注。1932 年《图书评论》第 1 卷第 3 期上，发表了署名英士的评论
文章，肯定《中国文化史》是一本"庄严郑重的巨著"；1933 年，胡适在《清华
学报》第 8 卷第 2 期的"书籍评论"栏目中对《中国文化史》进行了评论。胡
适虽批评柳诒徵在资料运用、内容等方面的不足和纰漏，但还是承认其是中国文
化史的"开山之作"。1985 年，张文建发表《柳诒徵和〈中国文化史〉》② 一文。

---

① 孙永如：《柳诒徵评传》，百花洲文艺出版社 1993 年版。
② 张文建：《柳诒徵和〈中国文化史〉》，《学术月刊》1985 年第 5 期。

该文虽然也肯定《中国文化史》在研究方法、编写体例、搜集、保存文化史料，以及对民主精神的张扬方面的价值，但更多的则是批评。张氏认为，柳诒徵"推求因果"的历史观，虽然比封建史家的"循环史观"大大前进了一步，但他在具体分析历史现象时，又陷入了"唯心主义的文化史观"，而且，往往陷入今不如昔的退化论。作者还认为，柳诒徵在《中国文化史》中所宣传的，主要是封建伦理道德的儒家说教，是"落后保守的国粹主义"。作者批评柳诒徵在史料的运用上，存在主观任意的毛病，其信古的观点也是从国粹主义出发的，对中国传统文化全盘肯定，犯了形式主义的错误，"从史学发展的角度看，则是显得更加落后了"。卞孝萱的《柳诒徵与〈中国文化史〉》① 一文，对柳诒徵撰写《中国文化史》的时代背景以及柳氏当时的思想状况进行了剖析，认为柳氏是怀着爱国的热情，以弘扬祖国文化为职志。卞氏对《中国文化史》基本是持肯定态度的。他将《中国文化史》的特色概括为"进化的文化史观"、"强烈的民族意识"、"有益于世的著作宗旨"和"独到的学术见解"等几个方面。周积明《二十世纪的中国文化史研究》② 一文认为，柳诒徵写作《中国文化史》的动因是有感于旧史学"详于政事而略于文化"的缺陷，并且开始突破中国文化本位主义，尝试在世界文化的视野中把握中国文化的流变。在研究方法上，作者认为，柳诒徵采用综合的方法来研究中国文化史。李平《20世纪中国文化史研究述评》③ 一文认为，柳诒徵的《中国文化史》在研究内容、文化史的分期、进化的文化史观方面都是值得重视的。

第三，对柳诒徵史学思想的研究。

学界主要探讨了柳诒徵的史学理论与方法。张文建的《传统史学的反思——柳诒徵和〈国史要义〉》④ 对《国史要义》一书的内容进行了分析，认为柳诒徵对传统史学的底蕴和内涵，都作了精辟的探讨和辨析，"深思独见，多有阐幽发微处"，应该充分肯定。但作者又认为，柳诒徵身上笼罩着传统文化的氛围，分不清传统文化的精华与糟粕，表现出国粹主义的倾向和封建的保守性。胡逢祥与张文建的《中国近代史学思潮与流派》认为，柳诒徵是从信古到复古，是"文

---

① 卞孝萱：《柳诒徵与〈中国文化史〉》，《镇江教育学院学报》1986年第1期，又载《文史知识》2002年第5期。

② 周积明：《二十世纪的中国文化史研究》，《历史研究》1997年第6期。

③ 李平：《20世纪中国文化史研究述评》，《文艺理论与批评》2000年第3期。

④ 张文建：《传统史学的反思——柳诒徵和〈国史要义〉》，《学术月刊》1988年第4期。

化倒退的复古主义者"①。郑先兴《柳诒徵的通史理论及其实践》② 分析了柳诒徵有关通史意义、作用、性质等方面的理论，以及柳诒徵关于通史与专史、断代史、全史的关系，通史编纂方法等方面的理论观点。作者把柳诒徵通史理论方面的特点概括为：从文化史角度切入通史的研究、民族主义的立场、历史主义的方法。纪振奇的《柳诒徵中国文化史学的理论与方法》③ 一文认为，柳诒徵的文化史研究强调史学方法论，即强调史学方法在史学研究中的应用与分析，强调文献学方法在文化史研究中的应用。田亮的《柳诒徵的民族主义史学思想》④ 则将柳诒徵史学思想的特色归结为民族主义，认为民族主义是柳诒徵历史研究的出发点和归宿，是历史评价的准绳。拙作《柳诒徵的爱国主义史学》，将柳诒徵史学思想和主张的终极目的归结为爱国主义。⑤ 郑先兴《论柳诒徵的汉代史研究》⑥、卞孝萱、孙永如《史学家柳诒徵的学术贡献与道德风范》⑦、房晓军《柳诒徵史学成就述评》⑧、朱守芬《柳诒徵和〈史学杂志〉》等文也对柳诒徵的史学思想进行了论述。

第四，对柳诒徵图书馆学思想的研究。

学界普遍肯定了柳氏对国学图书馆的贡献，尤其高度评价其主持编纂的《江苏省立国学图书馆图书总目》，认为其提出的打破经、史、子、集及正史、编年三类范围，以时间、学科、地域为划分图书类别的标准，在中国史籍分类史上是第一次，但在实践中却很难实行。《图书总目》中的图书分类思想，则是对古今中外图书分类方法折中而形成的。⑨

另外，对学衡派、南高学派文化保守主义、新文化运动、"古史辨"派的研究以及与其相关人物的研究等，对柳诒徵也偶有涉及，但都不够系统和深入，而

---

① 胡逢祥、张文建：《中国近代史学思潮与流派》，华东师范大学出版社 1991 年版，第 328 页。

② 郑先兴：《柳诒徵的通史理论及其实践》，《内蒙古师范大学学报》（哲社版）2003 年第 4 期。

③ 纪振奇：《柳诒徵中国文化史学的理论与方法》，《晋阳学刊》2004 年第 3 期。

④ 田亮：《柳诒徵的民族主义史学思想》，《史学史研究》2004 年第 2 期。

⑤ 范红霞：《柳诒徵的爱国主义史学》，《福建论坛》（社科教育版）2009 年第 12 期。

⑥ 郑先兴：《论柳诒徵的汉代史研究》，《南都学坛》2003 年第 1 期。

⑦ 卞孝萱、孙永如：《史学家柳诒徵的学术贡献与道德风范》，《宁波大学学报》（人文科学版）1999 年第 3 期。

⑧ 房晓军：《柳诒徵史学成就述评》，《历史教学问题》1999 年第 5 期。

⑨ 参见徐建华：《柳诒徵图书分类思想与〈国学图书馆图书总目〉》，《中国矿业大学学报》（社会科学版）2001 年第 4 期。

且"与吴宓研究的热潮相比，学衡派其他成员的门庭依然比较冷落"①。比较有
代表性的论著为郑师渠教授的《在欧化与国粹之间——学衡派文化思想研究》②
一书。该书是在有关学衡派的研究中，第一部将柳诒徵作为学衡派的重要一员来
研究的，充分肯定了柳氏对中国文化精神探讨的重要意义，对其史学思想、教育
思想、道德思想等都进行了探究。其他有关学衡派的研究，如沈卫威：《回眸学
衡派——文化保守主义的现代命运》③、《〈学衡〉主要作者的个体命运》④，虽也
认为柳诒徵是学衡派中的重要成员，但在文中却丝毫不涉及对柳诒徵的考察；李
泰俊《学衡派与五四新文学运动》（1998 年博士论文）、周云《学衡派思想研
究》（2000 年博士论文）、张萍萍《论〈学衡〉》（2002 年博士论文）、高恒文
《东南大学与学衡派》⑤ 等著述，或对柳诒徵一笔代过，或评价有失公允，反映
出了对柳诒徵认识上的模糊和偏见。

　　港台学术界对柳诒徵的关注较大陆要早，约始于 20 世纪 60 年代。1962 年，
邵镜人在台湾《传记文学》第 1 卷第 3 期上发表了《忆史学家柳诒徵先生》一
文，1968 年，张其昀的《吾师柳翼谋先生》在《传记文学》第 12 卷第 2 期上发
表，1970 年，罗时实于《中外杂志》第 7 卷第 6 期上发表《柳翼谋先生及其
〈学衡〉诸友》一文。这几篇文章虽都侧重对柳诒徵生平事迹的回忆，却传达了
台湾学者对柳诒徵的关注。1972 年，康虹丽撰写了《论梁任公的新史学和柳翼
谋的国史论》一文，这是台湾史学界乃至全国史学界第一篇较为系统的研究柳诒
徵史学思想的论著。文中对梁启超和柳诒徵的史学理论与方法，及二人对待传统
史学的态度进行了比较，重点突出两者的区别所在。如作者指出，在史家修养方
面，梁启超强调要避免武断、附会和夸大，而柳诒徵则强调史德之由来，及其普
遍用途；在国史体例上，作者认为梁启超推崇通史体例，柳诒徵则为纪传体张
目。康虹丽充分肯定了柳诒徵在国史体例认识上的正确和深刻，认为在当时能真
正体会纪传体精义，不将其目为史料的，恐怕只有柳氏一人，等等。2004 年，
王信凯撰写《〈学衡〉中的柳诒徵》。2004 年 8 月山东聊城召开的"傅斯年国际
学术研讨会"上，香港理工大学的区志坚提交了题为《科学史学与道德史学的论

①　张贺敏：《学衡派与吴宓研究 70 年》，《西南师范大学学报》（人文社会科学版）2001 年第 3 期。
②　郑师渠：《在欧化与国粹之间——学衡派文化思想研究》，北京师范大学出版社 2001 年版。
③　沈卫威：《回眸学衡派——文化保守主义的现代命运》，人民文学出版社 1999 年版。
④　沈卫威：《〈学衡〉主要作者的个体命运》，《河南社会科学》1998 年第 5 期。
⑤　高恒文：《东南大学与学衡派》，广西师范大学出版社 2002 年版。

争：以傅斯年与南高学者柳诒徵的讨论为例》的论文。该文主要探讨了 1929 至 1930 年间，柳诒徵与傅斯年、李济等人，围绕安阳殷墟发掘，以及国民政府对南京国学书局的管理而展开的论争。作者探讨了柳氏的史学思想，指出了柳诒徵治史偏于信古，且没能采用现代考古成果上的偏失，认为柳诒徵是"新文化"和"新史学"的反对者，文章也肯定了柳诒徵作为南高学者精神领袖的地位。

总之，目前对柳诒徵的研究较 20 世纪 80 年代已有相当大的突破和进展，这些研究成果对本文的进一步研究具有足资借鉴和启发的意义。

（二） 以往研究存在的不足和缺憾

通观前人有关柳诒徵的研究可以发现，20 世纪 90 年代以前的研究，主要侧重对其生平事迹的梳理，系统研究成果很少；90 年代至今，研究取得了一定的成就，但仍存在一些不足，主要表现为以下几个方面：

第一，研究亟待进一步深化。已有研究大多只是对柳氏的学术思想进行了初步的梳理和总结，还有进一步深化的必要。以对柳氏文化思想的研究为例，已有研究主要侧重对《中国文化史》内容的剖析，并未深入分析柳诒徵对中西文化的态度，以及其持此态度的深层原因；又如对其史学思想的研究，大多着眼于从微观层面梳理其史学成就，而对其史学理论成果的分析还欠深入，对其治史方法的分析仅仅归结为文化史的方法、文献学的方法或历史的方法等，尚难以凸显柳氏独具特色的治史方法。

第二，研究领域有待进一步拓宽。柳诒徵是一位文化思想极其丰富的学者，他一生著述弘富。他的研究从时间上，涉及古代以至近代、现代；从研究范围上，涉及文化史、史学理论和史学史、社会史、礼俗史、中外交流史、伦理道德、商业道德等许多领域，既包括中国史，也兼涉外国史；学术成果上，他不仅在文化、史学研究方面取得了显著成绩，而且，在教育、图书馆等方面也成绩突出。同时，他对道德问题也有自己的独到见解。这些方面又相互影响、相互制约地统一到柳诒徵的身上。因此，仅从史学或图书馆等个别面相考察，或仅通过对他的几部代表作本身的研究，都很难客观、全面、科学地把握柳诒徵，也不足以涵盖其广博深厚的文化思想之全貌，更难以彰显其文化思想之真谛，也就不可能对柳诒徵做出全面、客观的评价。

第三，研究方法存在孤立化的缺陷。以往的研究多为孤立的研究，没有将柳诒徵放入时代背景下进行宏观考察。任何个人思想的产生、发展与变迁既与其自身的学术渊源有关，又与其生活时代的政治及学术文化环境有关。柳诒徵不是与外界隔绝，闭门造车的学究，他有着广阔的社会及学术活动空间。研究柳诒徵的文化思想，必须将其置于当时宏阔的历史背景下考察，通过其与当时的文化思想家的互动关系，彰显其文化思想之特色及人格之魅力。当然，这里的相关人物，既包括与其文化理路相仿的人，亦包括敌对阵营中的代表。本书尤其突出柳诒徵在学衡派中的重要地位。《柳诒徵评传》一书，显然已经注意到了这一点，并在这方面进行了尝试，但仍显不足。同时，对柳诒徵的文化思想，也缺乏与同时代人思想的比较，这也是《柳诒徵评传》一书的主要缺陷。没有比较便无法鉴别，也就不能凸显柳诒徵文化思想的不足与优长，亦不能彰显柳诒徵文化思想的独特性和魅力。

第四，有些观点仍欠客观公允。以对柳诒徵史学思想的研究为例，以往有学者认为柳氏只注重通史而不注重专史是不正确的；或将柳诒徵定性为一个守旧的、信古的、全盘肯定传统文化的、抱残守缺的旧史学家，或将柳诒徵看成是新文化运动的对立派，认为柳诒徵反对新文化运动等，也都有失公允；甚至有学者将柳诒徵看成是"新史学"的反对者，更是对柳诒徵的误解；对柳诒徵治史方法的分析既不够全面亦不够确切，等等。正因为柳诒徵研究中仍存在诸多不足和不尽完善的地方，所以对柳诒徵的进一步研究便具有了相当的空间。

三、资料、方法、思路

本课题所涉及的资料，概括起来，主要有以下几种：

第一，柳诒徵自己的论著论文。这一部分资料是本课题研究所用的最主要，也是最基本的史料。主要包括：《历代史略》（江楚编译局，1902 年），《中国文化史》（东方出版中心，1988 年），《国史要义》（华东师范大学出版社，2000年），柳曾符、柳定生选编的《柳诒徵史学论文集》及《柳诒徵史学论文续集》（上海古籍出版社，1991 年），《柳诒徵说文化》（上海古籍出版社，1999 年），乔衍琯编《柳翼谋先生文录》（台北广文书局，1970 年），《中国教育史》（说明，此书是柳诒徵替黄绍箕所撰，该书著者署黄绍箕，但史学界及教育界公认此书为柳诒徵所撰），《江苏书院志初稿》、《江苏钱币志初稿》、《国学图书馆小史》以及柳诒徵与叶楚伧合编的《首都志》、《柳翼谋先生河南大学讲演集》（河南大学文学院，1933 年），柳诒徵主持编写的《国学图书馆图书总目》、《国学图书馆现存书目》等。另外，柳诒徵主持创办或参与的报刊杂志，如《史地学报》、《史学杂志》、《国风》半月刊、《学衡》杂志、《史学与地学》、《国学图书馆馆刊》、《国史馆馆刊》、《国学季刊》、《学原》、《文哲学报》、《国学论丛》等，均有大量柳诒徵关于史学、教育、伦理道德、孔子学说、诸子学等方面的论文以及相当数量的序跋，这些也是本文所要运用的重要史料。此外，《劬堂学记》作为柳诒徵的门生故旧对柳诒徵的回忆和评介，也为解读柳诒徵提供了最基础的材料和线索。

第二，同时代人或相关人物的论著论文。本书是将柳诒徵置于当时大的时代背景下加以考擦，因此，与之相关人物的著述亦是本文写作中参考的重要史料。如刘知幾的《史通》、章学诚的《文史通义》；梁启超、胡适、顾颉刚、傅斯年、李大钊、章太炎、陈垣、吴宓、汤用彤、胡先骕、刘伯明、梅光迪、吴芳吉、缪荃孙、缪凤林、张其昀、夏曾佑、刘师培、向达、钱穆等人的文集、回忆录、日记、年谱、论著、诗集等都是本文所需要的重要参考资料。另外，钱穆、陈登原、顾康伯、王德华、陈安仁、李建文等人的中国文化史著作，以及日本学者高桑驹吉的《中国文化史》等，也为本文的深入研究提供了可资借鉴的史料。

第三，当代人有关柳诒徵的研究、有关学衡的研究以及其他相关人物或事件的研究成果。当代人的研究成果虽不是本文要利用的原始史料，但对本文的写作仍具有参考价值。另外，与本书有关的相关领域的著作，如哲学、伦理道德、教育、各种社会思潮等方面的论著和论文，也是本书重要的参考资料。

鉴于以往研究的不足，本书在吸取前人研究成果的基础上，试图从以下几方面作一番尝试和探索，希冀对柳诒徵的研究有所突破。一，对柳诒徵在南高师、东南大学以及整个东南学术界的地位和影响作一总体的考察，旨在凸显柳诒徵在中国学术界的地位。二，柳诒徵的史学思想仍是本书研究的重点之一。本书突破以往重在梳理柳诒徵史学成果的框架，透过柳诒徵史学活动的表面现象，剖析其史学思想，突出柳诒徵在"致用"的治史宗旨下，对中国史学的总体构想、史学理论及其独特的治史方法，以及他的爱国主义史学。三，探讨柳诒徵的教育思想及道德思想。柳诒徵一生从事教育事业数十年，积累了丰富的教育经验。因此，教育思想亦有力地支撑着其文化思想的广厦。柳诒徵虽身为学者，但对社会现象却给予了更多关注。他出于一个国人的爱国情怀，以一个学者的视角，对当时的社会弊端予以讥评，并提出自己中肯的见解。当我们深入考察其对社会的讥评会发现，其终极关怀便是其传统的道德思想。因此，加强对柳诒徵教育、道德思想的研究，对于丰富和完善柳诒徵的文化思想具有重要价值，而这两方面却是以往研究所忽视的。四，长期以来，学术界在谈到柳诒徵时，大多冠以保守的头衔，甚至认为所谓保守，实为落后的代名词。目前对学衡派的诸多研究中，大多仍将其置于"文化保守主义"的构架内，因此，在此"预设"下对学衡派的研究难免失之偏颇，对柳诒徵的认识亦然。本书摆脱所谓文化保守主义的羁绊，从纯学术文化的视角，力图对柳诒徵的文化思想做出公允的评判，以还原一个尽量贴近真实的柳诒徵。

在研究方法上，以马克思唯物史观为指导，在充分占有史料的基础上，坚持详人所略，略人所详；打破就每部著作本身单独展开研究的框架，以柳诒徵学术著作为依托，将其文化思想作为一个整体，进行宏观与微观相结合的研究；本着信史的原则，以历史学的研究方法为主，并结合图书馆学、目录学、教育学、伦理学、哲学等学科的研究方法，以一个史学工作者的自觉精神和历史意识，力求使所研究的对象更贴近其所处的历史时代；做到如传主般"史论结合"，言之成理，持之有故，不作无根之空谈，既不厚诬前人，又尽量避免研究谁爱谁的思想弊病，尽量对其文化思想之是非得失做出较为公允的评判。

由于自己的学识所限，要想对柳诒徵这样一位学术大家做出完全正确的解读和评判，殊非易事。正如柳诒徵自己所言，"读书之难而论人之学术之尤不易也"，"凡论一家之学术，莫难于其人未尝自襮其宗旨，非就其生平种种著述，比较而归纳之，不易得其要领也。……盖学问之事，甘苦自知，他人之议论，断不如自身之举示之确也。"① 因此，就本人而言，只敢言尽力，而绝不敢言绝对公允，其中的错误之处尚祈方家指正。

① 柳曾符、柳定生选编：《柳诒徵史学论文续集》，上海古籍出版社 1991 版，第 33、20 页。

第一章　柳诒徵——民国时期东南学术之领军

柳诒徵的学术文化活动主要集中在以江苏为中心的东南地区，其在民国时期的东南学术界堪称领军人物。南京高等师范学校（以下简称"南高师"）、东南大学以及江苏省立国学图书馆，更是他学术活动的重要阵地。这一时期，也是他学术的辉煌时期。他博通古今中外的渊博学识，严谨的治学态度和高尚的人格，奠定了他在南高师、东南大学的领袖地位。在他的影响和培育下，形成了南高师、东南大学，以及东南学术界"诚朴"、"笃实"的治学风格。他对东南学风的引领，对学生治学方法和精神的指导，对祖国文化遗产的继承和弘扬，无不体现着他的人格魅力。

一、生平与学术

柳诒徵，字翼谋，晚号劬堂，1880 年 2 月出生于江苏省丹徒县（今镇江市）。柳氏为京江望族，书香世家，入清以来先辈以儒学名于世。其高祖讲理学，著有《性理汇解附参》；两个族祖宾叔和翼南，皆讲经学，分别著有《穀梁大义述》，《说文引经考异》和《尚书解诂》。到他父辈，家道已经衰败，父亲柳泉，以教授学生维持全家生计，每月收入只有五千铜钱，1885 年病逝。父亲去世后，柳诒徵的生活愈加艰窘。母亲鲍氏，也是镇江世族，鲍家的道德文章亦有名于当时，因此，他的母亲从小接受了良好的家学教育，能熟读诗书，写诗作文。父亲去世后，柳诒徵跟随母亲寄宿于外祖父家，由母亲亲授四书、五经、古文、唐诗等。由于母亲督课严格，加之柳诒徵倾慕先祖，立志承继先辈事业，因此，他读书特别发愤，少年时代就打下了牢固的知识功底，并养成了良好的读书习惯。十八岁时他谢绝亲戚的资助，开始授徒糊口。十九岁时，他常与父亲的学生陈善余论学，聆听了许多讲学问的门径，受陈善余的影响，由专攻词章逐渐转向史学，并且立志效法陈善余"只愿讲学不做官"①。

　　1901 年，经陈善余引荐，柳诒徵到由缪荃孙任总纂的江楚编译局工作，得受业于缪荃孙门下。缪荃孙是晚清著名的文史学家、目录版本学家和藏书家，曾任翰林院编修、国史馆总纂。在缪荃孙的栽培下，柳诒徵的学业大进，尤其在目录学方面更是受益匪浅。在编译局期间，他负责编印教科书，得与陈三立往来请益，遂得以粗闻陈氏诗古文绪论，也常听同事、编译局分纂宗嘉禄讲桐城老辈讲求学问文章的方法，得以渐窥散文之门径。1903 年，他随缪荃孙赴日本考察教育，进一步增强了对西方的认识，尤其是对近代新式教育的认识更为深入。回国后，他与友人创办新式学校思益小学，此为南京最早的新式小学。之后，他曾先后任教于江南高等学堂、江南高中两等商业学堂、两江师范学堂、明德大学堂，主要讲授国文、历史、伦理等课程，受到师生的一致赞赏。

　　1916 至 1925 年期间，他任教于南高师、东南大学，教授国文、中国文化史、东亚各国史等，自编讲义。此时的南高师、东南大学，提倡讲学自由，科学与人文并重，一时间名师萃集，学术空气极为浓厚，全国各地以及外国著名学者多有造访，俨然已成东南地区学术中心，为柳诒徵的学术研究创造了良好的环境。在南高师期间，他在教学过程中，突出对学生的能力培养，教给学生治学的态度和方法，指引学生进行学术研究，并提倡经世致用，要求学生学术研究和社会现实相结合，治学而不忘社会的责任。1920 年，南高师文史地部学生成立"史地研究会"，柳诒徵受邀担任史学方面的指导员。1921 年"史地研究会"创办《史地学报》，柳诒徵撰写发刊辞，发表《论近人讲诸子之学者之失》，被认为是揭起反对"疑古"大旗之作。1922 年，他与刘伯明、梅光迪、胡先骕、吴宓等人创办《学衡》杂志，并发表《汉官议史》、《梁氏佛教史评》、《论中国近世之病源》、《选举阐微》、《顾氏学述》、《论大学生之责任》、《华化渐被史》、《论今之办学者》、《读墨微言》等。这年冬天，梁启超在东南大学讲授"先秦政治思想史"，与柳诒徵经常交流研史心得，并赠给柳诒徵一幅"授人以虚求是于实，所见者大独为其难"②的对联。

　　1923 年，南高师并入东南大学，柳诒徵担任历史系教授，发表了《中国近世史料》、《论臆造历史以教学者之弊》、《正史之史料》、《婆罗门述》、《契丹大

　　① 柳诒徵：《自传与回忆》，柳曾符、柳佳编：《劬堂学记》，上海书店出版社 2002 年版，第 12 页。
　　② 柳诒徵：《自传与回忆》，《劬堂学记》第 18 页。

小字考》、《中国乡治之尚德主义》、《说习》等。1924 年，章太炎到东南大学讲学。此前，柳诒徵虽然曾就诸子学问题对章太炎提出过批评，章太炎不但不生气，而且此次对柳诒徵很是敬重，还专门将写有"博见强识，过绝于人"的书扇赠予柳诒徵。

1925 年，在东南大学易长风潮中，柳诒徵由于反对教育界被金钱奴役而受排斥，遂辞去东南大学教职改就东北大学。1926 年，柳诒徵改任北京女子大学，兼北京高等师范学校历史教授。

1927 年，柳诒徵出任江苏省立第一图书馆（后改为第四中山大学国学图书馆、江苏省立国学图书馆）馆长，直到 1949 年。在任图书馆馆长期间，他带领馆员努力工作，使本已处于风雨飘摇中的图书馆很快成为享誉全国的著名图书馆。他撰写了《国立中央大学国学图书馆小史》，编辑出版了《国学图书馆馆刊》，每年一册，报告馆务，发表馆员的研究成果。更为重要的是，他率馆员编写出了《江苏省立国学图书馆图书总目》。他"视图书馆重于自己的家，重视馆藏图书甚于自己的家产，爱护无微不至"[1]。抗战期间，为了使馆藏图书免遭战争的破坏，他亲自带领馆员将馆藏善本装箱运往朝天宫故宫博物院地库保存。1937 年 11 月，上海、江苏相继失守后，柳诒徵与官员将丛书、方志等运至苏北兴化，并于兴化设立江苏省立国学图书馆临时办公处。抗战胜利后，为收复失书，他四处奔走，多次与中央图书馆馆长蒋复璁力争，收回图书及设备，与占用陶风楼等馆舍的第一临时中学校长争辩，以致中风。经过柳诒徵的积极努力，最后收复藏书十九万册，只损失了十分之一。之后，柳诒徵又赶编出《国学图书馆现存书目》，以告于世。柳诒徵为图书馆的建设、图书的保存、整理、学术研究和人才培养等方面都做出了重大贡献。

1929 年，江苏省通志局在镇江成立，柳诒徵与张相文、柳亚子、陈汉章、孟森、叶楚伧等 16 人组成编纂委员会，柳诒徵兼任常务委员，分任《礼俗志》、《书院志》、《钱币志》的编纂。本年，柳诒徵与学生缪凤林等人组织南京中国史学会，创办《史学杂志》。1931 年"九一八"事变后，为发扬中国固有文化，鼓舞国人的抗战士气，柳诒徵与缪凤林等人组织国风社，被推为社长，创办《国风》半月刊和钟山书局，其《中国文化史》由钟山书局正式出版，中央大学等校以之为教材。1933 年，柳诒徵被国民政府教育部聘请为编订《四库全书》未

---

①　蔡尚思：《柳诒徵先生学述》，《劬堂学记》第 5 页。

刊珍本目录委员会委员和高等考试典试委员会委员。1934 年，蔡尚思入住国学图书馆读书，为撰写"中国思想史"收集资料。在此期间，蔡尚思经常向柳诒徵请教，柳诒徵便给他讲从清朝的掌故到民国的时事，并赠予南宋陈亮之"开拓万古心胸，推倒一时豪杰"① 的横幅，使蔡尚思受益匪浅。1938 年，苏北形势恶劣，4 月，柳诒徵受浙江大学邀请赴泰和，与浙江大学诸旧友重聚。当时，马一浮也在泰和浙大讲学，与柳诒徵"晤叙甚欢"②。1945 年抗战胜利后，柳诒徵帮助国民政府接收图书，主张对战时文物、图书损失作详细调查，追索赔偿。1946年，柳诒徵被国民政府教育部聘请为清理战时文物损失委员会委员，他通过各种途径先后从气象研究所、苏州图书馆、苏州文学山房、上海传薪书店、北平修文堂等处索回、购回国学图书馆旧藏图书甚众。1947 年他被聘为国史馆纂修，并被推为志传体总纂，拟定总目。对《清史稿》的修订，主张以《清实录》与《清史稿》相校补，订正事实，纠正其中悖谬文字，凡明代遗民传记、著作应编入《明史》，并将《清史稿·艺文志》与国学图书馆书目及其他书目一一核对。同年，《国史馆馆刊》创刊，柳诒徵任总辑纂，并与汪旭初、汪辟疆、刘成禺轮流担任主编。1948 年，中央研究院选举第一届院士八十一人，史学方面院士五人，分别是柳诒徵、陈垣、陈寅恪、顾颉刚和傅斯年。1949 年被聘为上海市文物保管委员会委员，负责清理从各方接收的图书。1951 年，他与顾颉刚、顾廷龙等五人一起被聘为上海图书馆筹备委员会委员。1956 年 2 月 3 日因中风而辞世。

二、南高师、南高学派的精神领袖

南京高等师范学校（简称"南高师"）是南京大学的前身，1915 年由江谦（字易园）主持创办，其前身则是 1906 年由李瑞清（字梅庵）创办的两江师范学堂，1911 年停办。南高师成立后，江谦聘留美教育博士郭秉文（字鸿声，江苏浦江人）为教务主任，最初只招国文、理化两部。1919 年，郭秉文继江谦任校长，其时的南高已臻成熟，并酝酿改组。1920 年，改国文部为国文史地部，

---

① 蔡尚思：《柳诒徵先生学述》，《劬堂学记》第 5 页。
② 《柳诒徵年谱简编》，《劬堂学记》第 362 页。

改理化部为数理化部，并将二部合并为文理科。1921 年 8 月，东南大学（简称"东大"）成立，郭秉文兼东大校长，1923 年南高师并入东大。因此，人们常以南高师、东大并称。需要指出的是，因两江师范学堂、南高师、东大是一家，一脉相承，所以，本书所述的"南高师"，亦包括两江师范和东大在内。

　　一般来说，作为一个学派，应该有一定的组织和大体相近的学术主张，同时还应有一个刊物以彰显其主张。以此来衡量，南高学派不能说是一个严格意义上的学派，他们既没有统一的组织，也没有共同的学术刊物，但他们有大体相近的学术理念和主张，因此，从广义上而言，将其视为一个学术派别也未尝不可，而且学界也一直习惯于将南高师、东大的这批学人以南高学派相称。由是这里姑且用之。

　　柳诒徵与南高师结缘始于两江师范时期。1908 年，受李梅庵之聘，柳诒徵接替刘师培在两江师范任教一学期。1916 年，他又受江谦校长之聘，任南高师国文、历史教授，直至 1925 年东大"易长"风潮，辞去教职。柳诒徵先后在南高师、东大任教近 10 年，这 10 年，是南高师、东大由初创到不断改革、完善的重要时期，也是他教育生涯和学术发展的黄金时期。在此期间，他是全校师生公认的，与刘伯明[①]校长并称的"高标硕望，领袖群伦"的人物。人所周知，当时的南高师、东大，学术名家荟萃，精英学者如潮，汇集了诸如校长郭秉文（留美教育博士）、刘伯明（留美哲学博士）、梅光迪（留美文学博士）、胡先骕（留美植物学博士）、吴宓（留美文学硕士）、汤用彤（留美哲学硕士）、楼光来（留美文学硕士）、陈衡哲（留美硕士）、王伯沆（文学家）、吴梅（曲学大师）、竺可桢（气象学专家）、茅以升（留美博士，桥梁专家）、秉志（留美生物学博士）等知名教授学者，皆一时之选。在这样的学术环境中，几乎没有留学背景（仅有 3 个月日本考察的经历），没有显赫的学历光环，甚至没有接受过系统的正规学校教育的柳诒徵，却能脱颖而出，博得如此高的声誉，实令人感佩，也令人好奇。当我们考察了柳诒徵在南高师、东大 10 年的作为，就会明白，师生们对柳氏的评价是客观的，绝非溢美之词，他们对柳氏的推崇和敬仰也是有道理的。柳诒徵渊博的学识，高尚的道德人格，卓绝的教育和史学成就，谨严的治学态度，

――――――――――

　　① 刘伯明（1887—1923）名经庶，字伯明，江苏南京人。1911 年赴美，入西北大学，获哲学博士。1915 年回国后任教金陵大学兼南高师教授，1919 年任南高师训育主任兼文史地部主任，东南大学建立后，任副校长兼文理科主任。

孤傲狷介、精进不息的学者精神和风度，以及他的博见强识，等等，的确令南高学人钦佩。

　　早在任教南高师之前，柳诒徵在东南地区的学术界就已小有名气，为众多学者和学生所敬重和赏识，曾被李梅庵尊为"大教育家"，绝非虚美。他在教材尤其是历史教科书的编写方面的确成果突出。1901 年，他进入江楚编译局任分纂，编订《字课图说》、《伦理教科书》、《女学修身教科书》等多种教科书，以适应新式学堂的需要。1902 年，他在日本那珂通世《支那通史》的基础上编成《历代史略》，《历代史略》是适应新式学校教育的中国通史教科书。该书吸收了西方教材编纂思想，突破了中国传统的纪传、编年、纪事本末三大史书编纂形式，按照新式教育的要求，采用章节体，按卷、篇、章编排，并辅之以各种图表。该书在重要史事后附以评论，以表明自己对史事得失的见解，既可启发读者的深思，又体现了新式教科书"史论结合"的基本编纂原则，为后人编写新式历史教科书提供了借鉴。张舜徽先生评价《历代史略》为中国有新式教科书之始，"是对旧纲鉴体例的一次大的革命。而这种体例，从清末传到现在，除写作上由文言变为语体，观点上由旧变新外，大体上还是保存这种编写形式。柳诒徵开创之功，是不可磨灭的。"① 近代较早的几部章节体新式历史教科书，如刘师培《中国历史教科书》（1905—1906），夏曾佑《最新中学中国历史教科书》（1904—1906）都在《历代史略》出版后编成，因此，其开创之功的确不可抹杀。1907年上海中新书局重印《历代史略》，足见当时它在东南教育界影响之深远。

　　柳诒徵早年在各学校任课，所用教材大多都是自编讲义。1905 年，他担任江南高等学堂伦理课，就用自编的《伦理口义》教授学生。1906 年，他在担任江南高中两等商业学堂课时，自己撰写了《中国商业史》、《中国商业道德》作教材。江南高等商业学堂的校长胡子靖见了这两本教材后，甚为赞赏，遂与之成莫逆之交。他在备课过程中，收集资料和各种参考书也极为认真和周全，然后折衷论断。有一次，端方派左全孝到商业学堂调查教学情况，学校便带左全孝到柳诒徵的课堂上听课，柳诒徵正讲元史，他"口讲指画，都是用的洪钧的《元史译文补正》内的资料。"② 左全孝回去报告说："南京城里教师，以两江师范柳诒徵

①　张舜徽：《柳诒徵传》，《劬堂学记》第 56—57 页。
②　柳诒徵：《自传与回忆》，《劬堂学记》第 13—14 页。

为第一。"①

　　1910 年，柳诒徵受陈善余之托，辑补完成黄绍箕草创的《中国教育史》②，该书目前被学者们认为是中国"第一部教育史"③。该书虽然仅论述了从伏羲至孔子时期的教育，但充分体现了柳诒徵对古代教育制度的褒扬，其中也蕴涵了他自己的教育理念。柳诒徵在继承中国优良史学传统的基础上，"广泛吸取近代西方人文社会科学研究方法与成果，成为在教育史研究中中西结合的最早实践者和典范。"④ 其在教育理论上的贡献也很突出，无论在先秦教育发展阶段的划分上，还是在中国教育史研究对象和范畴的确定方面，都做了有益的探索和尝试。

　　柳诒徵早期的教育活动还体现在积极办学上。1903 年正月，他随缪荃孙赴日本考察教育⑤。在日期间，他对日本的学校建制、教学体制、课程设置、教材编写等方面都进行了细致考察，使他对西方的认识进一步加深，并一定程度上接受了西方的进步观念。尤为重要的是，他认识到了开发民智、兴办学校的重要性。回国后，他先后与友人创办思益小学堂、江南中等商业学堂、镇江大港小学等新式学堂。思益小学堂是南京最早的一所新式小学校，张謇曾誉之为"中国第一文明事业"⑥。著名学者茅以升、宗白华、陈寅恪、陈方恪等都曾身受其惠。

_____

　　① 柳定生：《魂依夭矫六朝松》，中央大学南京校友会、中央大学校友文选编纂委员会编：《南雍骊珠：中央大学名师传略》，南京大学出版社 2004 年版，第 105 页。

　　② 目前我们所见到的这本《中国教育史》1925 年出版，未署名出版者，该书题为"瑞安黄绍箕著"，并有 1925 年秋仁和叶尔恺作的"序"，此书国家图书馆有藏。据柳诒徵的自述，以及其后人的数篇传记，均说是柳氏所作，是柳氏代黄绍箕所作，是柳在黄所拟纲目的基础上，改订完成。杜成宪经过考证，认为"黄绍箕草创之功不能抹煞，柳诒徵完帙之力尤应肯定。此书撰著者当署黄绍箕、柳诒徵。"参见杜成宪《中国学者的第一部教育史》，《劬堂学记》第 208 页。

　　③ 杜成宪：《关于中国第一部〈中国教育史〉的几个问题》，《华东师范大学学报》（教育科学版）1996 年第 1 期，或《劬堂学记》第 201～214 页；张瑞璠、张惠芬主编：《教育大辞典》（8），上海教育出版社 1991 年版，第 364 页；蔡振生：《中国教育史研究的历史回顾与反思》，《北京师范大学学报》（哲社版）1988 年第 3 期等，均持此见。蔡尚思：《柳诒徵先生学述》一文中也认为柳诒徵的《中国教育史》"开中国专门史之先河"，参见《劬堂学记》第 7 页。

　　④ 杜成宪：《关于中国第一部〈中国教育史〉的几个问题》，《华东师范大学学报》（教育科学版）1996 年第 1 期。

　　⑤ 关于柳诒徵此次赴日的时间说法不一，一说为 1903 年 12 月，柳诒徵之女柳定生在《魂依夭矫六朝松——记先父柳诒徵先生》一文中持此说法，见《南雍骊珠：中央大学名师传略》第 104 页；一说为1902 年，如柳诒徵在其自述中持此说，孙永如《柳诒徵评传》中也认为是 1902 年正月。一说为 1903 年正月，《劬堂日记钞》及柳诒徵之孙柳曾符所编《柳诒徵年谱简编》，以及缪荃孙所写日记《艺风老人日记》中皆为此说。笔者认为，1903 年正月为确。

　　⑥ 柳定生：《魂依夭矫六朝松》，《南雍骊珠：中央大学名师传略》第 105 页。

据茅以升回忆，任课教师"都是社会上有名气、思想上倾向革命的青年学者"，"我对文学和历史知识，是在柳师的启迪熏陶下，打下基础的。""我自少年就学之初，即承名师指导，得窥文史学科之堂奥，先入为主，感到终身受益。"①

柳诒徵早年的教材编写和赴日考察，一方面促进了中国新式教育的发展和成长，启迪了学生的智识。另一方面，赴日考察，开阔了他的眼界，增加了他对世界，以及西方全新的教育理念的认识，为他日后开展学术研究和现代教育打下了坚实的基础。

柳诒徵自幼勤苦、好学向上的进取精神，使他获得了博通古今中外的渊博知识。早在1910年任教两江师范学堂时，他就开始教授西洋史。在南高师期间，他曾担任东亚各国史（包括日本史、朝鲜史、印度史、北亚史、南方诸国史、南洋群岛史）课程，并著有《东亚各国史》。听他讲授该课程的缪凤林认为，《东亚各国史》与当时商务印书馆出版的王桐龄著的《东洋史》相比，无论在编写体例上，还是在内容上皆略胜一筹，其"杀青付梓，亦史学界一盛事也"。②

1916年，柳诒徵就南高师国文、历史之聘，这年他36岁，正值壮年，是人一生的黄金时代，也是成就事业的关键时期。经过此前多年的积累，此时的柳诒徵，已进入了他学术和事业的黄金时段。在南高师、东大的十年，是他一生著述最多、教育成就、学术成就最突出的十年。十年中，他对南高师、东大的影响巨大而深远，成为南高师的精神领袖。

第一，引领南高学派和东南学风。

柳诒徵指导和影响下的南高师文史地部，"慎思"、"笃实"、"求是"的学风极为突出。当年刘伯明曾说："吾校同学率皆勤朴，无浮华轻薄气习。而其最显著之优点，在专心致力于学。其坚苦卓绝，日进不已，至可钦佩，实纨绔子之学生所不能及者也。"③ 台湾历史地理学家彭明辉先生认为，柳诒徵之于南高师，如同胡适之于北大。南高师、东大的文史专业，尤其是史学，主要由柳诒徵主持，这是大家公认的。在南高师、东大的历史学科，柳诒徵堪称首屈一指，无论何时，只要论及南高师、东大的文史专业的学风及成绩，不可能绕开柳诒徵。当年南高师、东大师生都公认柳诒徵与南高师文史地部主任、东大副校长刘伯明高

①　茅以升：《记柳翼谋师》，《劬堂学记》第59、62页。

②　缪凤林：《评王桐龄新著东洋史》，《史学杂志》第1卷第5期，1929年。

③　张其昀：《中央大学七十年》，台北："国立"中央大学1985年版，转引自东南大学校史馆：http://history.seu.edu.cn/s/49/t/30/a/1247/info.htm。

标硕望，领袖群伦。吴宓自编年谱时回忆："南京高师校之成绩、学风、声誉，全由柳先生一人多年培植之功。论现时东南大学之教授人才，亦以柳先生博雅宏通，为第一人。"① 学生张其昀也说："民国八年（1919）以后，以南京高等师范为中心的学者们，俨然以继承中国学统，发扬中国文化为己任。世人对北大、南高有南北对峙的看法。柳师领袖群伦，形成了中流砥柱的力量"②。2004 年，中央大学南京校友会和中央大学校友文选编纂委员员会编纂出版《南雍骊珠：中央大学名师传略》一书，从中央大学自两江师范学堂 100 年来的众多名师中，精选出 108 位，柳诒徵作为历史系入选的 5 位名师之一而跻身其中。该书编者在说明编纂方针时指出："对象应为名师，不仅在中大，在全国亦然。其道德文章均堪称楷模，永为后世敬仰"③。在今天的南京大学网页上，对南高师、东大师资的介绍中，文科列出 29 名教师，柳诒徵被排在刘伯明之后，居第二，足见其在南高师、东大文科地位之隆，也表明，直到今天，人们仍公认柳诒徵为南高师、东大的文科翘楚。

　　学风的形成必由多年积淀而成，也与学校的办学宗旨和方针有莫大关系。因此，南高学风与江谦、郭秉文、刘伯明等领导的提倡分不开。然而，教师的言传身教对学生的影响也很大，对学风的形成也很重要。作为师长，柳诒徵对南高学派的影响，主要不在言说，而在自己躬行践履的感染。柳诒徵的先祖是以讲理学、经学闻名于世的儒者，他自幼仰慕先祖那种修养深厚、气象醇和的"醇儒"，且下定决心学习他们的学问品行，"一心只想做一个人才"，以不愧先辈的"先德"④。同时，由于他从小受严格母教，所以"律身至严"。1900 年，他为自己订立身守则，从"保身"、"修德"、"勤学"三方面严格要求自己。具体立身原则是，"保身"即"遏嗜欲、省思虑，平怨忿，节饮食，谨言语，惩偷惰"；"修德"则从"事亲孝，与人忠，立志坚，律己严，执事敬，处境淡"等方面要求；"勤学"包括，"读经书，考史事，讲理学，习国政，作诗文，穷技艺"。柳诒徵制定这些守则，并非徒恃标榜，亦非一时之念，实则，他坚信这些都是"切身之要图，作人之急务，苟循其名而责其实，有终身行之而不能尽者，小子免乎哉！世变虽亟，此三者断不可更，境遇虽艰，此三者断不可失"，可谓意志坚决。而

---

① 吴宓著，吴学昭整理：《吴宓自编年谱》，三联书店 1995 年版，第 228 页。
② 张其昀：《吾师柳翼谋先生》，《劬堂学记》第 112 页。
③ 《南雍骊珠：中央大学名师传略·跋》第 645 页。
④ 柳诒徵：《我的自述》，《劬堂学记》第 10、11 页。

且，事实也证明，对自订守则，他"终身行之，无一息之怠"。① 正是由于其人格的魅力，其弟子无不悦服。抗战时期，柳诒徵在贵阳，弟子缪凤林已成为名教授，但随他出行，他坐人力车，而诸教授弟子，皆徒步，对乃师之尊佩，由此可见一斑，亦实令人感佩。

柳诒徵严谨的治学态度也深深影响着南高学派。他一生始终以江谦所指示的"三不敷衍"为宗旨，即不敷衍自己，不敷衍古人，不敷衍今人②。1922 年，梁启超应邀到东南大学讲学，对柳诒徵很敬重，对柳诒徵的《中国文化史》评价也极高。他多次催柳诒徵出版《中国文化史》，但柳诒徵总是谦说芜杂，不够严整。1922 年初，有一个汕头读者给南高师史地研究会去函，想购买《中国文化史》。史地研究会回函告之，《中国文化史》是本校讲义，"因力求精审，不欲率而出版"③。从《中国文化史》出版这件事上表明柳诒徵治学的严谨，可谓既不敷衍自己，也不敷衍今人和后人的明证。据张其昀回忆，1919 年底，寒假前学期考试，柳诒徵所教的国文科排在最后，学生们归心似箭，要求免考，以平时成绩来代替，柳诒徵不准。于是，一部分人回了家，没有回家的学生也不去考试。考试那天，考场上一个学生也没有，而柳诒徵竟独自一人在考场"端坐着两小时才离去"④。柳诒徵教学的严格，不仅令他的学生汗颜，今天读来，我们仍不觉对柳诒徵做事之谨严而敬佩不已，简直有一种"你可以不仁，但我不能无义"的硕儒风度。⑤

在学风上，柳诒徵倡导踏踏实实的实证研究，反对附会、剽窃的浮薄学风。柳诒徵自幼受母亲教诲，作诗、作文不好发牢骚，不喜欢攻讦他人，所以，他一生都谨守范围，"不屑以诗文为干谒谀谄之具，亦不敢用为玩世骂人之武器。"虽然他对当时教育与学术上存在的弊病有所批评，但也只是笼统指责，而绝不讦诋个人。讨论学术也仅"止于平心静气"，"不立门户，不争意气"。如因当时学者论诸子学皆有偏失，1921 年他在《史地学报》创刊号上发表了《论近人讲诸子之学者之失》一文，对章太炎、胡适、梁启超等人诋毁孔子、崇拜墨子，及诸子

① 柳定生：《魂依夭矫六朝松》，《南雍骊珠：中央大学名师传略》第 107—108 页。
② 柳诒徵：《自传与回忆》，《劬堂学记》第 12 页。
③ 《史地学报》第 1 卷第 2 期，1922 年。
④ 张其昀：《吾师柳翼谋先生》，《劬堂学记》第 113 页。
⑤ 蔡尚思：《〈中国文化史〉导读》，柳诒徵：《中国文化史》（上），上海古籍出版社 2001 年版，第 3 页。

不出于王官等主观臆断的做法提出批评，但"措辞也极慎重，惧婴诸人之怒。"①章太炎、梁启超、胡适等人，都是当时的学术权威，柳诒徵为真理、为学术的健康发展，敢于向学术权威提出批评，无论他批评的正确与否，都表现了一个学者的学术良知，精神是可嘉的，足已令后世学者佩服。更何况，他的批评相对客观，不带任何攻击，是纯从学术发展和保持中国传统文化精华的良好目的和愿望出发的。他的文章发表后，章太炎写信向他致谢，承认从前诋毁孔子之误，"乃数十年前狂妄逆诈之论"，"足下痛与箴砭，是吾心也。感谢感谢。"②后来二人见面后甚为契合，章太炎并赠给柳诒徵书有"博见强识，过绝于人"的团扇。胡适后来见了柳诒徵，对他也很恭敬，并承认自己多少总有点主观。梁启超对他的批评，也无反响。1922年冬梁启超到东大讲学，对柳也很客气，并以"受人以虚求是于实，所见者大独为其难"的对联相赠。前辈学者宽广的胸襟和史学批评的良好学风令后人敬仰，也是我们应当继承发扬的，对于学术的发展也是很有裨益的。柳诒徵的学术论著，也多以资料翔实见长，他从不凭空议论，他的每一结论，皆有据可查。柳诒徵的治学精神深深影响了他的学生及南高学派的学者。在他的影响下，"'南高'文史专业培养成了一种笃学的学术风气，重视学术研究而轻于创作。"③的确，从《史地学报》及《学衡》发表的文章看，南高学派从事的多是实证性的研究。

柳诒徵对不求甚解，趋时附会的不良学风也予以揭露和批判。他反对学者治学不读原始文献，但"耳食"他人著述。如研究一个人物，不读该人自著之书，"惟从近世人论述前人之学术之书中，剿窃一二语，即以为已得某氏某家学术之精髓。"他指出，此种方法不仅不能完全理解前人的思想学说，而且会误解甚至扭曲前人之学术。如对墨子，由于受新文化运动的影响，国内学者多扬墨抑孔，以墨子为中国第一个反对儒家的人，以顺应时代潮流。柳诒徵认为，当时所谓研究墨学者，都是不读书但"耳食"者。他们"闻人说墨子之学如何胜于孔子，便认定墨子之学如何胜于孔子，而其所谓研究墨学者亦不过取今人之时髦人物颂扬墨子之书，略加涉猎，即奋笔以评骘孔墨，于其原书，盖未睹也。"④他主张研究某人之学术，必须先取某人自己的著述，"熟读而深思之"，切不可"徒读

① 柳诒徵：《自传与回忆》，《劬堂学记》第17—18页。
② 《章太炎先生致柳教授书》，《史地学报》第1卷第4期，1922年。
③ 高恒文：《东南大学与学衡派》，广西师范大学出版社2002年版，第147页。
④ 柳诒徵：《读墨微言》，《学衡》第12期，1922年12月。

他人所论述者"①，这是学术研究首先必须明确和所持之态度。柳诒徵治学的严谨态度，受到了学者们的高度好评，他的高尚人格，也受到大家的尊重。早在1909 年，由于学风日坏，各处毕业考试皆有漏题现象，考试前求人代作，"养成学（者）无求学问之心，而但要求范围，要求分数"。鉴于此种学风，两江师范监督李梅庵写信请求柳诒徵到校作讲演，"乞提起其知耻心，以不欺为本"②。可见，柳诒徵对南高、东大校风之提倡，早在两江师范时期就已如此。

柳诒徵提倡实事求是的研究，对古史从不轻易怀疑。无论在平时的授课中，抑或发表的各类文章中，无不体现了他对古人同情而不盲目怀疑的态度。他始终坚持对待古史存信阙疑。受他的影响，南高学派的学者们对古史也多持此态度。20 世纪 20 年代开始，中国史学界疑古思潮风发泉涌，其主要代表人物有顾颉刚、钱玄同等人。他们认为中国上古的历史多不可考，很多被当作信史的东西其实都是传说，多为后人伪造。顾颉刚提出了著名的"层累的造成的中国古史"说。一时间，国内学者围绕如何对待中国古史的问题展开了激烈的论争。1924 年，柳诒徵在《史地学报》第 3 卷 1、2 合期上发表《论以〈说文〉证史必先知〈说文〉之谊例》一文，对北京大学的顾颉刚等人过分怀疑中国古史，尤其怀疑禹为鼎上的一条虫的说法提出责难，并对古史辨派的治学方法提出批评。他指出，考证历史，虽可通过古代文字来研究，但不可专信文字，而应以史为本。即使以文字来考史，也应先懂得造字的通例。《说文》解释一个字，"必证之他文而皆合"。况且，《说文》只是解字的书，并非人名字典。所以"以《说文》证经考史，必先明《说文》之谊例。不明《说文》之谊例，刺取一语，辄肆论断，虽曰勇于疑古，实属疏于读书。"柳诒徵与古史辨派讨论的实际上是研究古史的方法和对古史应持的态度。在《史地学报》的同一期上，还刊登了刘掞藜、顾颉刚、钱玄同等人讨论古史的文章，南高师成为反对疑古派的主要阵地。诚然，在该文中柳诒徵并没有点明批评顾颉刚，只是说："比有某君，谓古无夏禹其人，诸书所言之禹，皆属子虚乌有。"顾颉刚看了此文之后便说，"柳翼谋先生《论以〈说文〉证史必先知〈说文〉之谊例》一文是为我而作的"，并为此作《答柳翼谋先生》一文。由于柳文是一种学术的探讨，并无攻讦之意，所以，顾颉刚并

① 柳诒徵：《顾氏学述》，《学衡》第 5 期，1922 年 5 月。

② 此为 1909 年李梅庵请柳诒徵做讲演的信中所说。引自柳定生：《魂依夭矫六朝松》，《南雍骊珠：中央大学名师传略》第 106 页。

未因此而迁怒于柳，反认为柳文"很可补王筠的《说文释例》之误"，并表示"读之甚佩"①。不过顾颉刚指出，他与柳是"精神上的不一致，是无可奈何的"②。言下之意，柳诒徵是"信古"的，自己是"疑古"的。之后，容庚虽又作《论〈说文〉谊例代顾颉刚先生答柳翼谋先生》，柳诒徵也不再去和他们辩论此事。他只是就自己的研究所得对此问题发表自己的主张，至于孰是孰非，他认为随着研究的深入，自当会有公论。虽然柳诒徵并非是第一个反对"疑古派"的人，公开的讨论文章也仅此一篇，但他之于"南高派"与"疑古派"辩论古史的影响，则是毋庸置疑的。彭明辉先生曾指出，在与古史辨派的论战中，"柳诒徵的地位其实有类提倡新文化运动和启发顾颉刚进行古史讨论的胡适，一位是'南高'的精神领袖，一位是'北大'的青年导师，两人南北对立，殊不相让。"③ 客观讲，彭明辉的看法是正确的，在当时南高确实与北大等高校相较显得更"信古"，更"保守"一些。当时及后世学者也多以"信古"与"疑古"来标识南北学风和治学精神上的不同。1922 年 8 月，胡适与来访的日本学者今关寿麿谈论中国史学时就指出，"南方史学勤苦而太信古，北方史学能疑古而学问太简陋，将来中国的新史学须有北方的疑古精神和南方的勤学功夫。"④ 当然，就总体的学风和治学特色而言，此话大体不误。冯友兰在区分近代学术派别时，也将柳诒徵作为"信古"一派的代表。今天看来，随着考古的新发现，当年曾被"疑古派"怀疑的历史重新得到了证实，因此，柳诒徵等人当年的指责和批评也并非毫无道理，非盲目信古。"疑古派"也的确有"疑过头"之处。

第二，柳诒徵引领南高学派经世致用的治学理路。

关于治学目的，学者们一直存在分歧。一种观点认为，做学问的目的应在学术本身，而不应该有其他的目的。如严复曾指出：

> 盖学之事万途，而大异存乎术鹄。鹄者何？以得之为至娱，而无暇外慕，是为己者也，相欣无穷者也。术者何？假其途以有求，求得则辄

---

① 顾颉刚：《答柳翼谋先生》，顾颉刚编：《古史辨》第 1 册，上海古籍出版社 1982 年版，第 223 页。

② 顾颉刚：《答柳翼谋先生》，《古史辨》第 1 册，第 228 页。

③ 彭明辉：《柳诒徵与〈史地学报〉》，《劬堂学记》第 230 页。

④ 中国社会科学院近代史研究所中华民国史研究室编：《胡适的日记》下，中华书局 1985 年版，第 438 页。

弃，是为人者也，本非所贵者也。①

钱智修也认为，学术为内心之事，事功为外心之事。学问家与事功家有根本的不同：

> 学问家冥心独往，以探索孤证研寻真理为事，致思惟恐其不深，用力惟恐其不专。至事功家则不然，涉猎文史取足明往事通世故而已，经生博士之业，非特无益于事功，抑足以窒其办事之才能者也。然问耕于农，问织于女，就学术而言学术，终不能不以学问家为主。若以事功家而夺学问家之席，则无论其人属于横通纵通，未有不重外轻内，败坏暗修笃学之风者。②

这是一种典型的"正其义不谋其利，明其道不计其功"的观点，是"为学术而学术"。而另一种观点认为，学术本身是有用的，学术与政治有极为密切之关系，学术应该发挥其政治的功用。20世纪初，梁启超对"学"与"术"的关系做过非常精辟的论说："学也者，观察事物而发明其真理者也；术也者，取其所发明之真理而致诸用者也。"③"学术"一词本身就含有致用的意味，二者不能分离。

柳诒徵反对学者有"术"而无"学"，主张"舍术而求学"④。乍看起来，他的观点与梁启超相左。实则，他所说的"术"与梁启超所说的"术"含义不同。梁启超所谓"术"是学问真理之应用，即学问的功用。而柳诒徵所谓的"术"则是假学者之名而谋取进身之阶的手段。在此含义下，他认为学者之"术"愈进步，"教育愈坏，学术愈晦，中国愈乱"⑤。在柳诒徵那里"学"与"术"是有根本区别的。柳诒徵其实也同样重视学问的功用价值，反对为学问而学问，反对钻到故纸堆中皓首穷经，埋头做学问，主张经世致用。他倡导的"正其义而谋其利，明其道而计其功"⑥ 正是他经世致用思想的反映。因此，他与梁

---

① 严复：《〈涵芬楼古今文钞〉序》，王栻主编：《严复集》第2册，中华书局1986年版，第275页。
② 钱智修：《功利主义与学术》，陈崧编：《"五四"前后东西文化问题论战文选》（增订本），中国社会科学出版社1989年增订第2版，第61页。
③ 梁启超：《学与术》，《饮冰室合集·文集之二十五（下）》，第3册，中华书局1989年版，第12页。
④ 柳诒徵：《学者之术》，《学衡》第33期，1924年9月。
⑤ 柳诒徵：《学者之术》，《学衡》第33期，1924年9月。
⑥ 柳诒徵：《义利之辨》，《国风》半月刊创刊号，1932年。

启超的观点实际是一致的。他指出，那些猥曰为学问而学问者，实际上是"高心空腹，荒经蔑古，持不根之浮谈，贼世诬民。"① 由是，柳诒徵对主张经世致用的清初诸儒极为推尊，认为顾炎武、颜习斋等人，"皆明于学问之非专为学问，必有益于社会国家。"② 将顾炎武目为经学家、考证学家，都不是真正了解顾氏。柳诒徵还认为，作为读书人，不仅要读过去的书，也要读当时的书，既要博古，又要通今，读书的目的即为致用。1927 年，为筹划第四中山大学建设经费事，校长派他与江苏省财政厅长交涉。第一次去财政厅长说一个铜板也没有。第二次再去，财政厅长还说没有，于是，柳诒徵便把江苏财政之实情讲给厅长听，最后，厅长没有办法，不得不将经费拨给他们。其实，柳诒徵始终关心江苏的各项事务，早在 1922 年，他就曾研究过江苏省财政情况，撰有《江苏之财政》一文，表现了他作为一个学者对现实问题的关注，以及对学术致用作用的深刻认识。然而，柳诒徵所说的学术致用，与钱智修所讲的功利主义也有根本不同。在功利主义者那里，谋事功是做学问的出发点和唯一目的，其逻辑是"做学问——谋事功"，这与柳诒徵所说的学者之"术"是一致的。柳诒徵实际上反对以做学问为谋事功之途径，反对学术为政治所左右，反对学术成为政治之附庸。1942 年柳诒徵避难重庆，正值国家危亡，蒋介石为涂饰太平，有"制礼作乐"之举，听说柳诒徵夙负江南德望，企图延聘他主持"礼乐馆"，柳诒徵耻之，谢绝不就。稍后，陈果夫举办国民党中央训练团，以控制受训干部之思想行动，让罗时实出面，延请柳诒徵担任训练团高级班中国史课程，柳诒徵亦力辞。因为柳诒徵明白蒋介石等人的真正用心，并非真心提倡学术，不过想以罗致学者为夸耀，所以，柳诒徵坚决不为其服务。由此可见，柳诒徵经世致用的真精神所在。

柳诒徵经世的思想，影响了南高学者以及南高师尤其是文史地部的学风。史地学派对时事的关心正是学术经世思想的反映。1921 年《史地学报》的创立，某种程度上与 1919 年巴黎和会上关于山东问题的讨论有关。他们"冀期藉历史地理学的实用性，以为外交上折冲樽俎之后盾"③。他们抱着学术救国之念，发表了大量时事评论文章。胡焕庸认为，政治经济诸端，都有其深邃之原理，都是专门学术之事，"今日而言从政，岂如往昔胸无点墨或鬶绘屠狗之徒所能奏效；

① 柳诒徵：《诗经正训序》，《国风》月刊第 8 卷第 3 期，1936 年。
② 柳诒徵：《中国文化史》下卷，东方出版中心 1988 年版，第 720 页。
③ 彭明辉：《柳诒徵与〈史地学报〉》，《劬堂学记》第 226 页。

学术与政治，原有其十分密切之关系，亦惟大学问家，方得成为大政治家。学术救国云者，岂果为诳人之虚语也哉?”[①] 著名的桥梁专家茅以升受柳诒徵的影响也颇深，他曾说，从柳先生受业，认识到“‘知识本身只是一种工具，知识之所以可贵，在于它所起的作用。’这对我数十年来治学治事，都有极大的影响。”[②] 在南高学派看来，学术与政治关系极大，要想成为一个优秀的政治家，必须要有相当的学问，只有大学问家才可以担当大政治家的责任。惟其如此，学术救国成为他们以一贯之的理想和信念，当国泰民安之时，在他们看似不问政治，专注于专精的学术研究的背后，隐含着一颗救国的赤诚之心。因此，每当国运危难之时，他们就会纷纷走出学术的殿堂，痛心疾首，奔走呼号，有甚于当政的官僚，也便不足为怪了。

应如何处理学术与政治的关系，确是学术研究中经常会遇到的问题，也是应该首先明确的问题。马克思曾经说过，把学术和政治截然分开是一种很荒谬很虚伪的观点。一定的文化是一定社会的政治和经济在观念形态上的反映。马克思的观点为我们理解和把握学术与政治的关系提供了很好的依据。既然学术文化是一定社会政治和经济的反映，则学术不可能离开一定的政治和经济而存在，缘是，学术也就不可能不为一定的政治和经济服务[③]。然而，我们又必须认识到，学术必须保持相对的独立性，惟其如此，学术才真正能够发挥其致用之效，否则，学术如果过度关心政治，以政治为取舍和进退，势必会影响学术的客观性，只会成为政治的附庸，学术也就失去了其原有的意义和价值。因此，问题的关键不在二者的分离，而在如何处理好二者之间的“度”。可以说，柳诒徵为我们树立了典范。

对于东南学风，柳诒徵曾做过这样的概括：中央大学为世所重，以学术文艺炳于南服，原学艺所由昌，则是数十年间，师儒魁硕潜修孟晋，各秉所颛，以导学子，而其根功植德，又多特立独行，或悃愊无华，杰出曹偶，不为世俗风俗所轩轾，积久则自为风尚。学于是校者，也都诵述弗衰，崇本责实，并非偶然。这里虽说的是中央大学时情况，但学风并非一时形成，乃是数十年间积久而成。因此，此亦能说明东南大学时的学风。

---

① 胡焕庸：《南高精神》，《国风》月刊第7卷第2期，1935年。

② 茅以升：《记柳翼谋师》，《劬堂学记》第62页。

③ 历史学家刘大年就认为，学术直接为一定的政治和经济服务。参见其《中国近代诸问题》，人民出版社1978年版，第30页。

　　第四，柳诒徵对南高师的人才培养发挥了重要作用。

　　柳诒徵爱惜和尊重人才，对此感受最深的要算张其昀。1919 年张其昀投考南高师，考试成绩优秀，但发榜前，柳诒徵却发现无其名，经查询是由于体格不合格。于是在第二天会议上，柳诒徵提出成绩这样优秀的人才，摒弃不录实在太可惜，提议复议，并表示，如果张其昀不取，自己以后也无心在南高师教学，以自己的去留为之力争。由于他的资望，后经复议通过并以"领衔全榜"录取。柳诒徵为张其昀争得了求学的机会，但他一直并未向张其昀提起此事，以求得感激和报答，完全是出于一个教授对人才的爱惜之情。后来，当张其昀偶然得知此事时，"感激涕零"。晚年张其昀在台湾创设中国文化大学，在历史研究所的大厅中，设有柳诒徵纪念堂，并亲为题匾。直到现在，张其昀虽已作古，但纪念堂仍在。在谈到创办文化大学的动机时，张其昀曾说，"实在说，我在华冈兴学之举，以感恩图报为主要动机，奖助优秀贫寒学生。是时时铭刻在心的。"① 这已成为一段历史学界的佳话。

　　在人才培养上，他始终遵循教师指导与学生个人兴趣相结合的教学原则，注重对学生能力的培养，反对学生读死书，主张学以致用，提倡并积极引导学生进行科学研究。在柳诒徵的影响和指导下，南高师、东大文史地部的学术研究空气非常浓厚。1920 年，文史地部学生陈训慈、胡焕庸、诸葛麒等成立史地研究会，请柳诒徵、竺可桢、徐则陵等教授为指导员。史地研究会以研究史学与地学为宗旨，会员主要由本校史学系、地学系及其他各系同学有志研究史地者组成。从1922 年 9 月第六届起实行分组研究，史学和地学各分若干小组。从人员数量看，史学方面 92 人，占研究会总人数的 80.7%。研究会成员对史学的偏爱，一定程度上与柳诒徵的指导和影响分不开。为鼓励学生从事科学研究，史地研究会于1921 年 11 月创办《史地学报》，至 1926 年 10 月终刊，共发行 4 卷 21 期。柳诒徵的高门弟子陈训慈、胡焕庸、张其昀、向达等都担任过史地研究会总干事，郑鹤声、张其昀、缪凤林、陈训慈等都曾担任过编辑部主任、副主任，或总编辑职务，并由此形成南高学派的主力史地学派。史地研究会定期举行讨论会和演讲，以交流研究心得，促进学术发展。柳诒徵曾多次为该会作演讲，以指导他们研究史地之方法。

　　柳诒徵作为史学研究方面的指导员，为更好指导学生的学术研究，一方面亲

----

① 张其昀：《吾师柳翼谋先生》，《劬堂学记》第 112 页。

自撰文，以抛砖引玉，示以周行。在刊行的 21 期《史地学报》中，柳诒徵仅有 5 期未有文章发表，是几位指导员中刊登文章最多者。另一方面，他指导学生习作，并鼓励他们去发表。研究会中发文较多者如张其昀、陈训慈、胡焕庸、郑鹤声、向达、缪凤林等皆经柳诒徵细心指导。据陈训慈回忆，当年柳诒徵指导他们一班同学在《史地学报》发表文章的情形时说，"我级同学习为论文者多，师奖掖有加。且于指导改正外，亦时躬为撰文。不少同学好相约诣师寓请益，师虽不如授课时之严肃，然亦常就所求以进之。"① "《史地学报》（商务）与《文哲学报》（中华）同为南京高师（后扩大改名东大）中由学生主办、教授指导之文科两刊物，《史地学报》历时较久，出刊期数较多。此刊在地理地质方面论文资料由竺可桢师主持指导，史学方面教授虽有二三人，主要由劬师热心指导助成。当时二年级以上各班同学所发表之历史方面不成熟论文，大部分系劬师先为命题，师自己亦时有文字在学校发表。"② 郑鹤声也曾说，柳诒徵在教学过程中，经常出若干题目，令学生根据自己的兴趣选择其一，就指定的参考资料，加以阅读，选出基本材料。再参考其他材料，组织成篇。然后，柳诒徵对他们的作业详加批阅，指出问题所在，一字一句也不放过。数经修改，择其优者，选入《史地学报》，以资鼓励。"《史地学报》及《史学与地学》中所刊文章，大体而言，皆是课程作业中的优良作品。"③ 可以说，柳诒徵实际上是史地学派"所依赖的精神导师"④。

　　作为史地学派的指导员，柳诒徵还与竺可桢等教授一起，积极倡导历史地理学的研究。历史地理学作为历史学和地理学的交叉学科，在当时的学术界，还是一门新兴学科。柳诒徵和竺可桢鼓励并指导学生进行实地调查，写考察报告，再结合历史学和地理学的相关知识，进行科学研究。他们不仅引导学生进行国内史地的调查研究，而且，倡导学生将视野扩展到国外。诚然，他们对历史地理学的学科界限还不是非常清晰，基本将历史学和地理学看成两个范畴，认为历史地理学就是将历史学和地理学合在一起。因为认识上的不成熟，所以，他们所进行的历史地理学研究范围还不明确，严格意义上的历史地理学成果也不是很多。从《史地学报》所刊载的文章看，大部分仍是历史学或地理学。他们对域外历史地

①　陈训慈：《劬堂师从游脞记》，《劬堂学记》第 69 页。
②　陈训慈：《劬堂师从游脞记》，《劬堂学记》第 85 页。
③　郑鹤声：《记柳翼谋师》，《劬堂学记》第 104 页。
④　彭明辉：《柳诒徵与〈史地学报〉》，《劬堂学记》第 229 页。

理学的关注，也主要集中在对最新历史地理学成果的介绍上，而未进行域外历史地理学的研究。尽管如此，他们毕竟认识到了开展历史地理学研究的必要性，提出了历史地理学研究的课题，并且做了非常可贵的尝试和探索。对外国历史地理学著作的介绍，尤其是对西方历史地理学理论的译介，对国内该学科的建设，以及历史地理学研究理论和方法的系统和完善，无疑都有重要的借鉴意义。而且，史地学派无论在对中国传统史学中历史地理学的整理上，还是史地考察的实践上，确实取得了一定的成绩。因此，说南高师对国内历史地理学的研究起到了开风气之先和引领学术潮流的作用，实不为过。实际上，南高师、东大的历史地理学研究，为东南地区历史地理学研究重镇的确立奠定了基础，而这种影响在今天的南京大学、复旦大学、浙江大学仍很明显。而且，柳诒徵等人直接培养和造就了一大批国内一流的历史地理学专家，如张其昀、陈训慈、胡焕庸等，他们都为中国历史地理学的发展作出了突出的贡献，而当年南高师、东大史地研究的风气和旨趣，对他们日后历史地理学研究的影响无疑是巨大的。如张其昀就是由于当年"受柳诒徵先生之青睐，从之研习中国文化史，从而立志探研史地之学"的①。因此，柳诒徵等人的倡导之功不可抹杀。

　　在柳诒徵的指导和栽培下，南高师文史地部人才辈出，成绩卓然。宗白华、陈方恪、缪凤林、束世澂、胡焕庸、唐圭璋、郑鹤声、张其昀、陈训慈等均出自其门下，且有名于世，在当时形成所谓"柳门"弟子。直至 20 世纪 80 年代，北京、上海、南京、杭州等地各大学的讲坛，仍有柳门弟子担任讲学。对此，时人也多有评论。陈训慈深有感触地说："训慈早岁从学于南京高等师范，以后于文史粗有所晓，忝为人师，全赖师教。"② 吴宓对此就感触颇深，他在自编年谱时曾回忆："南京高师校之成绩、学风、声誉，全由柳先生一人多年培植之功。论现时东南大学之教授人才，亦以柳先生博雅宏通，为第一人。"③ 国文系四年级十余学生，皆由柳诒徵在南京高师校多年之培植，为最优秀之一班，且空前而绝后。学生中如缪凤林、景昌极、张其昀、王焕镳等人，在柳诒徵的影响与栽培下，皆勤勉好学、深思笃行。20 世纪 30 年代，先后任教于北京大学、中央大学的林损教授曾称赞和羡慕地说："翼谋先生培养出大批人才，实为我和其他专家

---

① 单树模：《著名人文地理学家、教育家张其昀先生》，《南雍骊珠：中央大学名师传略》第 341 页。
② 陈训慈：《劬堂师从游腄记》，《劬堂学记》第 68 页。
③ 吴宓著，吴学昭整理：《吴宓自编年谱》第 228 页。

所莫及。"① 1935 年植物学家、曾任南高师生物系主任的胡先骕在为纪念南京高师二十周年所作《朴学之精神》一文中总结道："文史诸科，名师群彦，亦一时称盛。言国学则首推王伯沆先生之于文，柳翼谋先生之于史。当五四运动前后，北方学派方以文学革命整理国故相标榜，立言务求恢诡，抨击不厌吹求，而南雍师生乃以继往开来融贯中西为职志，王伯沆先生主讲四书与杜诗，至教室门为之塞，而柳翼谋先生之作《中国文化史》，亦为世所宗仰，流风所被，成才者极众。"② 这是曾身为南高师、东大学者的胡先骕对当时南北学术分野的概括，也是对柳诒徵在南高学术地位的认可和盛赞。直到 20 世纪 80 年代，蔡尚思仍称赞："柳先生长期在南京两江师范学堂、南京高师、东南大学、中央大学等校任教，培养出的文、史、地、哲各门乃至自然科学方面的著名专家最多"③

三、学衡派的中流砥柱

以《学衡》杂志为中心形成的学衡派，是 20 世纪二三十年代中国较有影响的学术团体之一。由于学衡派的学术文化主张与南高学派一脉相承，而且，多数学衡派成员都属南高学派，所以，从宽泛意义上言，学衡派形成初期，仍属南高学派。

《学衡》杂志 1922 年 1 月在东南大学创刊，最初由梅光迪发起筹办。1920 年梅光迪由美归国，翌年，往南高师、东南大学，任西洋文学系主任。梅光迪决定以此校为"聚集同志知友，发展理想事业之地"④。到南高师、东大后，梅光迪开始着手《学衡》杂志的创办。1921 年 5 月，他写信给在哈佛即将毕业的同学好友吴宓，邀其回国担任《学衡》总编辑。在梅光迪的召唤下，吴宓毅然辞去此前北京高师的高薪聘请而赴东南之约。1921 年 8 月，吴宓应聘东大，与梅光迪、柳诒徵、胡先骕等人开始筹划《学衡》的具体事宜。作为学衡派的核心成员，柳诒徵在学衡派中起着举足轻重的作用。

其一，柳诒徵参与《学衡》的创办，并被公推为《学衡》撰写"弁言"，倡

---

① 蔡尚思：《柳诒徵先生学述》，《劬堂学记》第 1 页。
② 《国风》月刊第 8 卷第 1 期，1936 年。
③ 蔡尚思：《柳诒徵先生学述》，《劬堂学记》第 1 页。
④ 吴宓著，吴学昭整理：《吴宓自编年谱》第 214 页。

明杂志宗旨。

　　当时的东南大学，科学与人文并重，打破文理分科，实行文理合一，已经成为全国知名学府，俨然与北大鼎足而立。据吴宓所记，《学衡》创刊之际，主要成员有梅光迪、吴宓、刘伯明、胡先骕、柳诒徵、绍祖平、萧纯锦、徐则陵等人，由吴宓任总编辑兼总干事，推举柳诒徵撰写《弁言》。大家公推柳诒徵撰写揭橥《学衡》旨趣和精神的发刊词，这一方面表明了柳诒徵在学衡派中的重要地位，也表明了他在东南大学"领袖群伦"的重要影响，是"全校重心所在"①。这恰恰验证了吴宓所说的论东南大学之教授人才，柳诒徵先生是"博雅宏通，为第一人"②。在《弁言》中，柳诒徵指出，"自襮则夸饰，斥人则诋诃。句必盈尺，自或累万。"出版之始，仅矢四义：一，通述中西先哲之精言，以翼学。二，解析世宙名著之共性，以邮思。三，籀绎之作，必趋雅音，以崇文。四，平心而言，不事谩骂，以培俗。《弁言》同时强调，"揭橥真理，不趋众好，自勉勉人期于是而已。庄生有言：'瞽者无以与乎文章之观，聋者无以与乎钟鼓之声。岂惟形骸有聋盲哉。夫知亦有之。同人不敏，求知不敢懈。第祝斯志之出，不聋盲吾国人则幸矣。'"③ 我们再来看一下《学衡杂志简章》所述宗旨："论究学术，阐求真理，昌明国粹，融化新知。以中正之眼光，行批评之职事。无偏无党，不激不随。"在体裁和方法上：于国学以切实的功夫，为精确之研究，整理条析之，明其源流，著其旨要，以见吾国文化有可与日月争光之价值。博极群书，深窥底奥，然后明白辨析，审慎取择，不至道听途说，号呼标榜。在行文上力求明畅雅洁。二者相较不难发现，柳诒徵撰写的"弁言"，基本上总括了《学衡》的整体宗旨、体裁和办法，而《简章》所述《学衡》宗旨、体裁和办法，并未超出"弁言"所揭橥的精神，实际上是以"弁言"为蓝本的进一步阐发，较"弁言"表述得更具体、更明确。

　　其二，柳诒徵是《学衡》最重要的撰稿人，其在《学衡》上刊出的文章堪为翘楚。

　　众所周知，吴宓始终视《学衡》为自己的理想和事业，他常说，"《学衡》为我之事业，人知我以《学衡》"④，"予半生精力，瘁于《学衡》杂志，知我罪

---

① 张其昀：《柳诒徵指导学生治学的方法》，《劬堂学记》第116页。

② 吴宓著，吴学昭整理：《吴宓自编年谱》第228页。

③ 《学衡》第1期，1922年1月。

④ 吴宓著，吴学昭整理：《吴宓日记》第3册，三联书店1998年版，第419页。

我，请视此书"①。《学衡》在极为艰窘的条件下，得以维持12年之久，的确与吴宓的苦心经营分不开。然而，对于一种杂志来说，其生命力在于稿件的来源和质量。由于《学衡》是学者们自发组织创办的，无经费来源，自始至终都不付稿酬，所以，稿件的来源更显困难和重要。柳诒徵作为学衡派的核心成员之一，他对《学衡》的支持，最重要的表现就是稿件上的支持。综观《学衡》的作者群，或者说学衡派的人员构成，主要有两部分，分别以吴宓和柳诒徵为核心。《学衡》在东南大学时期，吴宓集结的主要是刘伯明、梅光迪、胡先骕等留美学者，《学衡》在清华国学研究院时，吴宓则又罗致了张荫麟、王国维等好友加盟学衡派。柳诒徵团结的则是其南高师、东南大学的弟子，包括张其昀、郑鹤声、景昌极、缪凤林、陈训慈、向达等。柳诒徵指导并鼓励他们积极为《学衡》撰稿。从发表文章的数量看，除"文苑"和"杂缀"外，79期《学衡》共刊载文章414篇次，"柳门"共发文章122篇次，约占总数的30%。发文20篇次以上者5人，"柳门"便占了3人。柳诒徵首屈一指，约54篇次，吴宓次之，42篇次。另外3人是缪凤林24篇次、景昌极23篇次，王国维20篇次。缪凤林和景昌极的发文数量仅次于柳诒徵和吴宓。而作为《学衡》创办人和重要成员的胡先骕发文18篇，刘伯明7篇、梅光迪则只有5篇。而且，在79期《学衡》中，只有9期没有"柳门"师生的文章，柳诒徵及其弟子的文章也多刊登在重要栏目"通论"和"述学"中。这两个栏目的文章，学术性较强，论述谨严。因此，柳诒徵及其弟子的文章都是学术价值很高的专业之作。很显然，柳诒徵依靠他在东南大学的资历和影响，团结、联合其他学者及其弟子，从而在学衡派中形成了一个力量较为雄厚的致力于国学研究的知识群体。"柳门"成为《学衡》的主要作者群，他们之于《学衡》的重要性不言而喻。更重要的是，柳诒徵及其门人始终是《学衡》有力的支持者，他们为《学衡》供稿是自始至终的，与其他几位主要成员如梅光迪、胡先骕等中途终止为《学衡》撰稿，甚至公开反对《学衡》并与之决裂形成鲜明对比。在《学衡》后期，多数社员不再撰稿，稿件缺乏，面临停刊的情况下，柳诒徵更是以其皇皇巨著《中国文化史》长时间在《学衡》上连载，有力支撑了《学衡》，同时，也产生了极大的影响。柳诒徵之于《学衡》的重要性可见一斑。

---

① 锐锋：《吴宓教授谈文学与人生》，黄世坦编：《回忆吴宓先生》，陕西人民出版年社1990年版，第174页。

其三，积极参与《学衡》社务，为《学衡》的生存和发展积极奔走，不遗余力。

1922 年《学衡》创办时主要参与者有九人，但半年后，除吴宓外，关心社务的只有胡先骕、邵祖平、柳诒徵、缪凤林、景昌极，"《学衡》社之基本社员，无复有过问社务或谈论杂志内容者矣！"① 而一年以后，情况更加糟糕。1923 年底，学衡派的灵魂人物刘伯明英年早逝。刘伯明的去世对学衡派的打击非小。刘伯明之于《学衡》，正如梅光迪所言："《学衡》杂志出世，主其事者，为校中少数倔强不驯之分子，而伯明为之魁。""伯明为学衡创办人之一，其他作者，亦多其所引致之教授，与其私交甚密者。"② 胡先骕也认为，由于刘伯明的吸引，梅光迪、楼光来、吴宓等才到东南大学任教。由此可以说，没有刘伯明就没有《学衡》，刘伯明以其地位和声望，在学衡派中起着领袖群贤的作用。随着刘伯明的逝世，"东大内部的派别之争随之即起，《学衡》同仁被迫星散"③。作为发起人的梅光迪从 1923 年 1 月的第 13 期就不再为《学衡》撰稿，实际上已脱离了《学衡》事务，1924 年再度赴美，并诋诃《学衡》，与之公开决裂。学衡派的主将之一胡先骕也于 1923 年秋赴美，极少过问社务，甚至在 1927 年提出《学衡》抱残守缺，主张停办，进行彻底改组，由柳诒徵等人在南京重新出版。邵祖平也因与吴宓不睦，很快便退出社务。徐则陵、马承堃、萧纯锦参与《学衡》事务极少。因此，到 1924 年，最初的几位创办人中就仅剩吴宓和柳诒徵，吴宓所能倚重的也唯有柳诒徵了。

《学衡》祸不单行，不仅学衡派成员离散，而且由于《学衡》销路不佳，1924 年下半年，负责出版的中华书局对 1925 年是否继续承印《学衡》举棋不定，《学衡》面临停刊的厄运。为使《学衡》维持下去，柳诒徵与吴宓多方奔走。1924 年 7 月 27 日，柳诒徵与吴宓同赴上海，拜访中华书局编辑、《学衡》杂志稿件的负责人左舜生，以及编辑部长戴克敦，商谈有关《学衡》的续办事宜。柳诒徵请自己的好友、明德学校校长胡子靖以及族兄芷亭先生帮忙。后来，吴、柳又拜见中华书局经理陆费逵，使其答应续办《学衡》。1924 年 8 月，吴宓就任东北大学，后又改任清华国学研究院，任命柳诒徵担任《学衡》总干事，负

---

① 吴宓著，吴学昭整理：《吴宓自编年谱》第 235 页。

② 梅光迪著，罗岗、陈春艳编：《梅光迪文录》，辽宁教育出版社 2001 年版，第 30 页。

③ 郑师渠：《在欧化与国粹之间——学衡派文化思想研究》，北京师范大学出版社 2001 年版，第 72 页。

责《学衡》社务，吴宓在离东南大学前将《学衡》一切事务及稿件交予柳诒徵，很多社务都是吴宓和柳诒徵商量解决。1925 年 8 月，柳诒徵因东南大学的"易长风潮"受到排挤而改就东北大学。1926 年初，柳诒徵改就北京女子大学兼北京师范学校，遂辞去总干事一职，但仍关心《学衡》的前途命运。柳诒徵任教北京时，吴宓经常拜谒柳诒徵，与之商议《学衡》事宜，讨论、删改《学衡》稿件。1926 年，《学衡》的出版更加困难，以前的《学衡》诸友基本无人再过问《学衡》事宜。11 月中旬，中华书局决定《学衡》出版 60 期后，不再续办。在《学衡》生死存亡的危难时刻，吴宓拜谒柳诒徵，与之商洽解决办法，最后决定一方面请求中华书局修改条件，继续承办，一方面委托竺可桢请商务印书馆承办，并以柳诒徵的《中国文化史》由商务印书馆单本印售为条件。柳诒徵还亲自致函商务印书馆，请求其承办《学衡》。可见，柳诒徵为《学衡》的发展、维系尽了自己最大的努力。最后由于多方说情，中华书局答应再续办《学衡》一年，年出六期，并由《学衡》社给中华津贴 600 元。吴宓对此非常高兴，急忙函告柳诒徵、汤用彤、缪凤林、景昌极等社员，足见柳诒徵等人在其心中的重要位置。为支持吴宓，缪凤林和景昌极接到吴宓函后，回信告知"各愿捐《学衡》社津贴中华款每期各 10 元，二人合共 120 元"[1]。为了减轻《学衡》社的经济负担，缪凤林还让其中央大学的学生购买登载柳诒徵《中国文化史》的各期《学衡》。由于中华书局仅答应续办一年，柳诒徵为此非常焦虑。1927 年，柳诒徵在沪期间，仍为《学衡》续办之事奔波，他曾与上海大东书局接洽，使其愿意按中华书局的旧条件承办《学衡》。但由于种种原因，大东书局最终并没有承办《学衡》，但柳诒徵对社务的关心却是显而易见的。

　　总之，在《学衡》后期，学衡派诸人既不撰稿，又少有过问其事宜的困难时期，柳诒徵却仍一如既往地关心着《学衡》的命运，成为吴宓唯一可以依靠的人。柳诒徵从创办《学衡》，到支持《学衡》，再到挽救《学衡》，都尽了自己最大的努力，《学衡》在极度艰难的情况下，能够持续到 1933 年，发行 79 期，成为当时存在时间较长的一份刊物，与柳门师生的多方支持分不开。因此，完全可以说，柳诒徵在学衡派中所起的作用，仅次于吴宓。梅光迪虽对《学衡》的发起及筹备创刊起了别人无法替代的作用，但《学衡》创刊后，他对《学衡》的影响却难以恭维，因为他对《学衡》仅支持了一年，自 1923 年第 14 期以后，再也

―――――――

①　吴学昭：《吴宓与陈寅恪》，清华大学出版社 1992 年版，第 64 页。

没有给《学衡》撰稿，且偶有批评诋诃《学衡》之言词。而胡先骕对《学衡》的贡献也主要是《学衡》在东大时期，《学衡》在清华时期，胡先骕既未再撰稿，也很少关心社务。在学衡派的几个主要成员中，自始至终支持和关注《学衡》的，除吴宓外，仅柳氏一人。

当我们检视学衡派的主要成员的文化背景时会发现，他们多有留学经历，且以留美者居多。如果仅从留学经历和学历高低来看，柳诒徵似乎难以和吴宓等海归派相比。也即是说，柳诒徵不像其他创办人那样，受过严格正规的、系统的西方教育。表面上看，柳诒徵与这些西洋留学生在个人经历、学术渊源以及治学志向上有根本不同。那么，柳诒徵为什么会加入学衡派，并积极支持《学衡》呢？《学衡》同人又缘何如此推尊柳诒徵？

其一，《学衡》创办以前，柳诒徵在东南学术界就已有很高的声誉和威望，为众多学者敬重和赏识。

其二，柳诒徵在南高师、东大的资历最深，且已成为南高师、东大的精神领袖，这是学衡派中其他任何一个成员所不具备的。他渊博的学识，尤其在中国文化及史学方面的造诣，在整个南高师、东大都无人能够企及。同时，柳诒徵影响下的文史学科，学风谨严，成绩突出，已为南高、东大师生所景仰。加上柳诒徵个人的道德文章也极为人称道，因此，当时的学衡诸人不仅"欣赏他的圆融和博雅"，而且已经认识到了他的旧学领袖地位，"能邀集当代俊彦，充实《学衡》的阵容。他们相信他，也都以群中有他，增加了他们的共信。"① 吴宓也曾说，读了柳先生的文章后，始知道"尊佩柳先生"②。

其三，柳诒徵深厚的国学功底也是梅光迪等人希望柳诒徵加入学衡派的主要原因。《学衡》创办的主要目的之一是与新文化派对抗，对其激烈反传统予以反击，以创造基于本国固有文化的新文化。这既需要有文化策略上的反抗，更需要有学理、学术上的研究。《学衡》简章申明了其"论究学术，阐求真理，昌明国粹，融化新知"的宗旨。昌明国粹的办法则是"于国学则主以切实之功夫，为精确之研究，然后整理而条析之，明其源流，著其旨要，以见吾国文化，有可与日月争光之价值。而后来学者，得有研究之津梁，探索之正轨，不至望洋兴叹，劳

---

① 罗时实：《柳翼谋先生及其〈学衡〉诸友——〈南雍忆旧录〉之二》，《中外杂志》第 7 卷第 6 期，1970 年台北。

② 吴宓著，吴学昭整理：《吴宓自编年谱》第 229 页。

而无功，或盲肆攻击，专图毁弃，而自以为得也。"① 因此，国学研究成为《学衡》的主要任务之一。然而，从学衡派的人员构成看，几个核心人物除柳诒徵外，梅光迪、吴宓等人均为留学归国者，虽然他们也有一定的国学基础，但其专业特长主要在西方文化而非国学，若就高深的国学研究而言，他们在国学方面的根底和素养根本无法与柳诒徵相比肩。吴宓对此毫不讳言，1919 年他还在美国留学时就曾说，"宓中国学问，毫无根底，虽自幼孜孜，仍不免于浪掷光阴。"并下定决心，"宓回国后，作事之外，日必专以短时，治中西学问。若现今之鄙陋，不登于大雅之堂，仅普通学生之程度，尚安敢以文学为专业号于人哉！"② 1923年 9 月 3 日吴宓拜访了著名的国学大家孙德谦和张尔田之后，在日记中记述道："予窃自念，昔恨不早十年遇白璧德师，则不至摸索彷徨，而西学早入正轨。今又恨不早二十年遇孙张二先生，则不至游嬉无事，虚度光阴，而国学早已小有成就。及今始知之而悔之痛之，亦命也夫！"③ 由此，单靠他们这批留学归国者，还不足以担当"昌明国粹"的重任。他们急需古今洽通，于国学有艰深研究的学人的支持，否则，便难以"昌明国粹"，也就无法从传统文化本身给予新文化派以有力回击。对此，吴宓等人认识得很清楚。而南高师、东大的国学大师非柳诒徵莫属。因此，"昌明国粹"的重任首当其冲地落到柳诒徵肩上。当年柳诒徵在东南大学的学生李清悚的回忆也证明了这一点："1922 年创办之《学衡》杂志，本西方一时盛行之人文主义，反对'文学革命'之新说，以为有汩没中国文化传统之不良影响，与《新青年》等刊物相争论，在新文化运动中有异议，被视为保守方面，而校长亦适当支持其刊行，时流乃加以东大'学衡派'之称。时柳翼谋师则常有'通论'文字在其中揭载，乃因师固贯通国史，不苟于趋时，而梅吴以及参与校政之刘伯明先生皆游学美国（刘为美之西北大学出身，梅吴皆出哈佛，于国学俱疏，故屡求其写论为助……）。"④ 更重要的是，柳诒徵依靠他在东南大学的资历和影响，可以团结、联合其他学者及其弟子，从而在学衡派中形成了一个力量较为雄厚的致力于国学研究的知识群体。梅光迪、吴宓等人也认识到了这一点。因此，他们非常希望柳诒徵的加盟和支持。

其四，柳诒徵的思想和中西文化主张基本与梅光迪、吴宓等人相契合。梅光

---

① 《学衡杂志简章》，《学衡》第 3 期，1922 年 3 月。
② 吴宓著，吴学昭整理：《吴宓日记》第 2 册，第 28 页。
③ 吴宓著，吴学昭整理：《吴宓日记》第 2 册，第 250 页。
④ 李清悚：《回忆东大时代柳翼谋师二三事》，《劬堂学记》第 124 页。

迪、吴宓等人反对新文化运动对中国传统文化的全盘否定，以及西方学者对中国文化的误解和扭曲。柳诒徵也认为，欧战以后，中国出现两种社会思潮，"一则欲输入欧、美之真文化，一则欲昌明吾国之真文化，又以欧、美人之自讼其短，有取法吾国先哲之思。""而吾国人以昌明东方文化为吾人之大任之念，乃油然以生。"① 柳诒徵在南高师、东南大学讲授中国文化史，极力张扬中国传统文化的价值，发掘"吾民独造之真迹"②，产生了极大的反响，成为反对新文化运动者民族文化虚无主义的有力证据。柳诒徵甚至提出了"中国文化西被"的主张，这在一定程度上与梅、吴等人不谋而合。

　　其五，柳诒徵对梅、吴等人的西学素养也极为欣赏和叹服。柳诒徵虽曾两次赴日③，但一则时间都较短，二则主要是游历、考察或参观，而非系统学习④，所以，他虽然通过间接途径，对西学、西政有了相当了解，但对西学并无深入研究，对西学理解的广度和深度，较比吴宓、汤用彤等人也逊色一筹，此亦无须讳言。因此，他也希望通过与学衡诸友的交往，获得一些西学知识，以提高自己的西学素养。正如罗时实所言："他从刘伯明、梅迪生、杨杏佛、秉农山、汤锡予、胡步曾、吴雨僧几位留学生中，发现他们对旧学都已经摸到门径，喜欢和他们往来，从他们得到一些西方知识。"⑤ 更为重要的是，他对梅、吴等人所服膺并奉为圭臬的美国白璧德的新人文主义也是赞赏有加。1924 年 8 月，吴宓辞东大受东北大学之聘，柳诒徵作《送吴雨僧之奉天序》，文中说：

　　　　宣城梅子迪生，首张美儒白璧德氏之说，以明其真。吴子和之，益溯源于希腊之文学美术哲学。承学之士，始晓然于欧美文教之自有其本原。而震骇于晚近浮薄怪谬之说者所得为甚浅也。梅子吴子同创杂志曰学衡，以昭世。其文初出，颇为群俗所诟病。久之，其理益章，其说益信而坚。浮薄怪谬者屏息不敢置喙，则曰：此东南学风然也。梅子吴子

----

① 柳诒徵：《中国文化史》下卷，东方出版中心 1988 年版，第 869—879 页。
② 柳诒徵：《中国文化史》上卷，第 1 页。
③ 柳诒徵赴日，一次在 1903 年，随缪荃孙赴日考察学务两个月；一次在 1919 年 5 月，他带领南高师的学生赴日参观，虽然无法考察此次在日本停留的时间，但由于还未到暑假，所以，时间肯定不会太久。
④ 很多学者都认为柳诒徵曾留学日本，其实柳诒徵并未在日本留过学。参观、考察与留学其实并不完全相同。
⑤ 罗时实：《柳翼谋先生及其〈学衡〉诸友——〈南雍忆旧录〉之二》，《中外杂志》第 7 卷第 6 期，1970 年台北。

闻而笑之曰：吾以明吾学，奚一校之圃。于是梅子复绝大洋，东走新陆，以吾国文学教晳人。吴子亦出榆关，览医巫闾，涉辽河，振铎于新造之行省。二子者之行不同，而其旨一也。美之士凤承白璧德之教，迪生启之以吾国闻。所谓同声相应也。辽之学肇造未数年，雨僧以筚路蓝缕之力，为亚洲建一新希腊，亦华之白璧德矣。学术在天壤，惟人能宏之。二者各以一身肩吾国文教之责。使东西圣哲之学说炳焕无既。视昔之所播于东南者，益声大而远，岂惟不局于一学校。抑亦不局于一地一群一社一时之事矣。①

柳诒徵何以赞成新人文主义？新人文主义对中西文化的主张，尤其对中国传统文化及孔子的评价与柳诒徵的观点颇多符合，此其一。以白璧德为首的新人文主义，是反思欧战的结果，反对近代欧洲的功利主义和浪漫主义，强调内心自省，主张人文学者传授承继文化的责任，应突破国家的界限，综合吸收古今东西文化之精华。白璧德尤其尊重中国文化，并对中国文化及孔子给予很高的评价。1920 年 9 月，白璧德应美国东部中国学生年会之邀，作"中西人文教育说"的讲演。在讲演中，白璧德强调中国文化有优于他国文化之处，中国的法律优美而少变；中国重道德观念，而此道德观念又适合人文主义。"孔子之学说，不宜仅以其生后二千余年之影响而判断之，须知其学说实为孔子生前数千年道德经验之反影也。"除此之外，白璧德对当时中国发生的新旧文化之争也特别关注。在"中西人文教育说"的讲演中，他表明了自己的看法：

相对抗者，一方为迂腐陈旧之故习，一方为努力于建设进步、有组织、有能力之中国之青年。但闻其中有主张完全抛弃中国古昔之经籍，而趋向欧西极端卢骚派之作者，如易卜生、士敦堡、萧伯纳之流。吾固表同情于今日中国进步派之目的，中国必须有组织、有能力，中国必须具欧西之机械，庶免为日本与列强所侵略。……中国亦须脱去昔日盲从之故俗，乃伪古学派形式主义之牵锁。然须知中国在力求进步时，万不宜效欧西之将盆中小儿随浴水而倾弃之。简言之，虽可力攻形式主义之非，同时必须审慎，保存其伟大之旧文明，为功利感情派所遗弃者，每

---

① 《学衡》第 33 期，1924 年 9 月。

深契合焉。①

白璧德的新人文主义对中国新文化运动及中国文化的态度，不仅使梅光迪、吴宓等中国的留学生备感亲切，并决定在中国恢弘白师的新人文主义，此举也使柳诒徵极为欣赏。而且，白氏的"中国在力求进步时，万不宜效欧西之将盆中小儿随浴水而倾弃之"的主张与他的观点不谋而合。柳诒徵也一向主张获中国传统文化中永远不能抛弃的精华，高度评价孔子。因此，柳诒徵的文化主张与新人文主义相契合。新人文主义重视人的主体地位，注重人格之锤炼。这一点也是柳诒徵所极力张扬的，其《中国文化史》即用心于此，此其二。同时，梅光迪等人也将柳诒徵等人主编的《史地学报》视为中国人文运动的主要刊物。

在对中西文化的这种共同认识和"昌明国粹，融化新知"，建设民族的新文化的共同的理想和信念下，他们聚集在《学衡》麾下，求同存异，由此形成了极具特色的学衡派，这既是偶然，也是必然。

四、国学图书馆之灵魂

柳诒徵对东南学术的影响，还表现在其对南京省立国学图书馆的经营和管理方面。

1927 年他以绩学之士出任江苏省立第一图书馆②馆长，充分发挥其大学者、名教授的特长。他到馆伊始便带领馆员清查整理馆藏，多方征集传抄，或派职员到各地图书馆抄录，或提供费用请各图书馆代为抄录，以丰富国学图书馆的藏书。他还带领馆员整理前贤遗稿，影印馆藏宋元刻本、珍本孤本、名家稿本墨迹等，及《盋山书影》多种。并亲自为影印的书稿撰写序或跋，介绍其刊印原因、价值、版本流传情况及主要内容等。自 1927 至 1934 年的 7 年中，共影印 96 种之多，其中相当数量图书都是希见之本。

另外，对各项制度也进行了调整和修改。其一，打破图书馆管理制度的先例，制定住馆读书的制度和章程。视馆舍情况，读者只要缴纳一定的费用即可住

---

① 胡先骕译：《白璧德中西人文教育说》，《学衡》第 3 期，1922 年 3 月。
② 江苏省立第一图书馆，后改名为第四中山大学国学图书馆、江苏大学国学图书馆、中央大学国学图书馆。1929 年 10 月改名为江苏省立国学图书馆。

馆查阅资料。我国著名的历史学家蔡尚思为写作中国思想史，就曾于 1934 年至 1935 年住馆读书一年，其间，柳诒徵经常与之探讨学问，使其获益匪浅，对此他感受颇深。他曾回忆，柳诒徵先生"首创学者住馆读书搜集资料办法，是开路先锋的创新者"，否则，"我能得长期入住该馆遍读历代文集而成为今天的我么？"① 柳诒徵奖掖后学的精神也使蔡尚思终生难忘。多年以后，蔡尚思每念及在国学图书馆读书的岁月，总有无限感慨："我从前只知大学研究所是最高的研究机构；到了三十年代，入住南京国学图书馆翻阅历代文集之后，才觉得进研究所不如进大图书馆，大图书馆是'太上研究院'。对活老师来说，图书馆可算死老师，死老师远远超过了活老师。"② 其二，改变以前对善本书阅览的严格限制，扩大读者范围。以前读者要阅览善本书籍，必须有省署许可，或馆员所认识的学术专家介绍，这样以来，有资格查阅善本者极少，使善本书难以发挥其应有的学术价值。柳诒徵令馆员将善本重抄或影印，扩大阅读对象，有利于对古代文化的弘扬。

其二，不断提高国学图书馆的科学管理水平。柳诒徵于 1928 年聘请知名学者、中央大学史学系教授陈汉章、文学系教授王伯沆、哲学系教授汤用彤、金陵大学图书馆馆长李小缘等任参议，定期请他们到馆会商馆务，对国学图书馆的管理和建设提出有益的建议。1928 年，柳诒徵编写出《国立中央大学国学图书馆小史》，介绍图书馆沿革、规章制度、藏书特色等，扩大了图书馆的知名度。作为知名学者，柳诒徵深知图书馆对学者学术研究的重大意义。国学图书馆所藏钱塘丁氏八千卷楼、武昌范氏木犀香馆、桃源宋氏三家之书，可谓旧籍非常丰富，有些藏书甚至是全国最大的图书馆北平图书馆所无。有鉴于此，柳诒徵主张将国学图书馆办成一个学术研究机构，列入大学区中，与研究院相衔接。基于此种理念，他接管图书馆之后，罗致四方学子，一方面令他们整理管理图书，另一方面鼓励他们充分利用馆藏图书的便利条件，开展学术研究。为此，他于 1928 年创立《国学图书馆馆刊》，以报告馆务，刊登馆员的学术研究文章。范希曾的《书目答问补正》，王焕镳的《明孝陵志》，柳诒徵的《说文句读稿本校记》、《江苏书院志初稿》、《江苏社会志初稿》等都曾在《国学图书馆馆刊》上刊载，在学术界产生了较大影响。在柳诒徵的倡导和带领下，国学图书馆不仅培养了一批图

---

① 蔡尚思：《柳诒徵先生学述》，《劬堂学记》第 4 页。
② 蔡尚思：《中国文化史要论》，湖南人民出版社 1980 年版，第 118 页。

书馆专家，也造就了一批学术研究人才。如曾任印行部主干的缪凤林，后成为我国著名的史学家，先后担任中央大学、南京大学史学教授 20 余年；访购部和印行部主干向达，后任职北平图书馆、北京大学教授、北京大学图书馆馆长、中国社科院历史所二所副所长、学部委员、《历史研究》编委等，成为著名的图书馆学家和历史学家；参与编撰《国学图书馆图书总目》的王焕镳，后历任浙江大学、贵州大学、杭州大学等校教授，以及杭州大学图书馆馆长，浙江文史馆馆长等。因此，当年柳诒徵于国学图书馆主持开展的学术研究和人才培养活动，功不可没。在柳诒徵的主持下，南京国学图书馆成为南方乃至全国著名的图书馆，无论管理水平，还是古籍数量和质量都堪于北平图书馆齐名。

其三，柳诒徵带领馆员，将国学图书馆全部馆藏 22 万多册图书编成《江苏省立国学图书馆图书总目》，其在图书编目和图书分类上，在吸收《汉书·艺文志》、《四库全书总目》等合理方法的基础上，多所创获。更为重要的是，它是当时第一家将所有馆藏编成总目者，具有开创性意义。《国学图书馆图书总目》的编成方便了读者，省去了翻检卡片目录的麻烦。

《国学图书馆图书总目》以便于使用为原则，不拘泥于传统分类方法，参酌中西分类方法，根据馆藏的实际情况，采用经、史、子、集、志、丛、图七分法。编者既不赞成守旧者"崇尚库目之椠褾，毫毛不肯少更"，也不赞成骛新者废弃四部之名，完全采用西洋的分类方法。他们认为，六艺经传，意蕴弘富，为中国所独具，一概采用西洋分类法，如将易入哲学，诗经入文学，书、礼、春秋等入史学，只是"得其一而失其全"。《国学图书馆图书总目》将史部中的诏令、奏议、职官入政书类，更符合此类书的性质；将地理类中的方志，别立"志"部，则由于当时方志类图书数量极多，单独标目，更便于检索。为容纳新出书籍以及西方书籍，该总目增设类目和子目。如在史部中增加专史、外国史和金石等目；子部下的类目加以扩充，以容纳自然科学、社会科学的各类书籍，如哲学、艺术、宗教、邦交、财政等。这无疑是对西方分类方法的借鉴和吸收，也是当时我国类分旧籍和新书最详尽、最合理的图书目录，其中蕴涵着编者对中西图书分类思想的认识水平，也反映了国学图书馆同人不囿于成见，具体情况具体对待的科学思想和敢于突破常规，勇于创新的精神。对于别集的编次，以作者的卒年为断，便于确定换代之际作者归于何朝。《国学图书馆图书总目》分类比以往的图书分类更细。于"类"下再分子目，将国学图书馆全部馆藏分成 7 部，85 类，832 属，这是当时我国分类最细的图书目录。每部图书不仅标明实存卷数，而且注出残缺之卷。卷数下著录编者姓氏、年代、籍贯、著作方式、版本、稽核等，读者查阅总目时，可了解每部图书的学术源流、刊刻先后等。卷数下注明册数，每部类属之后注明该部的卷册总数，以便查阅者了解每部图书馆藏的大体情况。

　　对总目的图书分类的学术价值姑且不论，在当时没有新的成熟的分类方法，既不能沿用成法，又无新例可循的情况下，柳诒徵等人敢于突破成例，这本身就是一种尝试和革新，已足令人钦佩。更何况在当时技术设备简陋的条件下，工程之艰巨可想而知。而且，当时工作环境极其恶劣，"馆址僻左，频年经汉西门老米仓龙王庙军火失慎。复有外舰以清凉山为鹄，鸣巨炮，奢之者屡。当是时，山楼岌岌摇荡，同人震骇罔措，或中夜危坐，噤默不敢声。莫测眴息糜血肉何所，比侥幸无事，则又埋首就案。"① 而且负责编目者并非专职，表现了柳诒徵等人的胆识和敢于吃苦的精神，以及为读者服务和发扬祖国传统文化的根本宗旨。将全部馆藏图书编成一部能考镜源流、辨章学术的图书总目，其影响是很大的。建国初，顾廷龙先生掌管上海合众图书馆，明确要求合众图书馆编印藏书目录，分类采用南京国学图书馆的分类方法。他曾说，"1938 年日本东方文化学院京都研究所汉籍目录及上海图书馆编《中国丛书综录》，均将子目分类，国学图书馆之《总目》实导夫先路，在目录学史上应有一定之地位。"②

　　抗日战争爆发，为保存图书，柳诒徵多方奔走联系藏书地点，并冒着生命危险，将馆藏的宋元善本、稿本、抄本、校本、孤本等造册封箱，运往南京故宫博物院朝天宫分院地下存放，将地方志及丛书运往苏北兴化保存。抗战结束后，他迫不及待地返回南京收复国学图书馆旧藏。其间柳诒徵同各方接洽，努力访求，向各方呼吁，并数次与中央图书馆馆长蒋复璁力争，甚至为收回被临时中学占用的陶风楼馆舍，与校长力争以致中风，可谓"矢死力争"③，更有甚者，"哀恳无效，至以跪求"④，"接收鞶帨，规复艰难"⑤ 可见一斑。柳诒徵经过艰苦努力，最后终于将原 22 万册藏书，收回 18 万册。图书收复后，柳诒徵又带领员工重新清理，并于 1948 年编成《江苏省立国学图书馆现存书目》。柳诒徵为国学图书馆

①　柳诒徵：《国学图书馆图书总目序》，《国风》月刊第 7 卷第 4 期，1935 年。
②　顾廷龙：《柳诒徵先生与国学图书馆》，《劬堂学记》第 249 页。
③　柳诒徵：《自传与回忆》，《劬堂学记》第 9 页。
④　柳曾符：《霞墅检书记》，《劬堂学记》第 268 页。
⑤　顾廷龙：《柳诒徵先生与国学图书馆》，《劬堂学记》第 251 页。

所作的贡献，足以"留芳史册"①。

1949 年全国解放后，柳诒徵被聘为上海文物保管委员会图书组委员，他不顾年迈体弱之躯，每天坚持到会工作。本来他下午可以不必到会检书，外面运书来，他也不必搬书，然而他却每每抱书上下，别人请代抱，他却不许，并说："陶公运甓，聊以习勤耳。"② 检书过程中，柳诒徵写成《检书小志》八册，详记所检图籍之版本、行款、批识、藏印，以为日后准备编目之用。

柳诒徵对图书馆事业的贡献，不仅在于对南京国学图书馆的治理和整顿，以及《江苏省立国学图书馆图书总目》的编成，还在于他为国学图书馆保存和充实了古籍善本及影印本，以及各种重要的抄本和当时国内外重要的图书及杂志等，奠定了今天南京图书馆雄厚的图书馆藏基础。另外，他对上海文管会图书的检阅和整理，奠定了上海市图书馆的藏书基础。所有这些丰富的藏书，为弘扬祖国优秀的传统文化，为南方乃致全国学人提供了科学研究的丰厚"质料"，促进了我国学术研究的发展和繁荣。同时，柳诒徵及其同人，还给我们留下了宝贵的精神财富，当年他所树立的勤奋、严谨、踏实的学术研究风气，忘我的工作态度，深深影响着全国的学人。这笔财富是无价的，是我们当备加珍惜的。

柳诒徵作为文化大家，文坛翘楚，其道德文章，人格魅力，不仅享誉南高师、东大，乃至整个东南学术界，而且，就全国范围而言，其学术地位也是不容忽视的。20 世纪二三十年代，柳诒徵在史学界曾与二陈——陈寅恪、陈垣齐名，有"南柳北陈"之称。吴宓曾将柳诒徵与梁启超相比堪：

> 近今吾国学者人师，可与梁任公先生联镳并驾，而其治学方法亦相类似者，厥惟丹徒柳翼谋先生诒徵。两先生皆宏通博雅，皆兼包考据义理词章，以综合通贯之法治国学，皆萃其精力于中国文化史。皆并识西学西理西俗西政，能为融合古今折衷中外之精言名论。皆归宿于儒学，而以论道经邦，内圣外王，为立身之最后鹄的。皆缘行道爱国之心，而不能忘情于政治事功。皆富于热诚及刚果之勇气，皆能以浅显犀利之笔，为家喻众晓之文，皆视诗词等为余事，而偶作必具精彩。此皆两先生根本大端之相同处。③

① 许廷长：《柳诒徵振兴国学图书馆》，《劬堂学记》第 263 页。
② 吴常焘为柳诒徵逝世三十周年所作纪念诗文，见《劬堂学记》第 343 页。
③ 吴宓：《论柳诒徵诗》，《劬堂学记》第 312 页。

　　吴宓对柳诒徵的称颂并非恭维之辞，因为柳诒徵无论在史学，还是文学方面的确都造诣甚深。1943 年，柳诒徵被教育部聘为部聘教授兼学术评议会委员，负责审查各方稿件。1948 年又当选为中央研究院院士，当时当选的史学院士仅有 5 人，除柳诒徵外，另外 4 人为陈垣、陈寅恪、傅斯年、顾颉刚，而且，在1948 年中央研究院院士合影中，柳诒徵且于第一排就座，足见其在 20 世纪上半叶中国史学上的重要地位，以及时人对他尊敬之一斑。

　　总之，柳诒徵以他渊博的学识和高尚的人格，使他赢得了在东南学术界的重要地位。作为南高师、东南大学的教授学者，他是精神导师；作为学衡派的中坚，他所起的作用是更不容忽视；作为国学图书馆馆长，他是图书馆的灵魂，说没有柳诒徵，便没有 20 世纪上半期的国学图书馆，也不为过。他对南高师、东南大学，对南高学派、学衡派乃至东南学术的影响尤为深远。在他带领和影响下形成的"南高精神"和"南高学风"，不仅影响了当年的东南学人，直到今天，它依然是全国的学术工作者应当继承和弘扬的优良学风和可贵的民族精神。

第二章　柳诒徵的中西文化观

　　1840 年，西方列强的巨炮，震醒了沉睡已久并自视为世界中心的天朝上国，中国关闭已久的大门顷刻洞开，中国传统文化的堤防也随之被西方文化浪潮逐渐冲垮。鸦片战争结束后，当中国人冷静看待西方列强时，忽然发现西方世界已经远不是他们记忆中的西方世界，在坚船利炮背后，蕴藏着与中国截然不同的且远在中国之上的文化，在痛苦的抉择后，中国被迫迈出了学习西方的艰难步伐。然而，半个多世纪过去后，中国仍没有改变落后状况。国人"废然思返"①，逐渐认识到，解决中国问题的根本出路在于整体文化的变革，要创造新文化。然而，在如何建设未来的新文化、建设新文化的过程中如何对待西方文化和中国传统文化、要建立什么样的新文化等一系列问题上，学者们产生了分歧，提出了各种不同的意见和看法，由是引发了近代中国历史上规模空前、影响广泛而深远的文化论争。在这场关于文化的论争中，出现了国粹派、新文化派、欧化派、东方文化派等各种文化派别。

　　国内东西文化的论争，是对世界文化思潮的反应。第一次世界大战欧洲的战败，使欧洲人的心灵遭受了极大的创伤，许多人开始对自己的前途和命运感到悲观和失望，对西方文化也丧失了信心。尤其是斯宾格勒《西方的没落》一书的出版，给本已处于极度消沉中的西方人带来更大的震撼和冲击。他们在寻求自己文化出路的过程中，逐渐将目光投向东方，希望通过东方文化来挽救西方文化于颓败，于是，西方出现了崇拜、学习东方文化的热潮。美国的新人文主义适时地为这股浪潮推波助澜，并积极付诸实践。新人文主义以白璧德为代表，主张从传统中求取超越时空的具有普遍性和国际性的规范，这便需要会通世界各种传统文化中普遍的永恒的人文价值和精粹。白璧德对中国的传统文化和孔子都给予很高的评价。白璧德的思想主张既影响了西方一些人的心理，更影响了他的中国学生们。学衡派即是以白璧德的中国学生们为始作俑者，以践履白璧德的新人文主

---

　　① 梁启超：《五十年中国进化概论》，《饮冰室合集·文集之三十九》第 5 册，中华书局 1989 年版，第 45 页。

义，弘扬和会通世界文化之精华为职志而组织起来的。西方文化思潮无疑也影响着国人对中西文化问题的思考。在这种文化环境下，作为学衡派重要成员的柳诒徵，也始终没有停止对文化问题的思考和探究。他在对中西文化，尤其是中国传统文化系梳理和研究的基础上，经过慎重思索，提出了自己的见解和主张，形成了独具特色的中西文化观。

一、中西文化观

进入 20 世纪以后，世界文化出现对话的趋势，东西方各国都希望借助他国文化之精髓，以推动本国文化之进步。在这一大背景下，柳诒徵主张发掘传统文化之精华，在继承传统文化的基础上，吸收西方文化，并融通中西方文化，创造有自己特色的新文化。这一文化观既超越了国粹派的民族文化优越性的虚骄心理，也有力回击了西化派的民族文化虚无主义，对新文化运动当可起到补偏救弊之效。

（一）以弘扬祖国优秀传统文化为己任

在 20 世纪二三十年代的中国学术界，新文化派基本占据了话语霸权，国人也习惯以之来判分先进与落后，激进与保守，这就将原本丰富多彩的学术文化问题简单化了，严重束缚了人们的思维。何谓文化，学术界至今尚无统一的界定，见仁见智。梁启超认为，文化是"人类心能所开积出来之有价值的共业"[1]，包括物质和精神两个方面；梁漱溟认为，文化有广狭之别，广义文化为一切社会存在的总和，包括物质和精神两方面，狭义文化则专指精神方面而言；也有人认为文化是人类精神的社会存在形式的总和[2]。即使在同一学派内部，对文化的体认也不完全统一，如在学衡派内部，汤用彤认为，"文化为全种全国人民精神上之所结合"[3]。缪凤林认为，"一民族之文化，即一民族所有精神上物质上之成就之

① 梁启超：《什么是文化》，《饮冰室合集·文集之三十九》第 5 册，第 98 页。
② 参见严春友、严春宝：《文化全息论》，山东人民出版社 1991 年版，第 27 页。
③ 汤用彤：《评近人之文化研究》，《学衡》第 12 期，1922 年 12 月。

总和"①。陆懋德认为文化是"一国人的生活"②。吴宓则认为："文化二字，其义渺茫，难为确定。"柳诒徵虽然没有对"文化"一词加以界定，但从他于《中国文化史》所论述的内容看，他所认为的文化包括人种起源、典章制度、文学艺术、教育、社会变迁、文物风俗、哲学、宗教兴衰、学术流派，等等。可见，学者们对文化的界定有广狭之别，但有一点却是一致的，即文化是人类创造力的凝聚。

柳诒徵指出，20世纪初国内许多学者震慑于西方的强大，日益崇尚西方文化，认为本国文化只有科举、宦寺、吸毒、缠足等痼习，自惭形秽，并将中国旧有书籍束之高阁。甚至有人认为中国自汉以后，根本无历史无文化可言，主张将中国文明列入淘汰之列③。他认为，这些认识和做法显然是将中国传统文化看得简单化、片面化了，也远远低估了传统文化的价值，是不客观的，有某种程度的民族文化虚无主义倾向。柳诒徵为此深感痛心和遗憾。他既不满于对传统文化的过分蔑视，对那些仅拾取古书中荒邈无稽之谈的好古之士也同样不满。他指出，中国文化非常复杂，内容极其丰富，包括许多方面，绝非一端可罄。中国传统文化中确有某些不合理的、落后的，甚至反动的成分，但中国作为世界最古老的文明古国之一，是唯一一个文化从未间断的国家，因此，中国文化中必然含有某种经久不衰的东西。他的中国文化史研究就是试图发掘中国传统文化中这种积极的有价值的因素。

他在《中国文化史》中劈头便提出了"中国文化为何？中国文化何在？中国文化异于印、欧者何在？"中国幅员广袤，"世罕其匹"，前人究竟用什么办法"开拓如此天下，团结如此天下者"？中国何以能容纳并沟通融合如此多民族，果由何道？中国又何以能开化最早而历久犹存？他认为，中国文化必有其独特价值和精神在，而这些又恰是中国文化能历久不衰的根本原因。中国文化的根本精神何在？他指出，中国文化内容极其丰富，涉及许多方面，如小学、金石学、考据、辞章以致版本、目录等，而且中国在这些方面也都取得了突出的成就，这些成绩也能够表现中国文化的演进。然而，这些学问既非中国文化的中心，也不能体现中国文化异于他民族文化的特质，也不是使中国特殊于他民族他国家的独特

① 缪凤林：《文化的训练》，《国风》半月刊第4卷第9期，1934年。
② 陆懋德：《中国文化史》，《学衡》第41期，1925年5月。
③ 参见范祎：《通学报序》，《万国公报》第205期。

性质。因为，"吾人精于训诂，彼未尝不讲声韵文字之变迁。吾人工于考据，彼未尝不讲历史制度之沿革。吾人搜罗金石，彼未尝不考陶土之牍、羊皮之书。吾人耽玩词章，彼未尝不工散行之文、有韵之语。所异者象形之字，骈偶之文。自今观之，即亦无甚关系。不识象形之字，不得谓之不文明；不为骈体之文，亦不得谓之无文学。"① 因此，对世界文化而言，这些文化不过作他人一种参考而已。

既然如此，中国文化的伟大之处何在，中国文化别于他文化者何在？从世界各国的情况看，有由强盛到分裂衰败者，有由弱小到强大者，惟有中国能容纳沟通数族，开拓广袤的领土，团结天下之人，成为四大文明古国之一，且历久犹存而独寿，原因何在？柳诒徵认为这绝非偶然，而要回答此问题，惟有求之于中国文化，答案也即在于中国文化的根本精神。他认为，中国文化与他种文化比较起来，其独具之精神在"人伦道德"，这是中国文化的根本精神。所谓人伦，即孔子所讲的"二人主义"，强调一人之外，必有他人，由一而二，由二而三，以至无穷。一人欲应付多人，必须先从二人做起，其唯一的妙法就是"恕"，中国的美德"仁"字，即讲二人，中国的根本组织便是由二人出发的。所谓以己之心度人之心，所谓己所不欲勿施于人等，皆从双方立言。如果人人照此奉行，则没有什么是不可行的。"二人主义"又析为君臣、父子、夫妇、兄弟、朋友五伦，人与人相对之类别，都包括于此五伦之中。君臣固然不止二人，就一君对一臣言为二人；父子不止二人，就一子对一父言，也是二人，兄弟朋友也是如此。因此，一个人对于任何一个人如果能以"恕"相处相安，则对大多数人亦可相处相安。如果对大多数人不能相处相安，则他对于最亲近的某一个人，也不可能相处相安。"朴尝妄论五伦为二人主义。二人主义者，仁也，即所谓相人偶也，相人偶者，由个人而至大多数人之中必经之阶级也。"柳诒徵认为当时社会父子革命、离婚失恋、叛党卖友、媚外丧权、军旅倒戈、商贾倒帐等，以孔子之教绳之，无他，失其伦序而已。因此，二人主义是为人之道，"为人必自五伦始，犹之学算必自四则始。不讲五伦而讲民胞物与，犹之不明四则辄治微积分，何从知为人之道哉。"② 因此，中国文化的根本，便是就天性出发的人伦。这种精神本乎至诚，所以"方能造就中国这么大的国家，有过去几千年光荣的历史"③ 中国"纚纚数

① 柳诒徵：《中国文化西被之商榷》，《学衡》第 27 期，1924 年 3 月。
② 柳诒徵：《孔子管见》，《国风》半月刊第 1 卷第 3 期，1932 年。
③ 柳诒徵：《对中国文化之管见》，《国风》半月刊第 4 卷第 7 期，1934 年。

千年，皆不外此"，中国异于他国者亦在此，而文化的其他方面则皆为此中心之附属物，"训诂，训诂此也；金石所载，载此也；词章所言，言此也。亘古及今，书籍碑版，汗牛充栋，要其大端，不能悖是。"① 柳诒徵不无自豪地说，中国文化的这一独到精神，是世界上任何国家的任何文化都不能相及的。然而，由于自古以来中国一直以人伦为中心，所以"行之而不著"，"习矣而不察"，"终身由之而不知其道"，人伦精神已经成为中国人的一种基本的道德素养，成为中国人的一种人文特征，它既是中国的立国之本，也是中国有别于他国的根本所在。

可以说，柳诒徵对中国文化根本精神的体认基本是正确的，人伦精神的确是中国文化中具有亘久价值的精神，他已经深悟了中国文化根本特征。吴宓、陈寅恪等人对中国文化精神的概括较比柳诒徵则更显空灵和深邃。吴宓在柳诒徵的基础上，进一步提出了人伦精神的中心在"理想人格"，即古代所谓"圣人"、"君子"、"士"等。这种"理想人格"的具体表现就是内圣外王、德行兼备。而"理想人格"则是"中华民族之元气"②，只要"理想人格"不灭，中国便不可亡。在吴宓看来，"理想人格"，已经关系到了中国的生死存亡。另外，吴宓还提出了"中国学术系统"的概念，并认为它与"理想人格"相互为用，"理想人格"产生于特定的"学术系统"中。也就是说，人是特定文化的产物。由此，"便为自己'客观的道德理想主义'，规定和安顿了固有文化的家园，其挚爱传统文化是合乎逻辑的。"③

陈寅恪则更深入地将中国文化的根本精神归结为"独立之思想，自由之精神"。他的这一思想在他悼念王国维的《王观堂先生挽词》及"纪念碑铭"中表达得淋漓尽致。1927年6月2日，清华研究院导师王国维自沉于颐和园昆明湖，之后对于王国维的死因众说纷纭。作为好友的陈寅恪表达了自己对王国维之死的看法。他在《王观堂先生挽词》中说：

> 凡一种文化值衰落之时，为此文化所化之人，必感苦痛，其表现此文化之程量愈宏，则其受之苦痛亦愈甚；迨既达极深之度，殆非出于自杀以求一己之心安而义尽也。吾中国文化之定义，具于白虎通三纲六纪

① 柳诒徵：《中国文化西被之商榷》，《学衡》第27期，1924年3月。
② 吴宓：《民族生命与文学》，《大公报·文学副刊》第197期，1931年10月19日。
③ 郑师渠：《在欧化与国粹之间——学衡派文化思想研究》，北京师范大学出版社2001年版，第99页。

之说，其意义为抽象理想最高之境，犹希腊柏拉图所谓Idea者。……其所殉之道，与所成之仁，均为抽象理想之通性，而非具体之一人一事。夫纪纲本理想抽象之物，然不能不有所依托，以为具体表现之用；其所依托以表现者，实为有形之社会制度，而经济制度尤其重要者。故所依托者不变易，则依托者亦得因以保存。……近数十年来，自道光之季，迄乎今日，社会经济制度，以外族之侵迫，致剧疾之变迁；纲纪之说，无所凭依，不待外来学说之播击，而已销沉沦丧于不知觉之间；虽有人焉，强聒而力持，亦终归于不可救疗之局。盖今日之赤县神州值数千年未有之钜劫奇变；劫尽变穷，则此文化精神所凝聚之人，安得不与之共命而同尽，此观堂先生所以不得不死，遂为天下后世所极哀而深惜者也。[①]

在《清华大学王观堂先生纪念碑铭》中，陈寅恪说：

　　士之读书治学，盖将以脱心志于俗谛之桎梏，真理因得以发扬。思想而不自由，毋宁死耳。斯古今仁圣所同殉之精义，夫岂庸鄙之敢望。先生以一死见其独立自由之意志，非所论于一人之恩怨，一姓之兴亡。……先生之著述，或有时而不章。先生之学说，或有时而可商。惟此独立之精神，自由之思想，历千万祀，与天壤而同久，共三光而永光。[②]

陈寅恪从文化思想上去寻找王国维自杀的根源，虽然是对王国维死因的阐释，是对王国维的评价，实则也是他个人的文化宣言，反映了他自己对中国文化精神的见解。纵使"独立之精神，自由之思想"非王国维之死因，但至少也是陈寅恪个人的信念。他将中国文化的重要内容概括为"三纲六纪"，是一种抽象之理想。但纲纪是以社会制度，尤其是经济制度为依托的，社会制度不变，则纲纪亦可得以保存。然而近代以来，外族入侵，社会经济制度发生了三千年来未有之巨变，纲纪无所凭依，不待外来学说之播击，便已消沉沦丧。也就是说，中国文化在近代以来发生巨大变化，不只是由于西方文化的冲击，而且由于其所依存的社会经济制度发生了变化。但这种独立之精神，自由之思想则是不受时间和地域限制的，是与天地而同光的，这也恰是中国文化的根本精神。因此，作为中国

①　《学衡》第64期，1928年7月。
②　陈寅恪：《金明馆丛稿二编》，三联书店2001年版，第246页。

人，有责任将中国文化发扬光大。

　　尽管柳诒徵等人对中国文化精神的体认不尽相同，但有一点却是一致的，即他们都认为，中国文化的精神是使中国所以为中国的根本所在，其有与天地同久之价值，其存亡与否直接关系到国家的兴衰存亡。这显然是在更深的层次上来阐释中国文化的价值。柳诒徵虽然没有像吴宓那样，提出"中华民族之元气"一类的概念，但从他对顾炎武的"亡国"与"亡天下"之辨的赞赏，同样可以反映出他对中国文化精神价值的深刻认识。顾炎武在《日知录》中说，"易姓改号谓之亡国；仁义充塞，而致于率兽食人，人将相食，谓之亡天下。……是故知保天下，然后知保其国。保国者其君其臣肉食者谋之；保天下者，匹夫之贱与有责焉耳矣"。① 柳诒徵指出，顾氏所谓"天下兴亡匹夫有责"，并非是说天下兴亡人人都应干预，而是说，礼义廉耻，即人伦道德是天下之公器，人人皆有保护之责，宁可亡国也不可亡此，只要人伦道德存，国家终有复兴的希望，反之亦然。可见，他所说的人伦精神与吴宓所说的"理想人格"名虽不同，却可以起到同样的功用。更何况，在柳诒徵的心目中，理想人格就是"仁"的品格。国家存亡系于文化学术，"天而未厌中国也，必不亡其学术。天不欲亡中国之学术，则于学术所寄之人，必因而笃之。"② 而当天欲亡中国之学术，则国家也必将亡，则于学术所寄之人，则必与之同亡。基于这种对中国传统文化、学术的认识，柳诒徵等人宁愿被世人目为保守落后，也不愿与激烈反对传统文化者引为同道；他们宁愿被人误解而寂寞终生，也不愿抛弃中国固有之文化；当保守中国文化精神无望时，他们宁愿一死，也不愿苟活于西方文化学术的煎熬之下。由此我们也可以为王国维的自杀找到一种合乎情理的解释，即殉情于中国文化。同时，他们褒扬中国传统文化，认为今未必胜古，古也未必不如今，显然也是客观而辩证的，未必都是信古之词。的确，无论中国形势发生何种变化，中国文化的外在表现如何变化，传统文化的价值都是存在的，都是中国所以是中国的根本精神保证。惟其如此，柳诒徵等人主张对传统文化应该加以继承和弘扬，并始终自觉地以此为己任。

　　中国文化博大精深，提炼其精神内涵，绝非易事。不同学者，对中国文化的

---

　　① 顾炎武：《日知录》卷十三《正始》。
　　② 王国维：《沈乙庵先生七十寿序》，《王国维遗书》第4册之《观堂集林》卷二十三，上海古籍书店1983年版，第27页。

理解不同，造成对中国文化精神的多种体认，诸如"融和与自由"①、"自强不息"、"厚德载物"、"天人合一"、"以人为本"、"以和为贵"等②；也有人将中国文化精神概括为"人文精神"③。这些概括都有一定道理，中国文化中也确实蕴涵着这些精神。但究竟何为中国文化的根本精神，似难下断语。柳诒徵对中国文化根本精神的体认，是否完全恰当，另当别论，但他至少能够自圆其说，自成体系。而且，将中国文化的精神归结为人伦亦非他个人之见，梁漱溟、钱穆等人也都有此见，如梁漱溟认为中国文化的最大特色在"伦理本位"，钱穆将中国文化称为"孝"的文化。因此，将中国文化的精神归结为人伦大体不误。柳诒徵通过对中国文化根本精神的涵咏，旨在使国人认识到传统文化中有恒久不变的价值在，且这些永恒的文化价值是再造国人民族自尊的基石，是增强民族凝聚力的保障。中国文化重人伦的根本精神，可使国人养成"牺牲一己之心，抱有帮助他人的热诚"的习惯。正是根于这种人伦的天性，国人乃能竭身国事，甘愿为国家牺牲性命。由此，则中国便不致于受外族的欺凌与践踏。

柳诒徵的思想主张在当时也具有极大的现实意义。"九一八"事变后，国民党政府在"攘外必先安内"的借口下，奉行不抵抗政策，致使东北三省很快沦陷，柳诒徵为此极为痛心而愤慨。因此，继承并弘扬民族精神，愤发自强以雪国耻，重建中国民族的自尊，成为柳诒徵等人提出中国文化精神的终极关怀，此不言自明。如何恢复民族自尊，谋求民族的复兴，柳诒徵主张必须"先教一班士大夫有知识的人，明白人伦的道理，从少数人下手，然后再由根本推及枝叶，训导大多数的民众也明白这个道理。……先从切身做起，慢慢的将人伦的天性，推而至于一村一乡一省一国，使中国文化的精神，从新发扬起来，那便是中国民族复兴的良药，见了功效了！"④

柳诒徵极力张扬传统文化中所包含的民治精神。他说，西洋史家对大禹治水范围之广，速度之神速极为怀疑，治水之难，首先在人工及经费。近世人工皆须以金钱雇之，故兴工必须巨款。而中国古代每当需要劳役时，但须召集民人，却无须予以金钱。所以史书上只称禹之治水，却不曾听说唐、虞之人议及工艰费

---

①　许思园：《论中国文化二题》，《中国文化研究集刊》第 1 辑，复旦大学出版社 1984 年版。

②　张岱年：《中国文化的基本精神》，《张岱年全集》第 7 卷，河北人民出版社 1996 年版，第 379 页。

③　庞朴：《中国文化的人文精神》，《光明日报》1986 年 1 月 6 日。

④　《对于中国文化之管见》，《国风》半月刊第 4 卷第 7 期，1934 年。

巨，这是能够成就此等大工程的最大原因。西方人只读《禹贡》，却不知当时治水者，实际上是集合了全国之人力。他们怀疑禹为非常之人，实际上，大禹治水并非自己——而治，而是自己提倡，人民相率效之。若"以大多数之人民之功，悉归于禹，则未知事实之真相耳。"① 又如周代的共和政治，虽名称与近代西方国家的民主立宪制的中文译名相同，但其内涵则迥异。周代的"共和"是公卿相与宣王共同行政，但仍是贵族执政，与后世的民主截然不同。虽然周代无民主，却有民权。"人民之钤制帝王，隐然具有一种伟大的势力。"所以，"为君者，恒以畏天保民为主。"人民具有充分的言论自由，可以"尽言于王朝"，可以直言不讳，指陈民间疾苦，周代的言论自由，"或尚过于后世民主之时代"。由是，柳诒徵盛赞："吾国先哲立国要义，以民为主，其立等威，辨上下，亦以为民、而非为帝王一人或少数武人、贵族纵欲肆虐而设。故虽未有民主立宪之制度，而实有民治之精神。"② 对秦朝令国民修长城、开国道等大型力役，世人多视之为苛政，而柳诒徵则认为，"一举而辟数百里、千余里，此可知古人任事之力矣"。③ 对两汉时期，政府征发民人征战、戍边，担负极为繁重的力役，柳诒徵对此不但未予批评，反而从民治的角度认为，"汉代人民，最能尽国民之义务。"④ 可见，柳诒徵尽力发掘古代不合理的政治制度中所体现的民治精神。

中国学者总习惯于将君主和专制联系在一起，认为君主制即为专制政治。柳诒徵对君主制度则有不同见解，他认为，"君"最初之意为"群"，古代虽有君主政体，但君民之别，最初并不甚严。唐虞时代，"君臣之分际，初不若后世之悬隔。相与对语，率以'尔'、'汝'之称。"⑤ 且设四邻，来监督君主。君主无由专制，而政事亦无不公开。至秦汉之际，虽号为君主专制，而地方行政仍采用周代自治之做法，"人民言论甚自由，而地方之事，多由人民自主，民治且盛于官治也。""秦以专制，为世诟病，而其时人民转有自治之权。"⑥ 至唐代以迄明、清，设立监督、限制君主及大臣的官吏。因此，柳诒徵强调，并非君主制皆是专制政治。柳诒徵对君主制的诠释有其合理的地方，君主政体在其萌芽、初创时

---

① 柳诒徵：《中国文化史》上卷，东方出版中心 1988 年版，第 57、59 页。
② 柳诒徵：《中国文化史》上卷，第 201—203 页。
③ 柳诒徵：《中国文化史》上卷，第 295 页。
④ 柳诒徵：《中国文化史》上卷，第 305 页。
⑤ 柳诒徵：《中国文化史》上卷，第 305 页。
⑥ 柳诒徵：《中国文化史》上卷，第 132 页。

期，君民界限确实不像后世那么严格。对此，钱穆也有共见。柳诒徵还极力表彰周代的乡遂之制。他认为，乡遂制度精密而完善，人民熟读法令，教育发达，乡遂之官皆能各尽所职，人民各甘尽其义务，并拥有对国家之权利。所以，乡遂之制是地方自治之典范，是"民治之极轨"。①

柳诒徵之所以对古代的民治精神给予高度评价，是因为他始终本着历史为现实服务这一治史目的。他认为民治精神是中国民族的优良传统，是国家政治昌明，长治久安的基石。而在当时政治腐败，虽号为民国，实则武人专制，强藩割据，毫无民主、民治之气象。官吏只知巧取豪夺，假公济私，欺蒙百姓，人民只知逃避责任，不知对国家之义务。因此，柳诒徵认为，发扬中华民族的民治精神对挽救当时的社会有积极意义。他对古代民治精神的表彰，虽有言过其实，带有理想化的成分，但他的主观愿望和良苦用心却是应予肯定的，其浓厚的爱国情怀是值得我们敬仰的。

（二）孔子观

第一，如何评价孔子及其学说。

五四前后，文化论争的核心问题之一仍是如何评价孔子的问题。新文化运动从反传统的立场出发，高呼"打倒孔家店"的口号，主张对孔子及长期支配人们思想的儒学进行重新估价。陈独秀指出，孔门儒学虽有民本思想，但与现代民主主义，如风马牛不相及。西方的民主主义，是以民为主体的，而中国的所谓民视民听，民贵君轻，所谓民为邦本，皆以君主社稷为本位。这种民本主义，都是从根本上取消国民之人格，因此，"以古时之民本主义为现代之民主主义，是所谓蒙马以虎皮耳，换汤不换药耳。"② 而且，孔子师道与专制政治有不可分离的关系，其与共和政治水火不容，主张尊孔，势必立君；主张立君，势必复辟。经过重新估价，他们认为孔子学说已不适应现代社会生活，且与民主共和精神根本背道而驰。尤其是纲常名教，已成为中国文化创造力的精神枷锁，严重阻碍了中国文化的发展和现代化进程。

在激烈反孔的时代潮流下，柳诒徵不赞成对孔子的过激批判，并甘愿充当孔

① 柳诒徵：《中国文化史》上卷，第294页。
② 陈独秀：《再质问〈东方杂志〉记者》，《独秀文存》卷一，第1册，上海亚东图书馆1922年版，第329页。

子的"辩护士"。他指出，那些以为反对孔教为革新中国之要图，焚毁经籍、孔庙，中国即可勃然兴起，便可与列强并驱争先的想法是错误的。实则，中国近世之病源，并非由于实行孔子之道，而是由于不实行孔子之教。在他看来，自有历史以来，孔子之道，并未完全实行于中国社会，真正实行孔子所言之道理者，其实寥寥无几。实际上，中国人的所作所为，皆大悖于孔教。如孔子教人以仁，而中国大多数人皆不仁，视全国人民利害休戚漠不关心，惟私利私便是图。孤居一隅的人，不谋地方公益，不知国民义务，或托名公益，敛费自肥，等等，皆为不仁。孔子教人为人，而时人却不知所以为人，但知谋利，所以，无所谓孔子教徒，即使有也不过少数之书呆子，与过去及当时国家社会之腐败，绝无关系。论者不察此点，误以少数书呆子，概全国人，至以孔子为洪水猛兽，殊属文不对题。不但官吏、军人、盗贼、无赖，脑筋中绝无孔子之教，即使老旧的读书人，讲训诂，讲考据，讲词章、金石、目录，号为国学国粹者，也不敢仓促下断语说他们深知孔子之教，笃信且实行孔子之教。以前还有人以孔子的话为护符，而最近连这种虚伪的言论也没有了，"盖孔教之变迁失真，亦已久矣。"不仅真正实行孔子之教者很少，即使所谓假道学伪君子，也不多了。由此，柳诒徵指出，中国人对孔子的理解和认识并不深刻，真正懂得孔子者实在少之又少，对孔子的笃信程度也大打折扣，根本不存在左右人们思想的孔教。既然如此，又何必抵死责备孔子，"诛其无权无勇已死不灵之孔子，无乃慎乎！"他同时指出，近代人诟病孔子尊君、易造成专制等，也是片面的。孔子不但不尊君，且不主张专制，持此论者，是头脑简单者"轻下孟浪之语"。夏桀、商纣、周幽王、周厉王等皆生活在孔子之前，"是果有何人学说演成？"西方各国在未实行民主制以前，也多实行君主政体，难道他们"皆奉孔子之教者乎？"[1] 君主专制同，而孔教之有无则不同，因此，孔教并非造成君主专制的主要原因。而且，孔子对齐景公常以君臣并称，《论语》中也有诸如"君使臣以礼，臣事君以忠"的话，说明孔子"初非专责人臣"。《春秋》也对"无道之君"予以指责[2]。因此，反孔者的论说不论在事实上还是在逻辑上都是站不住脚的。

柳诒徵批评反孔者的同时，给孔子极高的评价。

> 孔子者，中国文化之中心也。无孔子则无中国文化。自孔子以前数

---

① 柳诒徵：《中国文化史》上卷，第 243、242 页。
② 柳诒徵：《论中国近世之病源》，《学衡》第 3 期，1922 年 3 月。

千年之文化，赖孔子而传；自孔子以后数千年之文化，赖孔子而开。即使自今以后，吾国国民同化于世界各国之新文化，然过去时代之与孔子之关系，要为历史上不可磨灭之事实。故虽老子与孔子同生于春秋之时，同为中国之大哲，而其影响于全国国民，则老远逊于孔，其他诸子，更不可以并论。①

柳诒徵之所以对孔子有如此高的评价，主要原因在于，在柳诒徵看来：

> 孔子所学，首重者曰成己，曰成人，曰克己，曰修身，曰尽己。其语殆不可以偻举，惟其以此为重，故不暇及于外，而怨天尤人之意，自无自而生。……其遇虽穷，其心自乐，人世名利，视之淡然。……自孔子立此标准，于是人生正义之价值，乃超越于经济势力之上。服其教者，力争人格，则不为经济势力所屈，此孔子之学之最有功于人类者也。人之生活，固不能不依乎经济，然社会组织不善，则经济势力往往足以锢蔽人之心理，使之屈伏而丧失其人格。……孔子以为人生最大之义务，在努力增进其人格，而不在外来之富贵利禄，即使境遇极穷，人莫我知，而我胸中浩然，自有坦坦荡荡之乐。无所歆羡，自亦无所怨尤，而坚强不屈之精神，乃足历万古而不可磨灭。儒教真义，惟此而已。②

也就是说，孔子注重修身养性，克己成人，注重培养个人的人格和尊严，培养坚强不屈的精神。只有这样，人们才能不为经济势力所左右，不受外来富贵利禄所引诱。而这种"富贵不能淫，贫贱不能移"的精神正是中华民族救亡图存所必需的。而且，在当时"其强悍者，蓄积怨尤，则公为暴行，而生破坏改革之举。"③ 的社会环境下，孔子的学说可以改变这种社会弊病。

柳诒徵不仅高度评价孔子在中国文化中的重要地位，而且还力图发掘其世界价值。他甚至认为孔子是整个"东方文化之祖"，太史公立《孔子世家》称孔子为"至圣"，"有以哉"！④ 景昌极亦在乃师的影响下，进一步揭示孔子的真面目，指出，真正的孔子是中国文化的集大成者，其对中国古代经典的创获，对道德及

---

① 柳诒徵：《中国文化史》上卷，第231页。
② 柳诒徵：《中国文化史》上卷，第234—235页。
③ 柳诒徵：《中国文化史》上卷，第234页。
④ 柳诒徵：《中国文化史》上卷，第245页。

实事求是的科学精神的阐扬，在历史上的作用是难以估量的。孔子是中国历史上的伟人，是中华民族性的结晶，是中华民族的代表。孔子不仅值得"全中华民族的崇拜"，而且值得全世界"廿世纪受过科学洗礼的人去崇拜"。①

柳诒徵虽然高度评价孔子，却反对神化孔子，反对尊孔教。他指出，世人视孔子为神奇不经之人，将孔子比作耶稣、穆罕默德，以孔教为旗帜等，"是皆不知孔子者也"，"孔子不假宗教以惑世，而卓然立人之极，故为生民以来所未有。"虽然，中国人自古信奉孔子，但孔子在人们心中却始终是"人"而非"神"。因此，"学者欲知孔子，当自人事求之，不可神奇其说也。"举国崇奉孔子之教，立庙奉祀，虽近于宗教性质，但并非孔子欲创立一教，也不是一二帝王或学者，欲假孔子之教以愚民，"乃由人心渐演渐深，踵事增华之故。"② 认为像康有为等人那样企图将孔教定为国教，将孔子之教宗教化，以此来号召天下，其庸妄与反对孔子者等同。尊孔教者所提倡的孔教与真正的孔子之教相悖，真正了解孔子者，必不以最浅陋的宗教方式欺人欺己。

柳诒徵强调，无论孔子在今天及以后社会中的地位如何，它与中国过去时代的关系，以及在中国历史及文化上的重要地位，则是"不可磨灭之事实"③，否定孔子也就意味着否定中国文化，否定中国历史。这反映了一个史学家历史地分析问题的客观态度。因此，对柳诒徵的尊孔要有一个正确的认识。在这一认识上，他与新文化运动倡导者有相通之处。陈独秀等人虽然反对孔子、反对孔教，但他们同时也承认孔子及其学说是"当时社会之名产"④、社会的中枢，确实可以代表其社会其时代之道德，是肯定了孔子在中国历史上的价值。而新文化派与柳诒徵等人不同在于，他们所强调的是，孔子及其学说虽在历史上起过重要作用，但它毕竟是古代社会的产物，已经不适于现代生活。而且，孔子在漫长的封建社会，已经成为专制统治的象征，已经成为历代帝王所塑造的偶像。由此，他们抨击孔子，并非抨击孔子本身，乃抨击专制政治的灵魂，抨击帝王借以实行专制统治的偶像权威，亦即反对以孔子为护符的君主专制制度，是为思想启蒙运动，为新文化运动扫清障碍。柳诒徵对新文化运动的理解不够深刻，没有真正领会新文化运动反孔的真义和时代价值。同时，既然柳诒徵强调孔子是人而非神，

① 《孔子的真面目》，《国风》半月刊第 1 卷第 3 期，1932 年。
② 柳诒徵：《中国文化史》上卷，第 245 页。
③ 柳诒徵：《中国文化史》上卷，第 231 页。
④ 陈独秀：《四答常乃德》（孔教），《独秀文存》卷三，第 4 册，第 72 页。

因此，孔子必然有不足，这是毫无疑问的。柳诒徵显然对孔子的不足认识不够，或者说，对孔子不足的凸显不够，这固然与他弘扬传统文化而有意张扬孔子在中国文化中的价值的良苦用心有关。但从学术发展的角度看，柳诒徵强调孔子的永恒价值和世界价值，在今天看来，则是有远见的。今天，孔子作为世界历史上的著名教育家和文化名人，日益受到尊崇，研究孔子及其学说者在国外也逐渐增多。且从人类社会的发展而言，孔子学说中确实包含极其丰富的、可资人类借鉴的思想资源，正如柳诒徵所说，要建设新社会新国家，必须先使人人知道所以为人，而讲明为人之道，没有比孔子之教更详尽、更透彻的。因此，"今日社会国家的重要问题，不在信不信孔子，而在行不行孔子之道。"

第二，关于"礼教"的评判。

对封建礼教的批判是新文化运动的突破口，也是重点之一。新文化运动者认为封建礼教是阻碍个性解放和思想启蒙的主要精神枷锁。鲁迅"吃人礼教"的断语，给自古以"礼"为行为规范的中国人以前所未有的震撼。吴虞则在鲁迅的基础之上予以发挥，指出，"孔二先生的礼教讲到极点，就非杀人吃人不成功，真是惨酷极了！一部历史里面，讲道德、说仁义的人，时机一到，他就直接间接的都会吃起人肉来了。"他于是苦苦告诫人们："吃人的就是讲礼教的！讲礼教的就是吃人的呀！"[1] 柳诒徵的认识则完全不同，他认为，中国之礼教乃为"达道"，它提倡的是一种互敬、互助的行为方式，其发源于人之性情之正，是维持中国特色的重要保障。他批评提倡新文化者，为欧美蓝色眼镜所障蔽，"未窥此中真迹，即妄肆其批评"[2]。礼教确实与孔子有密切关系，但时人动辄讲礼教吃人，好像一服从孔子之学，便会被礼教束缚。礼教节制人之私欲，使之"无或纵恣"，各得其所。他认为《礼记·礼运》中有一段论人情欲及礼教之利处的话，尤为精辟。文中说，所谓人的感情，即喜、怒、哀、惧、爱、恶、欲，这七个方面不用学就能会。所谓人义，即父慈子孝，兄良弟悌，夫义妇听，长惠幼顺，君仁臣忠等。讲信修睦，谓人之利，争夺相杀，谓之人患。因此，"圣人之所以治人七情，修十义，讲信修睦，尚辞让，去争夺，舍礼何以治之。"[3] 由是，柳诒徵认为，礼教关系国家尤巨，欲坏国丧家，必先去其礼，今天出现坏国、丧家、亡人之现

---

① 吴虞：《吃人与礼教》，《新青年》第 6 卷第 6 号，1919 年 11 月 1 日。

② 《明伦》，《学衡》第 26 期，1924 年 2 月。

③ 柳诒徵：《孔子管见》，《国风》半月刊第 1 卷第 3 期，1932 年。

象，原因就在于打倒吃人之礼教。中国近代道德沦丧，社会动荡，都是由于打倒吃人的礼教所致。"礼"其实在中国古代社会范围广泛，是人的主要行为准则，是人与禽兽的主要区别，人之所以为人，完全因为人类有"礼"。古人作礼教明伦理，其目的即在于使人有"礼"，知自别于禽兽，以彰显人类的尊贵。由是，所有人都应在"礼"的范围内行事，这样才能使社会有秩序。所谓在上者对人民要"齐之以礼"，作为个人也要"克己复礼以为仁"，等等，都表明"礼"具有规范约束的力量，是处理个体之间以及个体与群体之间关系时达到和谐的保障。缪凤林亦紧随乃师其后，对礼教做了进一步的阐发。他指出，今天一般人对于礼教，谈虎色变。视孔子为违背人性的礼教的制造者或吃人的礼教的代表，其实"礼教至平凡亦至高深，至普遍亦至精微。生而为人即不能自外于礼教；语其至也，虽大贤亦有所不能尽。"人们所践履的种种仪文制度，都是"礼"。礼是社会的习惯，也是社会的秩序，人类既然有了社会，自然应该有这些习惯和秩序。人作为社会中之一分子，自然须履行这些习惯和秩序。因此，对于礼教，"鄙夷固属不可，畏忌尤可不必；归罪孔子，更无是处。"① 在柳诒徵等人看来，中国文化最伟大之成就，即在其礼教之邃密。而且，礼虽有古今之殊，而古今有礼则同；礼虽有中外之别，而中外有礼则同。

　　正如缪凤林所说，古今中外，"礼"的形式和内容虽有所不同，但古今中外都需要有"礼"则是相同的。今天看来，用以维护社会秩序的"礼"，也是构建和谐社会所不可或缺的，只是"礼"的形式与古代有所不同。而且，中国自古有"礼仪之邦"的美名，以"礼"为核心的仁、义、礼、智、信、恭、俭、让等已成为影响中华民族心理素质和行为的准则，并成为人们为之不懈奋斗的目标。而由这些理想所生发出的爱国主义、统一思想、自强不息的进取精神等，已经成为中华民族的精神象征，成为"维系中华民族的重要纽带"②。因此，"礼"在中国历史上，对中国社会的发展和文化的进步曾起过积极的作用。在漫长的封建社会，统治者将"礼"作为一种固定的仪式规定下来，强迫人们去遵行，并被统治者所利用，于是，"礼"变得越来越僵死，甚至扼杀了某些原有的作为道德规范的积极内容。由此，它在一定程度上的确禁锢了人们的思想，严重阻碍了近代思想解放运动的进程。因此，在近代思想解放为时代课题的历史条件下，新文化运

---

① 缪凤林：《谈谈礼教》，《国风》半月刊第 1 卷第 3 期，1932 年。
② 张岂之、陈国庆著：《近代伦理思想的变迁·序》，中华书局 2000 年版，第 3—4 页。

动展开对礼教的批判，意义重大。但他们不对礼教做客观分析便将之一概打倒，显然失之偏颇。柳诒徵等人对礼教的评价虽然有些理想化的成分，而且，他们没有对统治者用以禁锢人们思想的封建礼教进行批判，也是片面的。但他们维护礼教中的合理性成分，强调礼教在规范人类行为，维护社会秩序的和谐和民族尊严等方面的重要作用，却是对的。因此，无论是反对礼教的新文化派，还是维护礼教的柳诒徵及其同道者，他们各执一端，都有合理性，也都有偏弊。

第三，对"经书"或"六艺"的取舍问题。

学者们大都认同"六艺"为中国古代学术文化的主体。提倡新文化者，多认为经书是封建专制制度的载体，经书所言，皆教人以帝王思想。而主张保存传统文化者则不同。马一浮曾说："六艺之文，即冒天下之道，实则天下之事，莫非六艺之文，明乎六艺之文者，庶可以应天下之事矣。"① 在马一浮看来，六艺是无所不包的，它包括学术文化的各个方面。柳诒徵对经书的看法是，"经"就是"史"，"史术"贯通"经术"，经书是中国传统文化的载体，含有后世普遍适用的哲理，足以给人们以资鉴。他主张治史应先读经，认为那些主张将经书一概废绝的做法，与疑古一样，是不明了国学的真正效用。

将一切经书视为封建专制制度的载体显然有失公允。2001 年香港中文大学中国文化研究所教授饶宗颐教授在北京大学的讲演中倡言重新塑造"新经学"，认为经学是我国新时代的 Bible，"经书是我们的文化精华的宝库，是国民思维模式、知识涵蕴的基础；亦是先哲道德、关怀与睿智的核心精义，不废江河的论著。"② 在饶宗颐看来，经的重要性在于，它讲的是常道，"树立起真理标准，去衡量行事的正确与否，取古典的精华，用写实的科学理解，使人的文化生活，与自然相调协，人与人间的联系，取得和谐的境界。"③ 21 世纪的今天，之所以仍提倡重建"经学"，正是由于经书中仍有一些适应当代人的价值精神，对21 世纪的精神文明建设仍具有一定的意义。由此看来，柳诒徵等人反对对经书的一味破坏，其对经学思想的阐发不仅在当时具有一定的现实意义，而且，更具历史的长

---

① 马一浮：《复性书院讲录》，转引自苏渊雷：《中国思想文化论稿》，华东师范大学出版社 1989 年版，第 263—264 页。

② 饶宗颐：《预期的文艺复兴工作》，杨振宁、饶宗颐等著：《中国文化与科学——人文讲演录》，江苏教育出版社 2003 年版，第 6 页。

③ 饶宗颐：《预期的文艺复兴工作》，杨振宁、饶宗颐等著：《中国文化与科学——人文讲演录》，第 6 页。

远眼光。

近代以来，尤其新文化运动以来，儒家权威日益失落，儒家学说被视为近代化进程中思想解放的巨大障碍。柳诒徵对孔子及儒学则有怀有一份敬意，他对宋代儒学评价尤高，与近代许多学人诟病宋儒空疏无用的观点形成鲜明对比。柳诒徵认为，宋代儒学的主体是"道学"，即理学，理学最注重修身，注重于身上做工夫，与孔孟的根本精神是一致的。只是自汉以后，儒学家只解释其文学，考订其制度，反而忽略了其根本。至宋儒开始从身上做工夫，并实证出一种道理。不了解的人以之为虚诞空疏之学，反而以考据训诂为实学。其实他们不知腹中即使贮书万卷，如果不能实行一句，仍是虚而不实。这表明，在柳诒徵看来，宋儒并非徒事玄虚，不务人事。相反，宋儒言心言性，务极其精微，于人伦日用，亦各求其至当，即所谓"明体达用，本末兼赅"，近人诟病宋学者，往往以为宋学虚而不实，或病其无用，或病其迂腐，其实都是不真正了解宋儒。

（三）"既不故步自封，亦不率然从人"的中西文化观

近代，关心中国前途命运的学者，一直在不懈地探索中国文化的根本出路，试图找寻解决中西、古今文化合理而有效的结合途径，探寻中国文化良性健康发展的道路，以图实现中国文化的现代化。在这一求索过程中，有主张完全保守中国传统文化者，有主张调和中西文化者，也有少数主张全盘接受西方文化者，等等。

作为一个自幼受传统文化熏陶的学者，柳诒徵对中西、古今文化有其自己的思考，既不简单地一概否定，也不全盘肯定。他既对晚清以来因反思中国文化之阙失而认为中国没有文化可言的民族文化虚无主义的论调不满，也不赞成欧战后，某些中国人由于"西方文化中心论"的破产而主张用中国精神文明救济西方物质文明之疲穷的做法。1934年4月22日，他在南京中国文化学会的演讲中曾指出：由于近代物质上的落后，致使一般人认为，放弃中国所有的文化去学习西洋的物质文明就可以强国。近百年来，多数中国人持此观念，以为中国的政法、道德、生活等各方面都比不上西方，主张模仿他国的物质文明，真是所谓尽弃其学而学了。学了半天没有成效，又以为是中国固有文化没有完全放弃，于是乎便发生五四运动，以为把中国固有的学问、文章、论理、道德等一齐推翻，才能赶上西方物质文明。这种整个废除中国固有文化，全盘照搬西方来改造中国文化

的做法，只会造成邯郸学步，其结果必定是"新法未得而故步已迷"①。因此，他主张重新审视中西文化，在切实深入研究的基础上，立足本国文化，吸收西方文化之优长，并根据中国的具体国情加以改造，使中西文化相互融合，改造创新中国文化，以适应世界文化发展的趋势。既不尽弃所习，又不完全取于西方；既不故步自封，亦不率然从人②。张其昀说得则更透辟："人类文化之总积，必有待于异民族之相互贡献，并和衷共济之。是故己所独造者，必竭诚推布之，迨化被众生，亦无所用其矜功；己所独阙者，必努力吸集之，蕲与人齐，正不宜轻自暴弃也。且不第吸集而已，必思发挥光大，健进不已，彰进化之迹。"③ 这样，中西文化即可"兼蓄并收"，"相得益彰"；既"保存国粹"，又"昌明欧化"④，一举而两得。

柳诒徵之所以持这样的文化主张，是基于他对文化特性、文化自身发展规律、文化融合规律等问题的认识。

首先，柳诒徵对文化特性的认识。他认为文化本身极为复杂，中国文化尤其如此，这主要是由中国自身的民族特点决定的，"中国民性，异常复杂，不得谓之尚武，亦不得谓之文弱；不得谓之易治，亦不得谓之难服。"⑤ 中国文化的民族特色，决定了对中国文化，仅"凭短期之观察，遽以概全部之历史，客感所涵，矜餂皆失"。因此，欲知中国历史之真相及其文化之得失，"首宜虚心探索，勿遽为之判断"⑥。即对中国文化不能匆忙下判断，说其好或坏，保存或抛弃都不正确，只有通过虚心研究和长期观察，然后才能判其得失优劣，这是研究中国文化首先应持的基本态度。在具体认识上，柳诒徵认为必须胸怀宽广地来治中国历史，进而求圣哲立人极、参天地之术。"徒姝姝暖暖于一先生之言，扣盘扪籥，削足适履，则所谓不赅不备一曲之士耳。"⑦ 也就是说，认识中国文化，不能仅就前人只言片语，研悦文藻，标举语录，那样不仅无以了解中国文化之全貌，而且会对其产生片面的、甚至错误的认识。对待西方文化也是如此，西方文化只是

①　柳诒徵：《中国乡治之尚德主义》，柳曾符、柳定生选编：《柳诒徵史学论文续集》，上海古籍出版社 1991 年版，第 178 页。

②　参见陈训慈：《中国之史学运动与地学运动》，《史地学报》第 2 卷第 3 期，1923 年。

③　张其昀：《火之起源》，《史地学报》第 1 卷第 2 期，1922 年。

④　吴宓：《论新文化运动》，《学衡》第 4 期，1922 年 4 月。

⑤　柳诒徵：《中国文化史》上卷，第 33—34 页。

⑥　柳诒徵：《中国文化史·绪论》第 1 页。

⑦　柳诒徵：《中国文化史·弁言》第 3 页。

一个笼统的概念，西方各国由于具体的历史传统和民族风情不同，各国文化自然也有很大的差别。因此，对西方各国的文化应具体分析，区别对待，不能简单地肯定或否定。

其次，柳诒徵对文化自身发展规律的认识。柳诒徵始终认为，文化发展是经过若干年的积累逐渐形成的，人类所以能够不断进步，也正因为其能不断吸收前人的经验和成果。中西方文化都是如此。当谈到家庭及私产制度的起源时，他指出，上古社会的历史虽懵昧难考，但"自草昧社会进而至于开明，其中阶级甚多，必经若干年岁之蜕化，始渐即于完成。而后来社会之语言、文字、思想、制度，亦必仍有前此之迹象，蝉联寓伏于其中。"① 在论及殷商制度时他也曾明确地说：

> 三代制度虽有变迁，而后之承前大都出于蜕化。即降至秦、汉学者，分别质文，要亦不过集合过去之思想为之整理而引申，必不能谓从前绝无此等影响。而后之人突然建立一说，乃亦条理秩然，幻成一乌托邦之制度。故谓《王制》完全系述殷制未免为郑、孔所愚，而举其说一概抹杀，谓其绝无若干成分由殷之制度绅绎而生者，亦未免失之武断也。②

在他看来，文化的发展是持续的，新文化的产生不可能凭空而来，无源无流。后代的某一学说或某一制度，都与前代的学说或制度有这样或那样的联系，或有前代的某种迹象。新是在旧的基础上发展而来的。汤用彤也曾认为，"文化学术虽异代不同，然其因革推移，悉由渐进"，是"渐靡而然，固非骤溃而至"③。基于这种认识，柳诒徵反对将前人的文化成果一概否定，而是主张吸收、继承传统文化成果，认为这是由文化自身发展的规律所决定的，"有过去之中国而后有今日之中国"④。

柳诒徵主张继承传统文化，但并不主张不加区分地、不顾现实条件地全盘照搬和接受。他指出，过去中国的方法既给我们遗留了利处，同时也遗留了害处，不是一切过去中国之方法，都可解决其利害，更不能完全解决今天的问题。所

① 柳诒徵：《中国文化史》上卷，第16页。
② 柳诒徵：《中国文化史》上卷，第110—111页。
③ 汤用彤：《评近人文化之研究》，《学衡》第12期，1922年12月。
④ 柳诒徵：《自立与他立》，《学衡》第43期，1925年7月。

以，正确的做法是：必须自求一种改造今日中国之方法，既不能无所因袭，而又不能全部因袭。此先决之问题，就是要了解过去中国之方法。也就是说，对传统文化要做客观分析，全面而彻底地了解，然后择善而从，恰当扬弃。同样，西方文化也是在不断继承西方前人文化成果的基础上而形成的，所以，要研究了解西方现在的文化，也必须首先研究西方国家的历史和古代的文化，只有这样，才能对西方文化做出正确的评判，才能更好地吸收西方文化。吴宓也和柳诒徵有同样的见解。吴宓曾指出，事物总有变与不变，但百变之中必有不变者存。且多数情况下，新者多由旧者层层递嬗而成，"若不知旧物，则决不能言新"。因此，凡论学、论事，皆应明其沿革，就已知以求未知，就过去以测未来。新旧孰优孰劣，不能一概而论。新旧乃相对而言，新者不必对，旧者未必错。就物质科学言，"愈久愈详，愈晚出愈精妙"。但人事之学，如历史、文章、美术等，则当分别研究，"后来者不必居上，晚出者不必胜前"，"不能以新夺理也"①。可见，吴宓与柳诒徵的见解是一致的，而且，他们的认识是较为客观的，他们对待中西文化的态度和原则也是正确的。柳诒徵曾明确指出，中国传统文化在明清以前之所以能够称雄于东亚甚至世界，主要归因于中国文化能够不断吸收前人以及他族、他国之文化，从而不断注入新鲜血液，这是中国文化经久不衰，永葆活力的法宝。

再次，柳诒徵对文化融合的一般规律的认识。学术界一直将包括柳诒徵在内的学衡派划归文化保守主义者之列，将他们视为新文化运动的对立派，阻碍新文化运动，逆时代潮流而动，阻碍历史进步的落伍者，或反动分子。今天看来，以此来评判柳诒徵，评判学衡派未免过于简单和偏颇，也不符合历史的实际。对柳诒徵而言，他并不反对新文化，也不反对新文化运动。实际上，基于对文化融合和进步的一般规律的认识，他对外来文化始终保持着一种开放的心态。他认为，不仅世界文化是多元的，中国文化自身也是多元的。中国文化内部分无数阶级，各地区、各民族文化有高低程度之别，"自太古以至今日，无论何时何代，举不能以一语概括其时全国文化之程度。"②　"大抵人类之思想不外吸集、蜕化两途。列国交通，则吸集于外者富；一国独立，则蜕化于前者多。"③　这即是说，文化的发展既要吸收前人的文化成果，也要吸收外来的文化。中国文化的发展也是如

---

① 吴宓：《论新文化运动》，《学衡》第 4 期，1922 年 4 月。
② 柳诒徵：《中国文化史》上卷，第 21 页。
③ 柳诒徵：《中国文化史》上卷，第 110 页。

此，不仅传统文化有足可供今天学习和吸集者，欧西文化也有足备中国人采择者和借鉴者，因此，要融合古今、中西文化。但他同时强调，在融合古今、中西文化的过程中，需要注意的是，对前人及外来文化成果，不能不加区别地超客观地分析，也不能不加改造地盲目地、机械地引入，而是要有所甄别，有所抉择。那些认为后世思想完全受前人或外来文化的影响，或完全不受其影响都是有所偏颇和武断的。他认为当时中国人在处理古今、中西文化时存在的缺点是，"今日中国之病，即在杂采他国新旧，彼此龃龉舛戾之理想事实，而自身毫无判别去取折衷至当之能力，决诸东则东，决诸西则西。"① 他的这一思想在论述古代日本对中国文化的吸收时表达得很清楚。他指出，古代日本"浸淫渐渍于华化，迥非今之学生于欧美三二年或五七年稍得其皮毛者之比。故其所定法制皆源于华而适于日"，日本法律皆由唐来，"而变化以适国情，非徒直袭外来之法，惟人是从也。"② 如西方的共和政体，行之美国而治，行之墨西哥而乱。由此，"良法美意，待人而行，不得以世乱之因全归之于法制也。"③ 也就是说，在融合中西文化时，首先应了然于中国与他国之同异。由于中国历史具有独特性，所以不能完全师法外国，而是"采择各国适应于今日之中国之方法，而实力行之"。这即是说，吸收西方文化，并根据本国国情加以变通，使其适应本国的实际，并进而改造本国文化。柳诒徵认为，适应之方法要有所准备，它不是靠单个人的力量所能完成的，需全国全力以赴，"非可徒恃空言及一时虚骄之气所能成也。"④ 他反对对西方文化不求甚解，仅袭其皮毛，且不根据中国具体国情加以改造，反对"食洋不化"。他主张择取西方文化，要由中国人自己做出恰当之评判，中国文化的改造和建设也需要全国人民自己的共同努力，反对"惟以尽量吸收为已足，而其所努力从事者，又必举某某先例为护符；倡新说者，固必证以外人之言；治旧闻者，亦必傅以某国之说。几有十九于不知不觉之间，时时流露其学术思想之奴性。"柳诒徵对中国政府及人民事事处处不靠自力而靠他力而蹙额疾首，"以不自力之国民，造成此他力之国家，而犹恬不知耻。吾每一念及，不禁涕泗横流。哀吾炎黄胄裔之堕落，何以至于斯极也。"⑤ 这种文化观，并非源自对现代化进程

---

①　柳诒徵：《自立与他立》，《学衡》第 43 期，1925 年 7 月。
②　柳诒徵：《中国文化西被之商榷》，《学衡》第 27 期，1924 年 3 月。
③　柳诒徵：《中国文化史》上卷，第 186 页。
④　柳诒徵：《自立与他立》，《学衡》第 43 期，1925 年 7 月。
⑤　柳诒徵：《自立与他立》，《学衡》第 43 期，1925 年 7 月。

和社会变革的反感，也不能说是对"旧"的眷恋，而是出于一种理性的思考非感情用事。

柳诒徵对文化发展规律的认识是有道理的，也是有见地的。任何一个国家、一个民族，都不可能完全割却传统，而传统主要是靠历史文化来承载的。因此，对人类文化遗产的继承，是不以人的意志为转移的。无论在人们的心理上、思想上，还是行为上，中国传统文化的历史积淀痕迹都大量存在，甚至相当厚重，因此，我们不可能在完全抛弃固有文化的基础上建立一种与传统文化完全绝缘的新文化。当然，中国在走向现代化的过程中，进程之所以如此缓慢，步履之所以如此艰难，传统文化的不良影响也难辞其咎。从这一角度说，对传统文化进行反省、批判和清理是文化发展所必要的，由此，五四新文化运动的意义是深远的。这一点，柳诒徵也认识到了，所以他主张有选择地继承传统文化。因此，在对待传统文化上，柳诒徵和新文化运动倡导者虽然在主张上有所不同，但在根本认识上则是一致的。

虽然柳诒徵与新文化派在对待中西文化的态度和主张上有着很大的差别，但他们的终极目标则是相同的，即都是建设中国的民族的新文化，完成中国文化的现代转型，使之适应世界文化发展方向，以与西方文化并驾齐驱，只是他们对新文化的建设所采取的方式有所不同而已。在建设新文化上，柳诒徵总的指导思想是中西、古今文化兼收并蓄，含英咀华，以创造一种富于历史性、时代性和民族性的新文化。在具体方法上，他主张潜心研究中国历史，从史实中探寻中国文化之精髓，从历史上寻求中国文化复兴之路。柳诒徵认为中国文化源远流长，蕴涵于中国丰富而绵延不绝的历史中，舍历史则无中国文化。因此，"学者必先大其心量以治吾史，进而求圣哲、立人极、参天地者何在，是为认识中国文化之正轨。"[1] 这也是中国文化研究者的共识。如钱穆也认为："中国文化，表现在中国已往全部历史过程中，除却历史，无从谈文化。我们应从全部历史之客观方面来指陈中国文化之真相。"[2]

柳诒徵的中国文化史研究和对传统史学的梳理，就是他这一思想主张的具体实践。20世纪20年代开始，胡适、傅斯年等人提出了"整理国故"的主张，并造成很大声势，发展成为"整理国故"运动。表面看来，胡适等人"整理国故"

---

[1] 柳诒徵：《中国文化史·弁言》第3页。
[2] 钱穆：《中国文化史导论·弁言》，正中书局1948年版，第5页。

与柳诒徵对中国传统文化的梳理很相似，也是主张对中国旧有的学术进行系统整理。在终极目标上，其"再造文明"①　与柳诒徵的中国文化的建设也看似一致。其实则不然，二者在整理国故的态度和目的上截然相反。柳诒徵梳理传统文化，旨在发掘传统文化之精华，以期"扬我国光"、"翊进世运"②，并在吸收传统文化的基础上建设新文化。"整理国故"则旨在发掘旧有学术中的无数能吃人、能迷人、能害人的"老鬼"，完成"打鬼"、"捉妖"的任务，还给固有学术"不过如此"的"真面目"。也就是批判国故，消除国故的光环，"化神奇为臭腐，化玄妙为平常"③。在整理国故的态度和方法上，胡适等人注重实证研究，提倡训诂、考据的方法，本着"为求真理而求真理"的态度。而柳诒徵则本着"经世致用"的态度，着重阐释国故中有益于后世的精神。对此，柳诒徵曾有过说明："近之学者，多持整理国故之说，于继续前人之精神，则罕言之。其实整理国故者，即继续前人之精神之一法。而其昭然卓著之义，无俟整理者，则惟待后人之继续进行。"④　柳诒徵赞成国故的整理，并认为整理国故是继承前人精神的方法之一，但他对所谓"整理国故"者对古人之精神绝少发掘却表示不满和失望。

柳诒徵通过对传统文化的认真研究，认为中国文化中有足可以资鉴者，所以他主张从历史上寻求中国文化复兴之路。柳诒徵认为，民族的复兴和文化的复兴是相辅相成的。如何从历史上寻求民族复兴之路，他主张从汉朝去找寻。在他看来，中国统一的朝代只有汉、唐、宋、元、明、清六个朝代，而清朝、元朝因为都不是汉族，所以，不是中华民族兴盛的朝代；宋、明是汉族政权，但兴盛的程度不够；只有汉、唐是鼎盛的朝代。但由于有些学者认为唐朝的李氏不是汉族，所以，柳诒徵便将唐朝除外。汉朝继承秦朝统一的事业，拓展疆土，奠定了后世疆域的局面。由此，柳诒徵坚信："我们至今说我们是汉族，并且别的种族的人都呼我们做汉人，所以我们要讲民族复兴，那就非照汉朝人行事不可。"⑤　柳诒徵认为，就个人进步而言，自汉以后长足不歇，而就国家而言，汉族之成绩到汉

---

　　①　1919 年 11 月 1 日，胡适在《新青年》7 卷 1 号上发表《新思潮的意义》一文，后收入《胡适文存》一集，卷四。

　　②　柳诒徵：《中国礼俗史发凡》，《柳诒徵史学论文续集》第 651 页。

　　③　胡适：《整理国故与打鬼》，欧阳哲生编：《胡适文集》第 4 册，北京大学出版社 1998 年版，第 117 页。

　　④　柳诒徵：《论大学生之责任》，《学衡》第 6 期，1922 年 6 月。

　　⑤　柳诒徵：《从历史上求民族复兴之路》，《国风》半月刊第 5 卷第 1 期，1934 年。

代达到了极点。汉代的制度、立国之法等皆有可以为后世效法者，所以，他主张在近代民族衰微，国力凋敝，无法与列强抗衡的民族存亡之秋，提倡效法汉朝之治法，增强民族的自信，以挽回颓势。

在民族复兴的基础上，求文化的复兴，是柳诒徵的逻辑。柳诒徵认为，中国先民能开辟广袤之土地，能团结维持广土众民，皆有其精神在。"人生之真义，即为绳绳相续，以赴最后之所期。而一时代之人物，所持以为建设之具者，无非袭集前人种种之遗传，变化改良，以扩充其境遇。"① 由此，中国文化的复兴，离不开前人精神的指引。因此，对于前人的精神，惟有认真研究和整理，然后加以继承和弘扬。

为了中国新文化的建设，中国民族文化的复兴，从历史上找寻经验，汲取历史文化之精华，这一思路有一定的合理性。但是柳诒徵主张从汉朝寻求中国文化复兴之路，思想未免过于狭隘。他之所以主张从汉朝寻求中国民族复兴之路，是因为他认为汉朝是一个由汉族人统治的、统一的、鼎盛的朝代，将清、元，甚至唐朝排除在汉族统治之外，反映了他大汉族主义的思想偏见。虽然他承认中国由多民族构成，汉族也不是一个单一种族，但在分析具体问题时，还是不能完全摆脱大汉族主义的阴影。另外，要从中国历史中得到民族文化复兴的资鉴，绝不是某一个朝代的历史所能为功，只有对中国历史和文化进行整体把握和研究总结，才能领会前人之精神，才能对我们真正有所借鉴。

另外，柳诒徵认识到了文化创造和建设的艰苦性，认识到非短时间内所能奏效，而是需要几代人的不懈努力。由此，他不仅自己一生执着于中国文化的复兴，而且还把中国文化复兴的希望寄托于后辈学者身上，并苦苦告诫他们，民族文化的复兴"任重而道远"。的确，对于一个国家来说，文化的建设决非文化本身的问题，它既需要经济为其提供物质保障，需要社会为之提供稳定的社会秩序，也需要国家为之提供政策上的支持，尽管柳诒徵对这一问题的认识还不是很深刻，但他毕竟认识到了，并默默地践履着。

（四）"中国文化西被"说

柳诒徵在主张有甄别、有选择地吸收并融合西方文化的同时，提出了"中国文化西被"的主张。1924 年 3 月，柳诒徵在《学衡》第 27 期上发表《中国文化

---

① 柳诒徵：《论大学生之责任》，《学衡》第 6 期，1922 年 6 月。

西被之商榷》一文，明确提出了中国文化西被的主张和理由。他提出中国文化
"西被"的理由有三点：

其一，中西文化有交流的必要。柳诒徵认为，由于世界文化是多元的，各国
文化既有共性，又有个性，"人类之动作，有共同之轨辙，亦有特殊之蜕变。"①
因此，文化的交流是必要的。尽管近代以来，中国文化在总体上显得落后于西方
文化，但它毕竟有其自身的价值，对人类的文化也会有所贡献。

其二，西方人渴求中国文化。这是柳诒徵主张"中国文化西被"的主要理由
和根据。他指出，欧洲的国家主义、经济主义、侵略主义、社会主义、个人主义
等，都有许多缺点，因此，西方的明哲之士亟思改弦更张，就好像患病者求海上
奇方，偶见其未经服御者，便"不问其为参苓溲勃，咸思一嚼为快"。尤其欧战
后，西方人研究中国文化的呼声渐高，所以"吾纵不为之谋，彼亦将尽量以取。"
另外，中国人也逐渐认识到，一国的国际地位，除了依赖武力和金钱之外，还依
赖文化。因此，当听说他人需要中国文化时，也急忙谋求自动输出。

其三，由中国人向西方传播中国文化，比西方人自求于中国文化效果要好。
柳诒徵认为，西方人谋求中国文化有诸多困难。一则为文字上的困难。有志研究
中国文化者，往往仅通浅显的中国文理，既不能博涉，也不能深造。在中国人看
来等同刍狗的小书零册，他们却视为上珍，而真正的中国文化他们却未能了解。
一则，到中国来的西方人以商人、传教士和外交官为多，他们所接触的中国人，
也不容易判断中国学术之优劣。他们所借以传译中国文化者，或腐儒，或无赖名
士，或鄙俗商贾，或不学无术的教徒。中国文化经过这些人的辗转传述，最易失
真。再则，到西方求学的中国学生，多以学习西方新学为志，而很少有人以倡导
弘扬中国文化自任。他们在出国之前对中国文化既没有充分的准备，一到外国，
对国学的学习更加荒废。当西方学者向他们咨询中国文化时，他们则单凭臆说以
答复。甚至人家对我们的了解，比我们自己知道的还要多。于是，他们"益不敢
操布鼓而过雷门，而惟听其自得焉"②。在此情况下，如果中国人不能努力传播
中国文化，中西文化的交流，终不易相得益彰。有鉴于此，要使世界各国了解真
正的中国文化，使中国文化真正有所贡献于世界，无论从中国文化的前途计，还
是世界文化的前途计，都应该由中国人自己有意识地、主动地、积极地向西方传

---

① 柳诒徵：《中国文化史·绪论》第 1 页。
② 柳诒徵：《中国文化西被之商榷》，《学衡》第 27 期，1924 年 3 月。

播中国文化。由中国人自己向西方播扬中国文化，是非常必要的，也是非常迫切的。

其四，有感于中国学术在国际上的现实地位。柳诒徵指出，当时在美国某大学要设中国学术讲座，竟然找不到可以胜任的中国教师，不得已请了一个日本人来担任，"是实吾民之大耻，抑亦吾国学者之大耻"①。另外，中国作为泱泱大国，号称有悠久历史文化，但直到 20 世纪 20 年代，在国际性的学术会议上，仍无一个中国学者，这是多么令中国人羞愧。或"一翻世界之学术史，或教育、宗教、文艺、美术诸史，阒然无一支那人名。或有之，亦不过过去之老子、孔子、玄奘、杜甫诸人，则此国乃诚虚有其表耳。"② 中国作为文化大国在国际上的尴尬处境令柳诒徵感到极大的耻辱，所以他主张中国要向外传播自己的文化，以在世界学术之林争得一席之地。今天看来，柳诒徵是有远见卓识的。

在中国文化西被的内容方面，柳诒徵也进行了认真思索。他指出：

> 物有本末，事有终始，不揣其本，而齐其末，不可也。吾常反复思之，一国家一民族之进化，必有与他国家他民族所同经之阶级、同具之心理，亦必有其特殊于他民族他国家。或他民族他国家虽具有此性质，而不如其发展之大且久者。故论中国文化须着眼于此，否则吾之所有，亦无异于人人。③

我们要贡献于世界文化者，必须为中国所独有，且为各国大多数人所必需，否则，就无补于世界。如中国精于训诂，他国未尝不讲声韵文字之变迁；中国工于考据，他国未尝不讲历史制度之沿革；中国搜罗金石，他国未尝不考陶土之牍，羊皮之书。吾人耽玩词章，他国未尝不工散行之文；而且，这些学问都不是最重要的。不识象形文字，不得谓之不文明；不作骈体之文，也不得谓之无文学。因此，如果仅以这些贡献于世界，至多不过备他人一种参考而已。中国文化的核心在人伦道德，这是中国唯独异于他国者。"西方立国以宗教，震旦立国以人伦。""世界各国皆尚宗教，至今未尽脱离。吾国初民，亦信多神，而脱离宗教甚早。建立人伦道德，以为立国中心，纚纚数千年，皆不外此，此吾国独异于他国者也。"因此，中国文化可恃以西被者，在人伦道德，中国文化在当时世界，

---

① 柳诒徵：《中国文化西被之商榷》，《学衡》第 27 期，1924 年 3 月。

② 柳诒徵：《论大学生之责任》，《学衡》第 6 期，1922 年 6 月。

③ 柳诒徵：《中国文化西被之商榷》，《学衡》第 27 期，1924 年 3 月。

具有研究之价值者亦在人伦道德。

柳诒徵主张中西文化交流，是对的；主张由中国人自己主动向西方传播中国文化，从中国文化的发展看也是有道理的，这些无不体现了他文化交流的自觉。而且，也确如柳诒徵认识的那样，文化是有民族性的，它源于历史的民性，非深入到产生此文化的民族的历史中，则不能窥其究竟。再加上语言的障碍，西方人要彻底了解中国文化确实存在着诸多困难。一般而言，中国人自己对自己文化的认识相对来说会比外国人深刻，更容易把握中国文化的根本精神。"一国一族之精神学理，虽经异国人之研究译述，必不能如己族之自得自觉之深。故东方之文化所附丽之文籍，未尝不见于世界之文库书楼，而其独到之精神，则仍须国族之自行传播。"当时梁漱溟等也主张向西方输入中国文化，然而，柳诒徵与梁漱溟的根本理念和终极目的则有所不同。梁漱溟的根本目的是"世界未来的文化就是中国文化的复兴"。而柳诒徵则从学术文化发展的角度出发，认为，一方面，"吾人今日所治之学术，自得之于中国先民者外，皆食世界各国学者之赐也。远自哥白尼、培根、牛端，近至爱迪生、倭铿、柏格森诸人之学说，络绎委输，以启吾族。"既然，中国受世界文化影响，所以，从礼尚往来的角度而言，中国也不应仅仿效，"但食人之赐而不思还以一席也"，必须"有以为之报也"①。由此看来，柳诒徵从世界学术文化的整体发展作为思考问题的起点，主张向西方输入中国文化，与盲目虚骄，企图以中国文化代替西方文化者相较，谁对谁错不言自明。

柳诒徵强调由中国人自己向西方输出中国文化，这一思路固然是正确的。中国向西方输出的中国文化究竟应该是什么，西方对中国文化的需求究竟是什么，也的确是中西文化交流中应该首先考虑的问题。当时西方对中国文化所急需的，是否为中国的人伦道德，中国的人伦道德是否真的是"西方个人主义之药石"，这些都很值得商榷。对任何国家而言，在任何时期都不能忽略对其国民道德精神的培养，不能轻视国家的道德建设，这是自然的。在20世纪初的西方社会，由于追求物质利益的欲望膨胀，却相对忽视了对道德精神的提升，欧战的爆发即是由此带来的严重后果，因此，加强道德建设显得尤为重要。在此情况下，中国人伦道德输入西方，无疑会有一定的积极意义。但由于柳诒徵所说的人伦精神，是孔子的"二人"主义，即君臣、父子、夫妇、兄弟、朋友等。因此，中国的人伦精神未必完全适合西方国家。而且，西方各国也不相同，不能一概而论。在中国

① 柳诒徵：《论大学生之责任》，《学衡》第6期，1922年6月。

文化西被的方法上，柳诒徵主张采用昔日西方传教士向中国输入天主教的方法。他指出，当时中国并不需要天主教，"而彼方却强聒不舍，遂积渐而有今日遍布全国之伟观"①。柳诒徵实际上是主张用强填的方式将中国文化塞给西方。他一方面主张吸收西方文化，应该由中国人自己来判断和选择，而一方面则又主张将中国文化硬塞给西方，这显然是矛盾的。更何况，他主张中国文化西被，或多或少地总有某种以中国文化救济西方文化的心理在其中。不过他最主要的思路仍是通过中西文化的交流，使中西各国相携并进，以同造未来尽善尽美之世界。

　　总之，在融合中西文化上，柳诒徵并没有提出具体方案，也就是说，究竟应该吸收西方哪些文化，对西方文化应该怎样改造，亦即西方文化的转化问题，西方文化中国化问题，柳诒徵的认识都不是很清楚。而且，西方文化在中国化的过程中，可能会将一些符合全人类共同利益的价值观念用中国文化解构掉，使之变成一种对抗现代化的东西②。但在 20 世纪初，中西文化的交流还不是很深入的历史条件下，要求柳诒徵认识到西方文化"中国化"的负面作用，的确有点苛责。不过，柳诒徵对中国传统文化的弘扬，处理中西文化问题的原则和立场，为我们提供了处理中西文化问题的正确思路。他对中国学术界在探讨中西文化问题时"不揣其本，而齐其末"③，不究心本原之学的弊病的揭露和批评，也是值得肯定的。

二、中国文化史研究

　　20 世纪初的中西文化论争，导致了中国文化史研究的热潮。柳诒徵也通过对中国文化史的梳理和研究，来阐述并践履自己的文化主张，并最终以长篇巨著《中国文化史》问世。

　　（一）20 世纪上半叶蔚为大观的"中国文化史"研究

　　20 世纪中西文化论争，成为学者们研究中国文化史的直接动因。当时的许

　　① 柳诒徵：《论大学生之责任》，《学衡》第 6 期，1922 年 6 月。
　　② 参见董健：《五四精神和中国文化的现代化》，杨振宁、饶宗颐等著：《中国文化与科学》第 82 页。
　　③ 柳诒徵：《反本》，《学衡》第 46 期，1925 年 10 月。

多学者都认为，评价中国文化，必须首先研究中国文化史。如柳诒徵说："欲知中国历史之真相及其文化之得失，首宜虚心探索"①王德华也指出："中国文化之评价，各有不同，有谓为落后者，有谓为优美者，然不论其评价如何，中国人之应当了解中国文化，则无疑问。"②。于是许多学者都开始着手中国文化史的研究，在 20 世纪二三十年代，出现了中国文化史研究的高潮。从宏观上研究中国文化史的论著就有近 20 种。大约与柳诒徵几乎同时开设"中国文化史"课程，并着手编写《中国文化史》者，有江苏省立第一师范学校的顾康伯，1924 年 3 月其《中国文化史》（二册）出版；1925 年 5 月陆懋德的《中国文化史》也已经在《学衡》上发表；1927 年梁启超的《中国文化史·社会组织篇》完成并发表。另外还有常乃德的《中国文化小史》（1928 年）、杨东莼的《本国文化史大纲》（1931 年）、陈国强的《物观中国文化史》（1931 年）、顾康伯的《本国文化史》（1933 年）、陈登原的《中国文化史》（上册 1935 年，下册 1937 年）、王德华的《中国文化史略》（1936 年）、陈安仁的《中国文化史》二册（1937 年）。到了 40 年代，虽没有前阶段红火，但仍有几部有影响的论著问世，如缪凤林的《中国民族之文化》（1940 年）、陈竺同的《中国文化史略》（1944 年）、钱穆的《中国文化史导论》（1948 年）等。1936 至 1937 年，还出版了由王云五、傅纬平主编的多卷本《中国文化史丛书》。可见，20 世纪上半叶已出现中国文化史研究热。柳诒徵的中国文化史研究也就是这一大背景下的产物。

柳诒徵的文化史研究，还与他自身的学术渊源、学术文化背景以及对传统文化的体认有关。就家学渊源而言，柳诒徵出生并成长于一个经学、理学世家，自幼深受中国传统文化的熏染，对传统文化的特殊感情可想而知。另外，1901 年，他进入江楚编译局以后，问学于著名的国学大家、目录学家缪荃孙先生门下。在中西文化的论争下，他认为，自己有责任让国人了解中国文化之真谛，纠正中国学者对本国文化的错误认识，这是他研究中国文化史的主要出发点和目的。柳诒徵在《中国文化史》开篇便申述："晚清以来，积腐襮著，综他人所诟病，与吾国人自省其阙失，几若无文化可言。欧战既辍，人心惶扰，远西学者，时或想像东方之文化，国人亦颇思反而自求。然证以最近之纷乱，吾国必有持久不敝者

---

① 柳诒徵：《中国文化史·绪论》第 1 页。
② 王德华：《中国文化史略·叙例》，正中书局 1947 年沪一版，第 3 页。

存，又若无以共信。"① 关于柳诒徵写作《中国文化史》的背景和缘由，蔡尚思也曾有过说明："由于作者身经清末封建政治腐败濒于崩溃之际，深慨民族自尊心的丧失、崇洋媚外的奴化思想无从抵制，因此蓄志阐述中国文化政教源流，以增强我民族自尊心，抉择中国文化的特点，以勖勉青年学习继承和发扬我中国文化的优良传统。这是先生写这一部文化史的根本宗旨。"②

目前有学者认为，20 世纪第一部由中国人撰写的以"文化史"命名的著作是林传甲的《中国文化史》③，但一般还是公认梁启超为中国文化史学科的"拓荒者"④。1902 年梁启超便试图打破政治史的单一研究模式，倡导开展文化史的研究。1921 年他还规划进行多卷本中国文化史的写作，并在 1921 年秋受聘在南开大学讲授"中国文化史"，印有讲义《中国文化史稿》，由于该书的内容主要是历史学，还不能算作真正的文化史，所以，后来 1922 年由商务印书馆正式出版时更名为《中国历史研究法》。尽管他的多卷本《中国文化史》最终没有完成，但到 1927 年，还是完成了《社会组织篇》。对中国文化史研究所造声势最大的则是胡适。1923 年，胡适在为北京大学《国学季刊》所写的《发刊宣言》中提出要有计划地研究"中国的一切过去的文化历史"⑤，并列出了中国文化史研究的系统。胡适其实只是发布了进行中国文化史研究的宣言，却没有将中国文化史的研究付诸实施，他所做的也仅是准备工作，即历史材料的整理。柳诒徵则不然，他早在梁启超提出多卷本中国文化史写作计划和胡适的"宣言"提出以前，就已经在默默地从事中国文化史的研究了。早在 1920 年他就已经在南高师讲授"中国文化史"课程，且其讲义随讲随印，至 1921 年底，已经印至"中古"⑥。这说明，柳诒徵开设的"中国文化史"课程，至少要比梁启超早一年。

---

① 柳诒徵：《中国文化史·绪论》第 1 页。

② 蔡尚思：《著名历史学家柳诒徵先生》，左惟、袁久红、刘庆楚编：《大学之道——东南大学的一个世纪（1902—2002）》，东南大学出版社 2002 年版，第 226 页。

③ 孙永如：《柳诒徵评传》，百花洲文艺出版社 1996 年，第 106 页；胡逢祥、张文建：《中国近代史学思潮与流派》，华东师范大学出版社 1991 年版，第 349 页注；周积明：《二十世纪的中国文化史研究》，《历史研究》1997 年第 6 期等，都持此看法。

④ 杨齐福：《20 世纪中国文化史研究之回顾与展望》，《淮阴师范学院学报》（哲学社会科学版）2002 年第 2 期。

⑤ 胡适：《发刊宣言》，《国立北京大学国学季刊》第 1 卷第 1 期，1923 年 1 月。

⑥ 参见 1922 年 1 月 19 日史地研究会答复汕头读者蔡心觉的来信，《史地学报》第 1 卷第 2 期，1922 年。

（二）民族精神的张扬

发掘中国传统文化之精髓，"明吾民独造之真际"①，从历史中寻求民族社会变迁进步之状况，以增强国人的民族自信和爱国情怀，是柳诒徵研究中国文化史的出发点和主要目标。因此，他在阐述中国文化时，删略了帝王朝代之更替，国家之战伐，"惟就民族全体之精神所表现者，广搜而列举之。"② 民族精神的张扬也是《中国文化史》最显著特色。

民族主义是《中国文化史》的主旋律，几乎贯穿全书。近代以来，一些中国学者步西方学者之后尘，倡言"中国人种西来说"、"支那文明西元论"，如丁谦的《中国人种从来考》、黄节的《立国篇》、章太炎的《种姓篇》、蒋观云的《中国人种考》等，都持此说。这种论调是近代西方资产阶级为了对中国进行文化入侵而采取的策略，也是国内"民族虚无主义"膨胀的结果，其目的在于从根本上动摇中国人的民族信念。柳诒徵对此进行了严厉驳斥，指出，人类之生历年久远，称中国茫茫九有，从古初无人类，必待至最近数千年中，始由巴比伦或中亚细亚转徙而来，是理之所不可信者。且人类之生并不限于一地，即使一地之人也各分部落。这就是说，在柳诒徵看来，不仅世界人种是多元的，而且中国人种本身也是多元的，且是土生土长的，创造中国文化的土著民族也绝非一族，即使所谓的华夏族，也是由无数部落混合而成，有力驳斥了"中国人种西来说"的谬论。柳诒徵认为，使国人确信中国人自古就是生息繁衍于中华大地上，中国文明是由中国人自己创造的，这是树立民族自信心，阐扬民族精神的先决条件。因此，他在《中国文化史》中，首先便澄清了中国人种起源的问题。

柳诒徵所彰显的民族精神主要有以下几个方面：

中华民族的独创精神，此其一；柳诒徵认为，中国文化由中国民族所独创，中国人具有很强的创造力。两汉以前，从文字的创立到各项制度、礼法、文治武功、思想学术、建筑工艺、医药卫生等，都是"吾国民族本其创造之力，由部落而建设国家，构成独立之文化"③ 的有力明证。他对中华民族的独创精神极为自豪，并给予了热情讴歌和赞颂。他对古代政法的萌芽、文字的兴起、衣裳之治、

---

① 柳诒徵：《中国文化史·绪论》第 1 页。
② 柳诒徵：《中国文化史·绪论》第 7 页。
③ 柳诒徵：《中国文化史·绪论》第 1 页。

"治历授时"、周代的授田制度、教育制度、"城郭道路宫室之制"、"衣服饮食医药之制"等都进行了详细叙述，以此突显中华民族非凡的创造力。由于中国文化为中华民族独创，且中国自古相传有重视历史撰述的优良传统，所以，自古及今，中国文化一脉相承而不辍，并成为四大文明古国中"独寿"之国。

勇于吸收、同化并融合异族文化的博大精神，此其二；柳诒徵指出，中华民族本不是一个单一民族，而是由若干民族融合而成。汉族也是吸收同化了数百异族而成，由此奠定了中华民族开放的性格，也影响了中国文化的特性。中国文化不是保守的，而是一种开放型的，具有极强的吸收同化异族文化的能力和精神。在中华民族的历史上，中国对异族的同化吸收从未间断。如汉代人民对其周边地区进行了开辟，使这些原本未开化的少数民族皆沐浴汉之先进文化，并使之逐渐同化于中夏，大大促进了其经济和文化的发展。汉代以后，印度文化传入中国，中国人亦以开放的心态接受此外来文化，并使之逐渐融合于中国固有的文化，使之发扬光大。由此，柳诒徵不无自豪地说："印度之文化输入于吾国，而使吾国社会思想以及文艺、美术、建筑等皆生种种之变化。且吾民吸收之力，能使印度文化变为中国文化，传播发扬，且盛于其发源之地，是亦不可谓非吾民族之精神也。"① 魏晋南北朝时期，政权更迭频繁，而柳诒徵从文化方面审视这一时期则得出全新的认识。他指出，此时期，可以谓为异族蹂躏中夏之时期，也可以谓为异族同化于中夏之时期。"盖华夏之文化，冠绝东方，且夙具吸收异族灌输文化之力。"② 揆诸历史，华夏族有时或不及其他民族，但文化却足以使其折服。在汉代以前，其他民族多以被统治者而同化，汉代以后，其他民族或以征服华夏者而被同化。无论是魏晋南北朝时期的五胡，还是五代时期的契丹、女真、拓跋诸族，虽在一定程度上仍保有自己的民族特色，但在文化上却几乎没有不吸收和采纳汉族文化者。如北魏孝文帝迁都洛阳，主动实行改汉姓，易胡服，与汉族通婚等政策；辽国之尊孔教、用汉语、习汉籍、用汉字刻石记功、采用汉族之制度、任用汉人等。柳诒徵还通过考证，认为契丹文字也是契丹人与汉人共同创制的；西夏文字，虽形式与汉字不同，但仍不出汉字系统。所有这些事实都足以证明，其他民族无论武力如何强悍，汉族文化的巨大权威，也"足以折蛮野而使之同

---

① 柳诒徵：《中国文化史》上卷，第345页。
② 柳诒徵：《中国文化史》上卷，第357页。

化"①。以汉族文化为主体的中国文化，具有极强的吸纳和融合力，由此可见一斑。几千年来，中国文化历经周边民族强大的武力攻伐，而始终屹立于世界民族文化之林，已足令世界惊叹，因此，其自身所具有的极强的适应性、包容性和融合力，正是几千年来使其冠绝于东方的主要原因，也是中国文化历久不衰的一个制胜法宝。柳诒徵看到了历史上异族入侵的武力征服背后被汉族文化同化的历史事实。他的论断绝非对中国民族及文化的溢美之辞，而是客观的，是符合历史实际的。

柳诒徵指出，中国文化融合异族文化的精神，还表现在其对其他国家，尤其是东亚各国的深远影响上。他认为，中华民族是世界上最无私的民族。世界上不利人之国家，不夺人之土地，对于异国，竭尽自己的国力以扶助之，施不责报，并不为经济上之侵略者，惟有中国，这是中华民族的美德，是中国人应该引以自豪，并应不断发扬光大的民族精神。

贵和持中的"中庸"精神，此其三；柳诒徵的学生张其昀曾作《中国与中道》一文，文中说，世界四大文明古国，都曾繁盛一时，埃及、印度、巴比伦皆"一荣久瘁，黯然终古"，惟有中国"拓地独广，传世独久"，其道在"中"。"中也者，天下之大本也。"这种调和持中，容让平衡的精神，"固已莳其种于后代国民之心识中，积久而成为民族精神"②。这是中华民族所以能绵延不绝，与天地共长久的根本所在。对这一民族精神，柳诒徵有较深刻的体认。在《中国文化史》中，他反复倡言"中道"。他说，我国先民观察宇宙，积累经验，"深察人类偏激之失，务以中道诏人御物"，"以为非此不足以立国"，因此，定"中"为累世不易之国名。一言国名，国性即以此表现，"其能统制大宇，混合殊族者以此。"③ 正是由于中国自上古以来即有"尚中"之德，注重"持中"精神，处处讲"中庸"，于是养成了不趋极端的民族性格，既不得谓"尚武"，亦不得谓"文弱"，既不得谓之"易治"，亦不得谓之"难服"④。具体表现在，政治方面，折衷于"文武之间"；宗教方面，折衷于"天人之间"；经济方面，折衷于"汰灭之间"；社会阶级方面，折衷于"严荡之间"；人伦行为方面，折衷于"过与

---

① 柳诒徵：《中国文化史》上卷，第410页。
② 张其昀：《中国与中道》，《学衡》第41期，1925年5月。
③ 柳诒徵：《中国文化史》上卷，第33页。
④ 柳诒徵：《中国文化史》上卷，第34页。

不及之间"①。柳诒徵认为，稍过与不及，皆不得谓之"中"，一个"中"字，已足赅括一切，因此，"中庸"精神也是中国的民族精神所在。柳诒徵被认为是最早提出这种主张者。②

中和精神强调的是人与人之间，人道与天道之间的和谐统一，因此，它对维持国家秩序的统一稳定是有积极意义的。提倡这一精神，使人做事持中调和，不走极端，维护集体利益，求大同存小异等，逐渐成为中国人普遍的思维原则。这种民族精神，对增强国家的凝聚力，对维护统一的多民族的国家政权都有重要的意义。

发掘传统文化中的民族精神，在 20 世纪上半叶具有重要的现实意义和价值。19 世纪末以来，中华民族面临严重的民族危机，有些学者开始从历史上寻求民族落后的根源，认为中华民族已成为落后的劣等民族，民族的落后根源于中国传统文化的落后。有人认为，"观于宋人之衰弱，几疑中国之文化实足为国家种族之害，反不若野蛮人种之尚武，可以凌驾文明国人之上。"柳诒徵对此提出严厉批评和反驳。他指出，持此看法者都是不了解中国的历史和文化，"试考诸国之历史，则其事殊不尽然。凡异族之以武力兴者，率多同化于汉人之文教，即其文字有特创者，亦多出于华文，此则文化不以种族而分之证也。"③ 柳诒徵借助对时人关于宋代史事的抨击，凸显了自己的"文化不以种族而分"的以一贯之的识见。柳诒徵对中华民族勇于吸收融合外来文化的精神的阐扬，有力地说明了中华民族具有自立于世界民族之林的创造力，由于中国文化具有极强的消化外来文化的能力，在西方文化进入中国之后，不仅不能取代中国文化，反而会被中国文化吸收和消化，转化为中国文化。中国文化也将在吸收了西方文化之后，获得更大的发展。由此，中华民族的自信力自然可以得到加强，对民族虚无主义也是一种有力的批评。柳诒徵在张扬民族精神的字里行间，可隐约感觉到一点大汉族主义的味道。但他的主导思想则是宏观的民族主义。他所谓的华夏民族，其实是一个以汉族为主体，融合了多个民族的中国人的通称。中国文化也是整个中华民族共同创造的，其中也包括海外华人，在《中国文化史》中，柳诒徵也一再凸显和表彰少数民族在创造中国文化方面的重要贡献。因此，柳诒徵对民族精神的张扬，

---

① 张其昀：《中国与中道》，《学衡》第 41 期，1925 年 5 月。

② 参见张其昀：《中国与中道》，《学衡》第 41 期，1925 年 5 月。文中张其昀认为，柳诒徵最早倡言此说，后来才和者渐众。

③ 柳诒徵：《中国文化史》下卷，第 527 页。

也有利于加强民族团结，增强民族的凝聚力。

（三）"中国文化史的开山之作"——《中国文化史》

《中国文化史》作为柳诒徵在南高师、东南大学的讲义，随编随印，1925 年起开始在《学衡》杂志上陆续发表，1932 年由钟山书局出版发行，1935 年再版，1948 年由正中书局再版。80 年代末，随着文化热的出现，柳诒徵的《中国文化史》再次引起学界关注。1988 年中国大百科全书出版社，1996 年东方出版中心印，2001 年上海古籍出版社分别再版《中国文化史》，足见其影响之深远。很多人知道柳诒徵也是通过《中国文化史》。如前文所说，20 世纪 20 至 30 年代出现了中国文化史研究的第一个高潮，有学者认为，柳诒徵的《中国文化史》与陈登原的《中国文化史》、杨东莼的《本国文化史大纲》是 20 世纪上半叶 30 余部中国文化史著作中"学术价值较高，对后世影响较大"的三部。①

虽然，《中国文化史》1932 年才正式出版，但早在 1925 年以前便在东南大学以及柳诒徵的学生中广泛流传，其中的许多观点也经常被引用。1922 年 1 月，一个汕头的读者甚至给《史地学报》写信，要求购买《中国文化史》，说明《中国文化史》在正式出版前就已经产生了广泛的影响。1925 年《中国文化史》在《学衡》登载以后，影响进一步扩大。1928 年中央大学教授缪凤林还致函《学衡》主编吴宓，要求为他的学生购买登有《中国文化史》的各期《学衡》。中央大学历史系以《中国文化史》作为"中国文化史"课程的教材。说明柳诒徵的《中国文化史》在东南学术界已经产生了非常广泛而深远的影响，得到了学者的广泛认可。《中国文化史》1932 年 8 月出版后，其影响进一步扩大。1933 年胡适便在《清华学报》第 8 卷第 2 期的"书籍评论"栏目中发表了对该书的评论，问难柳诒徵，表明了胡适对该书的重视。胡适虽然对该书提出了诸多指责和批评，但还是肯定了《中国文化史》的"开山之功"。后来很多学者将《中国文化史》看作是"中国文化史"的"开山之作"。

柳著《中国文化史》并不是第一部以"文化史"命名的著作，却获得如此殊荣和盛誉并非学者的过誉之辞，而是有其深刻道理的。就学术内涵和影响来看，称其为第一部真正的中国文化史，或中国文化史的开山之作都不为过。柳著《中国文化史》的确是第一部真正以文化为研究对象和视角的，并具有通史性质

---

① 参见李平：《20 世纪中国文化史研究述评》，《文艺理论与批评》2000 年第 3 期。

的文化史著作。柳著毕竟是民国时期较早的一部《中国文化史》，与其同期的还有顾康伯的《中国文化史》。由于顾著是为适应高中或师范教育而编写的，而不像柳著是适应大学历史专业学生的需要，这就决定了它不可能写得像柳著那么深刻，这本是由教材的使用对象决定的，我们也只是就著作本身而言。顾著《中国文化史》无论在篇幅、系统程度、深度上，还是学术性方面都无法与柳著相比，就影响而言，顾著也难以与柳著相企及。虽然，顾著也"脉络分明，宗旨显豁"①，且作者自己也以"凡与人文进化有关者，如典章、制度、学术、宗教、生业、民风等，无不详究其因果异同"相标举②，但该书仅对中国文化进行了提纲挈领的阐述，大部分标题都是仅用几句话来解释，未能系统反映传统文化的真迹。读者读其书，只能获得对中国文化史的总体认识，而对许多文化现象及其来龙去脉则无法周悉。且文中无文献资料的征引，多是结论，而对立论理由的阐述则不足，难以做到持之有故，读来给人乏味枯燥之感。通读这两部《中国文化史》，其高下立见分晓。柳著作为第一部学术价值较高的中国文化史著作，树立了中国文化史研究和撰述的典范。

其一，它提出了中国文化"三期"说。

柳诒徵将中国文化史划分为三个时期，整部书的编排也是按照文化发展的"三期"为统系，设为三编。即第一编为上古文化史，从邃古以迄两汉，为中国民族本其创造之力，由部落而建设国家，构成独立文化之时期；第二编为中古文化史，从东汉至明代，为印度文化输入，并与中国固有文化由牴牾而融合之时期；第三编为近世文化史，从明代至20世纪20年代，为中印两种文化均已衰落，而远西学术、思想、宗教、政法以次输入，相激相荡而卒相合之时期。这种文化的分期，显然是以中国文化发展的"蝉联蜕化"为标准，并注重异质文化间的相互作用和影响，尤其是中国文化对外来文化的巨大的包容性。对柳诒徵的这种分期思路和方法，胡适也没有太大的意见，他说，"我们不妨承认这个为方便起见的分段"③。

柳诒徵的中国文化史分期对后世的文化史研究和文化史著作的撰写影响很大。如陈登原的《中国文化史》将中国文化史分为四时期，即上古卷，从上古至

① 王朝阳：《中国文化史·序》，顾康伯著：《中国文化史》，上海泰东图书局1930年十版，第2页。
② 顾康伯：《中国文化史·编辑大意》，顾康伯著：《中国文化史》第1页。
③ 胡适：《书籍评论：中国文化史》，《清华学报》第8卷第1期，1933年。

秦统一以前；中古卷，从秦统一至五代；近古卷，从宋至明代；近代卷，清代至
20世纪30年代。他们都将中国文化史按上古、中古、近世等断代，只是陈登原
在中古和近世之间又分出近古一段。与柳著相比，虽然在具体断限上有所不同，
但其文化分期的依据也是文化现象中明显变动的部分。陈登原指出，"泉流滚滚，
固不能截取其一点，以定清浊。而在山者清，出山者浊；大致自有差异"，因此，
"文化用具之不同，思想学术之歧义，政治经济之变迁，人种社会之移易"等，
都成为文化分期的标准①。很显然，陈登原主要以文化背景的变动为分期的标准。
陈安仁的《中国文化史》与柳著一样，也是将中国文化史分为上古、中古和近世
三个时期，只是断限有所不同。其上古文化史，从太古至秦统一前；中古文化
史，从秦汉至五代；宋代至清代为近世文化史。显然，他们都或多或少地受到柳
诒徵文化史分期思想和方法的影响。而且，不论是陈登原还是陈安仁，他们的文
化史分期都有其合理性。如陈登原，他原关注到了本国文化发展的内在影响因
素，这无疑有助于探寻本土文化发展的内在逻辑。也有人认为，陈登原的文化分
期更合理，认为柳著"忽略了本土文化的内在演进规律"②。这显然是没有真正
领会柳诒徵的《中国文化史》，柳诒徵并未忽略中国文化自身的演进规律，他是
将寻求"人类演进之通则"与"吾民独造之真际"并重的③。更何况，我们没有
必要将各种分期分出孰优孰劣，与其说他们的识见有高低，不如说由于他们写作
的时代背景不同，因此，出发点和目的有所异而已。陈登原写作于20世纪30年
代，正值日本大举侵华，中华民族面临亡国灭种的危机时刻，此时国人的最大任
务无过于救亡图存，抵御外族入侵。陈氏在此期研究中国文化史，自然会从中国
传统文化中发掘民族的凝聚力。因此，他突出本国自身文化的发展，而对外来文
化的影响则有所略。而柳诒徵在南高师讲授中国文化史课时，新文化运动正开展
得如火如荼，中西文化论争也日益激烈。因此，在这种文化背景下，正确认识中
西文化，恰当处理中西文化的关系，是当时文化问题上需要解决的主要问题。他
试图从历史上寻求解决中国文化与外来文化关系的借鉴，以为融合会通中西文化
寻求历史的依据。在这一思想指导下，他在探索中国文化时，更关注中外文化交
流中，中国文化对外来文化的吸收以及外来文化被中国文化的同化，便在情理之

---

① 陈登原：《中国文化史》上册，世界书局1947年新一版，第52页。
② 姜海：《评陈登原的〈中国文化史〉》，《湖北大学学报》（哲学社会科学版）1999年第4期。
③ 柳诒徵：《中国文化史·绪论》第1页。

中。而且，中国文化确实自古就是一种开放型而非封闭型的文化，在其发展的漫长岁月中，对外来文化的吸收和同化从未间断过，由此，也足以说明，中国文化之所以能够成为独具民族特色的文化，也恰恰是由于其能够不断吸收外来文化的缘故。他指出，在历史上，中国文化"吸收印欧之文化，初非尽弃所有，且有相得益彰者焉。"① 这就为当前吸收西方文化，而又不尽弃固有文化找到了有力的历史依据，这远比其他的文化论争者空洞的说辞更有说服力。

柳诒徵对中国文化三期特点的概括也基本符合中国文化的发展。可以说，柳诒徵对传统文化的理解是深透的，他能于错综复杂的文化现象中，抽象、概括出文化的特色。从柳诒徵对中国文化史的分期中，也充分反映了他开放的、广阔的历史视野。他阐述中国文化史，并没有局限于中国国内，而是将中国文化史放在整个世界历史发展的潮流中，将其作为"世界史中之一部域，一阶程"②。在他看来，随着中西交流的发展，中国历史已由"大陆之历史"变成"海洋之历史"，"中国历史亦植身于世界各国之列"③，因此，研究中国的历史及文化，便不能不研究中国文化与世界其他国家文化的关系及相互影响。可见，柳诒徵的见解是符合世界历史发展的大趋势的。可以说，这种分期方法是有相当合理性的。需要指出的一点是，柳诒徵和陈登原虽都将文化进行了分期，但他们对文化本身发展的认识上，都心怀一种整体的、连续的历史文化观。他们都认为，文化的发展是连续的。柳诒徵说，文化的发展"初无截然划分之界限"，中国文化"富于弹性，自古迄今，纚纚相属，虽间有盛衰之判，固未尝有中绝之时。苟从多方诊察，自知其于此见为堕落者，于彼仍见其进行。"④ 陈登原也说，文化的发展陈陈相因，"以相因而言，则何时为今，何时为古，殊无显著之鸿沟可判。"因此，"史上当无所谓古今，而更无所谓划代。相因云云，盖言史实如泉流滚滚，不能截取划分也。"⑤ 他们明明知道划分中国史为上古中古多有不妥之处，却还要划分界限，主要是"以便寻绎"⑥，即为便于研究而已。

其二，在文化史的研究内容方面，它确立了中国文化史研究的大体对象。

---

① 柳诒徵：《中国文化史·绪论》第 1 页。
② 柳诒徵：《中国文化史·弁言》第 3 页。
③ 柳诒徵：《中国文化史》下卷，第 647 页。
④ 柳诒徵：《中国文化史·绪论》第 1 页。
⑤ 陈登原：《中国文化史》上册，第 51—52 页。
⑥ 柳诒徵：《中国文化史·绪论》第 1 页。

中国文化史应研究哪些方面，由于人们对文化内涵的认识不同，所以，撰写的文化史内容迥异。柳诒徵《中国文化史》之前的文化史著作，由于作者们对文化认识模糊，在研究对象上，无所不包，所以，基本是一般性的中国通史。如柳诒徵所说："近儒操笔，矜言文化，毛举细故，罕知大谊。"① 因此，当时对文化史研究对象的学科定位是非常有必要的。在文化史的研究内容上，他基本赞成梁启超所规划的中国文化史研究范围。梁启超所认为的狭义文化，指语言、文字、宗教、文学、美术、科学、史学、哲学而言②。具体来说，主要涉及中华民族之由来、组成及发展，与少数民族之关系；"世界他部分之文化民族"与中华民族之关系及文化方面的相互影响；中国传统社会的政治组织、阶级制度及团体；民主法制；衣食住等状况及"进化之大势"；农工商业及经济制度的变迁；语言文字之特质及对文化的影响；"民族之根本思想"及"各时代思潮蜕变之迹"；"宗教信仰之情状及其变迁"；文化的继承与传播；外国文化对中国文化之影响，中国文化对世界的贡献及未来的价值等③。梁氏所规划的文化史构架，可谓内容丰富，气魄宏大。柳诒徵也曾指出："新会梁氏，殚精国闻，创为一书，分类标目，自朝代都邑，政术宗教，以洎文艺军备，农业商市，工艺美术，戏剧歌曲，骈罗并举，竟委穷原，杜郑以来，无斯鸿著。寀其规画，以叹观止。计以新识，运以眇笔，杀青之后，必无古人。"但柳诒徵对梁启超的中国文化史规划也存在顾虑："独患综摄既多，钩纂匪易，体大思精，骤难卒业。"④ 因此，为便于操作，他赞同梁启超的内容规划，但更侧重人类创造力的凝聚，坚持以"文化发展"作为主要对象，对与文化有密切关系的政治、经济现象，则重在追索其内在的文化根源和文化意蕴⑤。所以，他在《中国文化史》中，"于帝王朝代，国家战伐，多所删略"，重在强调中国人"独造之真际"和"民族全体之精神所表现者"⑥。而且，梁启超的多卷本《中国文化史》终未撰成，柳著则是当时内容最丰富的《中国文化史》，在其之前的《中国文化史》著作，多为冠名"中国文化史"的

---

① 柳诒徵：《中国史学之双轨》，柳增符、柳定生选编：《柳诒徵史学论文集》，上海古籍出版社1991年版，第93页。

② 参见梁启超：《中国历史研究法》，上海古籍出版社1998年版，第269页。

③ 参见梁启超：《中国历史研究法》第5—6页。

④ 柳诒徵：《中国史学之双轨》，《柳诒徵史学论文集》第93页。

⑤ 孙永如：《柳诒徵评传》，百花洲文艺出版社1993年版，第108、110页。

⑥ 柳诒徵：《中国文化史·绪论》第1、7页。

"中国通史"，不能反映中国文化之成绩和真迹。所以，柳著问世以后，研究文化史者，多以其确立的研究对象为基础和参照，各自有所增删和侧重。前文列举的柳著问世后的几部文化史著作，尽管叙述方式不同，研究内容各异，但都已基本摆脱通史撰述的羁绊，明显反映出文化史的特色，柳著的影响作用不能否定。

其三，文化史观方面，奠定了中国文化史研究的基本文化史观。

检视以后问世的几部文化史可以发现，除研究内容与分期基本以柳著为参照外，在文化史观上也基本以柳著为基础而有所改进。柳诒徵摆脱了旧史家历史循环论的束缚，采取了进化的综合的文化史观。他强调指出："历史之学，最重因果。人事不能有因而无果，亦不能有果而无因。治历史者，职在综合人类过去时代复杂之事实，推求其因果而为之解析，以诏示来兹，舍此无所谓史学也。"① 整部《中国文化史》，基本是以这种历史观念为指导的。这种综合的进化的文化史观，对后人文化史著述的影响巨大而深远。当年聆听了其讲授中国文化史课的陈登原对此感受颇深。他在《中国文化史》开篇就申明了其态度是，因果的见解，进步的见解等，这些显然都是柳著中反复申言的。如柳诒徵在述及上古历史时指出："上古历史，虽多懵昧难考，然即周、秦以来之书，推究上古社会之状况，亦往往有端绪可寻。"② 陈登原在谈到秦之统一时说："秦之统一，无非为春秋战国五百年间之事变，结一总帐而已。"③ 可见，柳诒徵和陈登原无疑都是以综合的文化史观来分析评判历史上的重大现象的。柳氏之影响，可谓匪浅。

其四，研究方法方面，柳诒徵对文化史研究方法的探索，为后人提供了借鉴。

他评判历史现象时，已经摆脱了以政治为进退的叙述窠臼，真正以文化发展作为评判标准，这是《中国文化史》之所以被大家公认为"真正的文化史"的主要原因之一。如秦代的谪戍移民之法，从政治角度看，实为秦之暴虐，对被迫迁移的人民来说，也是极为痛苦的事情。但柳诒徵从全国文化和民族发展的角度去分析，则认为此举"播华风于榛狉之地，使野蛮之族皆同化于中县，其所成就，正非当时政府意计所及也。"④ 又如，汉代少数民族入侵中原，汉朝采取了

---

① 柳诒徵：《中国文化史·绪论》第 1 页。
② 柳诒徵：《中国文化史》上卷，第 16 页。
③ 陈登原：《中国文化史》上册，第 199、244 页。
④ 柳诒徵：《中国文化史》上卷，第 302 页。

和亲政策。对此多数学者认为，这是汉族渐衰之端，是"忍辱"，是"丢脸"的事①。柳诒徵从文化的角度来看，则认为，和亲政策可以使少数民族人民沐浴汉之文化，从而促进少数民族地区文化的发展。又如对"夷夏之辨"的认识，自鸦片战争以来，中国这一自以为是"世界中心"的所谓"天朝上国"被一向视为"蛮夷"的西方的炮舰轰塌后，"夷夏之辨"开始受到人们的怀疑和批判。大多数人视之为阻碍民族文化进步的落后观念，认为它造成了国人夜郎自大的盲目排外的虚骄心理，严重妨碍了近代中国向西方学习和走向近代的步伐。柳诒徵的认识则有所不同，他认为，我国古代"夷"与"夏"的区别，既不在地域之别，也不在种族之异，只是文明、教化与非文明、无教化之殊；由于夷人的礼教政术异于华夏，所以别其种类，以示贬斥，以刺激其进化。当其文化演进之后则不复别之，夷狄亦可进于华夏。"是实吾国先民高尚广远之特征，与专持种族主义、国家主义、经济主义者，不几霄壤乎！"② 很明显，柳诒徵是以文化为标准来判分"夷夏"，充分体现了他文化史的研究方法。柳诒徵的文化史研究视角和方法，对其后研究文化史者的影响也是极大的。陈登原在《中国文化史》中，也基本以文化史为取角，来分析历史现象。如对汉武帝开拓疆域，他指出，从政治的角度看，实为帝王之私欲，是穷兵黩武行为，"然以推行华化言之，则穷兵黩武，奇功足录"。相比之下，"表彰六经"，又有什么可称道的？因此，由文化而言，"播植之功，究亦不小。"汉代，南方逐渐开化，"要不得谓非西汉经营之冒筚路蓝缕矣"③。在对"夷夏之辨"的认识上，钱穆也从文化的角度加以分析，认为，先秦时代，诸夏与蛮夷的分别，"并不是一种民族界限"，而是文化上的分别，"所谓诸侯用夷礼则夷之，夷狄进于中国则中国之，此即是以文化为华夷分别之明证。"④

在中国文化史的研究方法上，他主张采用综合贯通之法。当时也有学者如王云五认为，中国文化史史料极为浩繁，采用"综合方法"加以整理研究，"其难益甚"。因此，他主张"以一专家就其所长，担任一专科史料之整理，其结果自较良好。"他所主持编纂的《中国文化史丛书》便采用分科研究的方法。他认

① 张荫麟即持此见。参见张荫麟：《中国史纲》，上海古籍出版社1999年版，第180—181页。
② 柳诒徵：《中国文化史》上卷，第33页。
③ 陈登原：《中国文化史》上册，第241、242页。
④ 钱穆：《中国文化史导论》，正中书局1948年版，第34、35页。

为，"分之为各科之专史，合之则为文化之全史"①。柳诒徵不赞成这种分科式的研究方法，他指出："王君云五复鸠各作家分辑专史，所辑亦未赅备，且分帙猥多，祇可供学者参考，不便于学年学程之讲习。又凡陈一事，率与他事有连，专治一目者，必旁及相关之政俗，苟尽芟繁复，又无以明其联系之因果，此纵断之病也。"② 从理论上言，文化史研究当然应该用文化史的研究方法，以文化为评判标准，这是没有问题的。20 世纪初，中国文化史作为一门新兴学科，刚刚起步，文化史研究还处于尝试和探索阶段，未形成统一的研究范式，所以，在这种情况下，文化史研究上的合理的思路和有借鉴意义的方法，无疑都是非常值得关注和提倡的。王云五的中国文化史研究方法自然也有其一定的合理性，文化史资料与内容之浩瀚，确为事实，柳诒徵也承认"世无全才，学有偏重"，也赞成中国文化史研究和撰述"宜图分任"③。但从史事之间的因果联系方面考虑，分科式的研究确实有纵断之病，用综合的方法研究，似更适宜。因此，二者都有其合理之处。因此我们说，柳诒徵在文化史研究方法方面的思考和探索，对中国文化史学科的建设和发展，无疑是有积极意义的。

其五，在资料的征引方面，资料翔实，旁征博引。

有学者病柳著《中国文化史》"似资料长编"，"文本显得略嫌沉闷艰涩"④，这无疑是对柳著的误解，也是由于读者未完全体会柳诒徵的撰述用心。这一批评也恰恰反映了《中国文化史》征引资料翔实的特色。胡适对《中国文化史》的批评也集中在资料的运用方面。胡适认为柳诒徵太过于信古，没有受过近代史学的训练，没有对历史资料进行整理便加以引用，而且，对史料的估价也很不谨严⑤。胡适的批评自然有他个人对柳诒徵的偏见。原因在于柳诒徵与胡适在治学观点上颇有分歧，1921 年，柳诒徵曾作《论近人讲诸子之学者之失》一文与胡适商榷学术，批评胡适论学不够客观，胡适也一直视柳诒徵为信古派。这种观念已经在胡适的脑中根深蒂固，所以，他得出了对《中国文化史》的这一不太客观的认识和评价。《中国文化史》的确征引资料极为丰富，多达 600 余种。它以六艺诸史为经，纬以百家；既有正史，也有各种编年体、纪事本末体、典志体等史

① 王云五：《编纂中国文化史之研究》，商务印书馆 1937 年版，第 46 页。

② 柳诒徵：《中国文化史·弁言》第 1 页。

③ 柳诒徵《中国史学之双轨》，《柳诒徵史学论文集》第 93 页。

④ 何晓明：《评 60 年间问世的五部文化史著作》，《史学月刊》1998 年第 5 期。

⑤ 参见胡适：《书籍评论：中国文化史》，《清华学报》第 8 卷第 2 期，1933 年。

料，也有各种报章杂志，统计资料；既有古人著述，也有时人著述，诸如章太炎、刘师培、梁启超等人的著作和观点屡被引用；既充分利用了国内的资料，而且还大量使用国外的文献资料和研究成果，既有日本的，也有欧美各国的；从征引的资料的类别上，涉及政治、经济、商业、宗教、建筑、教育、文艺、社会风俗、雕刻、绘画、天文、地理等方方面面，几乎无所不包。胡焕庸称《中国文化史》是"一部百科性专题史"①。

柳著采用了纲目式，每一论断，必有详细的史料予以说明，使读者知晓作者得出此结论的依据，因此，无一事无来历，每一结论都持之有故。引文均采用比正文低两格的编排格式，并用比正文小的字体，作者的叙述和观点与引用的史料截然分明，给读者一目了然之感。虽然该书引用资料繁多，但并非仅是资料的汇编和事实的罗列，不是史料的长编。作者在引用史料中，表达自己的观点，对史料加以新的解释，寓观点于叙事之中。史论结合作为史家撰述历史的基本方法，在柳著中得到了充分的展示。当时曾有学者作过这样的评价：

> 全书九十万言，大部分是重述古书，所以有人把它当做"史料"看待。然据我们看来，此书中颇有超过史料之处。最明显的是著者常在引用史料之际，参以己见，加以新的解释。书之主体，毕竟还是柳先生对于中国文化史的见地，而非种种史料之堆积。②

当年听受此课的学生的亲身感受更能说明问题：

> 柳师所用的夹叙夹议方法，引述一段原始资料，接着一段评论，既不是枯燥无味的考证，也没有不着边际的空谈，真可说是广征博引，有引人入胜之功。③

这些都足以说明，《中国文化史》并非资料长编，读者阅读此书也不会有枯燥乏味之感。资料与论点有相得益彰之妙。

柳诒徵虽然未像陈登原那样明确说明对待史料的方法，但从《中国文化史》中他对资料的征引可以看出，他对史料也不是不加判断和抉择地盲目引用，不是

---

① 胡焕庸：《怀念柳翼谋先生》，柳曾符、柳佳编：《劬堂学记》，上海书店出版社2002年版，第66页。
② 英士：《书评》，《图书评论》第1卷第3期，1932年，转引自《劬堂学记》第225页。
③ 胡焕庸：《怀念柳翼谋先生》，《劬堂学记》第66页。

像胡适所说的他对史料的估价不够严谨，盲目信古。实际上，在引用史料之前，他总是先对其下一翻考证、推理和校雠的功夫，但他不轻易怀疑，对不太确定的史料，他暂且存疑。他常说，"部落时代，统系无征，年祀莫考。诸称某皇某帝之事迹年代，要皆仅可存疑"，"吾侪研究古史，随在皆见可疑之迹"①，某某书所言"颇荒诞"等语，都是他对史料经过认真甄别和判断后得出的结论。他始终坚信，对古史尤其是传说时代的历史更不能尽信，洪水以前之文物，虽有传说，但多不足据；太古去周秦已若干万年，"吾人之去周、秦之年岁，不止十百倍蓰。故虽周、秦人相传之说，不能尽信为正确之史料。后世穿凿附会之说，更不足信。"② 可见，柳诒徵对史料的运用是严谨的，并非盲目信古，他所反对的是盲目疑古，"凡是未经确切否认的传说，它都姑予承认。凡是证据尚不充分的新说，它都置之不理。"③ 因此，柳诒徵既不泥古，也不骛新，他主张在对史料进行认真分析和考据的基础上，做出正确的判断。也可以说，他对古人及其学说是抱着"了解之同情"的态度的，因此，我们对柳诒徵也应有适当的"了解之同情"。

另外，柳诒徵对史料的征引，也反映了他注重实证研究的治学特色。由于他所引用的史料极为丰富，涉及面很广，因此对读者也有极大的帮助。一方面，读者可以据柳诒徵所引证的史料，进一步加深对所论述问题的认识和理解，明白作者立论的依据。同时，也可以加深对文化现象及其发展规律的理解和把握，是一部史论结合，"论从史出"的史学研究方法的范例。另一方面，读者还可以从柳诒徵所征引的史料中，获得更多的其他方面的知识和信息，可以缘此去搜集第一手资料，也可据此去追索更多的书目和资料，获得更多的启发。正如胡适所言："柳先生的书列举了无数的参考书籍，使好学的读者，可以依着他的指引，更进一步去寻求他不曾引用的材料。"④

《中国文化史》的成绩和贡献是突出的，但它也存在一些不足和局限。

首先，柳诒徵对三代之制的颂扬有过誉之辞，不自觉地流露出保守的思想倾向。近代以来，人们总将"言必称三代"的学者视为思想落后者的外铄特征。柳诒徵没有三代至上的观念，对三代制度也基本能客观评价。但也不能否认，他对三代某些制度的评价有时也有过誉之辞。如他对夏商时代人民与君主政治权利的

① 柳诒徵：《中国文化史》上卷，第10、13页。
② 柳诒徵：《中国文化史》上卷，第3页。
③ 英士：《书评》，《图书评论》第1卷第3期，1932年，转引自《劬堂学记》第225页。
④ 胡适：《书籍评论：中国文化史》，《清华学报》第8卷第2期，1933年。

评价，认为人民有参政权，天子有疑问，可以向庶人谋求解决之策，人民也可尽言于天子。庶民有投票权，"庶民之权，等于天子。"认为君主制并非就是专制，夏代已有所谓进取与保守两党，"如国民有好保守者，则卿士之保守党从之；国民有好进取者，则卿士之进取党从之。两党相切相劘，而政治遂得其中。此尤民主国家之法也。"① 显然，他认为庶民与天子平等，具有同等的政治权利未免与事实有违。因为就投票权而言，天子一人有一权，而所有庶民只有一权，何来平等？另外，那时即使有所谓进步和保守两派，与民主国家的两党竞选轮流执政实也有根本区别。他对周代制度文化的赞赏就更突出了。从《中国文化史》的篇目设置看，除"周之礼制"一章下又辟出十二节外，其他各章均未再分节。周代文化约占整部书十分之一的篇幅，足见他对周代礼制叙述之周详，对周代文化之重视。又如，他在论述周代土地制度时指出，周代土地治理条理精密，不仅前古所无，即使汉、唐至当时也无法企及，汉、唐土地治理比之《周官》之制，不过万分之一。他甚至认为："吾国文明，在周实已达最高之度，嗣又渐降而渐进，至今，则古制渐灭殆尽，而后群诧域外之文明。"② 他还认为我国历代官制虽时有变迁，但其源大都出于《周官》，对周代的"乡遂"之治也是称赞有加。可见，他对周代文明的崇尚是显而易见的。另外，他对周代制度的认识基本是以《周官》为基础，而后世多以《周官》为伪书。因此，对《周官》内容的去取至为关键。陈登原在其《中国文化史》中指出："近贤著史，动用《周礼》。燕石盈箱，赝鼎列座。计其工拙，何异抄胥？吾则耻而有所不取也。"③ 陈登原说明自己文中用《周礼》的地方，也仅是《考信录》"备览"之意，并不依之为定论。而柳诒徵却认为，无论《周礼》为何时何人所作，肯定有来历，断不能冥思臆造，即使未尝实行，仅属个人理想，"然此一个人之理想产生于此时代，已足令人惊诧，矧其官守法意，降至春秋、战国，犹多遗迹可寻乎！"④ 对并且认为后世的《六典》、《会典》等都以《周官》为模范，却仍不能及其精微。对《周官》的作者，柳诒徵亦极为崇敬，认为其作者定为有相当经验、思想和学力者。今天看来，《周礼》确为了解周代历史的重要资料，如有学者认为，《周礼》是表现周代文化生活的重要的政书，不论其是否为周公一人所撰述，其于周代文献

① 柳诒徵：《中国文化史》上卷，第87、88页。
② 柳诒徵：《中国文化史》上卷，第128页。
③ 陈登原：《中国文化史·自叙》第1页。
④ 柳诒徵：《中国文化史》上卷，第124页。

上，确有重要价值①。只是柳诒徵对它的赞誉太过。

其次，有一些狭隘的大汉族主义思想的阴影。柳诒徵承认中华民族是以汉族为主体，由多民族融合而成，中国文化也是由各民族共同创造的。但在叙述其他少数民族及其文化时，却又不可避免地流露出大汉族主义的思想偏向。如述及蒙古文化时，柳诒徵指出，蒙古文化吸收了中国、印度、大食、欧洲四种性质的文化，"未可专属于中国之系统"②；对清代社会制度，贬斥者多，称颂者少。他曾指出，清代虽亦开拓疆土，但多以旧俗羁縻之，由此可知，"惟汉族擅有推广文化之力，满人无所知也。"他认为满族的官吏大多不学无术，骄奢淫佚，清朝"能延国祚至数百年"，是非常庆幸的事。如果不是乾隆时，刘文正制止乾隆尽用旗人为知县，则"民事之受满人荼毒者更不知若何焉。"③ 在他看来，后世的许多弊政都是清代开始形成的，如"独夫专制"，重帝王权威，人民不纳国赋，不知对国家尽义务等等。其间柳诒徵对少数民族的民族偏见，对其判分不无影响。因其心中存有满人落后于汉人的偏见，所以，在他论述清代的文化时，贬抑之情清晰可见。

再次，对文化史理论的总结和凸显不够。史学研究离不开理论的指导，陈登原的文化史，一个突出特点就是对文化史理论的总结，如"因果的见解"，"进步的见解"，"影响的见解"等。这些文化史理论，其实在柳著中也已体现出来，而且，柳诒徵在研究中国文化史时也确实是以这些理论为指导。然而，他却未能像陈登原那样，有意识地将这些理论加以总结、凸显出来。读者只能从柳诒徵叙述的字里行间去体会，去总结，没有读陈登原的《中国文化史》来得那么直接。

《中国文化史》固然存在某些局限，但我们也要看到，有些局限是由时代的局限造成的，不能将之归咎于柳诒徵。但从总体上看，由于它是国内较早的一部系统研究中国文化的通史性著作，几乎没有可资借鉴的范例。因此，他撰写《中国文化史》犹如开山，完全靠自己的摸索，其艰难可想而知。再加上他个人学术文化背景和时代等各方面因素的影响，《中国文化史》存在一些局限性和不足也就在所难免，我们不能为此而苛责他。而且，其开风气之先的作用确是不争的事实。《中国文化史》实为柳诒徵对中国传统文化主张的具体实践。柳诒徵继承、

① 陈安仁：《中国文化史》上册，商务印书馆1947年大丛本第一版，第103页。
② 柳诒徵：《中国文化史》下卷，第544页。
③ 柳诒徵：《中国文化史》下卷，第704、706页。

弘扬中国传统文化的良苦用心，其表彰中国民族全体之精神的撰述宗旨，在书中都得到了淋漓尽致的彰显。由于他对中国历史文化具有深刻的认识和深厚情感，所以，他虽对历史上不好的社会制度有所揭露，但他所极力凸显和张扬的仍是中国文化中的精华，以加深国人对中国文化的认识，以从祖国辉煌灿烂的固有文化中找寻失落已久的民族文化自豪感和自信心。然后，借文化自信心的恢复，进而增强民族的自信，以对民族虚无主义有所纠正。这较比那些一味叫嚣中国文化处处落后于西方，中国民族为劣等民族，或谓中国文化远远优越于西方文化，西方国家需要中国文化去拯救，世界未来的文化，将是中国的儒家文化的复兴等空洞的论调，其说服力不可以道理计。

　　柳诒徵一生孜孜矻矻于民族文化的弘扬、建设与复兴，其终极目标乃是民族与国家的振兴与繁荣。他始终坚信，文化是一个国家、一个民族精神的表征，是民族、国家振兴的前提和基础，是推动国家进步的动力。没有文化的繁荣，就无从谈论国家和民族的繁荣，文化的繁荣与否，直接关涉到国家之盛衰。文化之高下，为民族兴衰、民质优劣的判决标准。因此，谋求民族国家复兴之路，文化的复兴是第一要务。其他学者也有类似看法，如陈安仁认为，"浸假文化失去其推动之力量，必陷于停顿，由停顿而陷于衰落，国家民族受重大之影响，或相率而沦胥以亡。是故文化衰落之国家，民族欲谈复兴，是犹缘木而求鱼者也。"① 目前民族复兴的基石在于，"对于欧美优异之文化，为极度之吸收，并以最大之努力，创造未来之新文化"②。柳诒徵正是基于对文化、民族国家的这一体认，主张梳理、研究中国历史及传统文化，并率先垂范。在南高师时，他致力于中国文化史的研究，从而有皇皇巨著问世。在担任南京国学图书馆馆长期间，他整理出版馆藏前贤的书稿、手札，宋元刻本，名贵珍本、孤本等，这些举措无疑都有益于祖国文化遗产的传承，对弘扬传统文化的作用不言自明。

---

① 陈安仁：《中国文化史·序言》第 1 页。
② 陈安仁：《中国文化史·序言》第 4 页。

第三章　柳诒徵的史学思想

柳诒徵毕生致力于史学研究，并因之而闻名于东南学术界。苏渊雷先生在《柳诒徵史学论文集序》中说："盖当五四运动前后，北方大学之主史学讲座者，若北大之朱希祖、钱玄同，清华之梁任公、王静安、陈寅恪，皆一时之选；而先生讲学南雍，隐然于之鼎足而三。"甚至认为其在新史学的著述方面"筚路蓝缕，厥功至伟"①。钱穆也曾认为，在史学研究领域，柳诒徵与陈垣、陈寅恪齐名，由此民国史学界有"南柳北陈"之称。苏渊雷、钱穆等人对柳诒徵史学地位的评价未免过高，但柳诒徵在民国时期史学界的名望和地位的确不可轻忽。1941 至 1943 年由各大学各行业教授投票推选，国民政府教育部直接聘任的 45 名"部聘教授"中，历史教授三人，即陈寅恪、柳诒徵和萧一山。1948 年中央研究院选举产生第一届院士，历史学家有 5 人当选，即陈寅恪、陈垣、顾颉刚、傅斯年和柳诒徵。因此，在 20 世纪前半期，历史学家兼具"部聘教授"和"中央研究院院士"两项荣誉者，只有陈寅恪和柳诒徵二人。其《历代史略》、《中国教育史》、《中国文化史》、《国史要义》，或开风气之先，或体大思精，或条理秩然。《历代史略》被认为是中国第一部新式教科书②。《中国教育史》也被学者认为是中国第一部教育史。《中国文化史》作为中国文化史的"开山之作"③，早在 1925 年起就在《学衡》杂志上连载，1932 年由南京钟山书局正式出版，到 2008 年，仅大陆就出版了 11 版次④，足见其影响力和生命力。《中国文化史》在台湾影响也很大，正中书局 1948 年在大陆将其出版，正中书局迁到台湾后，又陆续出版了 17 版。这恰好印证了钱穆当年所预言："《中国文化史》虽谦称长篇，其

---

① 参见苏渊雷：《柳诒徵史学论文集·序》，柳曾符、柳定生选编：《柳诒徵史学论文集》，上海古籍出版社 1991 年版。

② 张舜徽：《柳诒徵传》，柳曾符、柳佳编：《劬堂学记》，上海书店出版社 2002 年版。

③ 胡适：《书籍评论：中国文化史》，《清华学报》第 8 卷第 2 期，1933 年。

④ 1932 年钟山书局，1948 年正中书局，1988 年、1996 年中国大百科全书出版社，1990 年上海书店出版社，1992 年江苏广陵古籍刻印社，2001 年上海古籍出版社，2007 年东方出版中心、上海三联书店，2008 年，中国社会科学出版社、东方出版社、上海科学技术文献出版社出版。2008 年长征出版社出版《柳诒徵讲文化》作为领导干部读经典的书目之一。

为名世之作，将不会受到时间的限制。"① 今人知道柳诒徵更多的也是缘于《中国文化史》。《国史要义》作为柳诒徵对中国传统史学的总结之作，1948 年由中华书局出版。20 世纪 90 年代以来，也日益受到学者关注，先后又出版了 4 次②。在治史过程中，柳诒徵积累了丰厚的史学知识，提高了自己的史学素养，在历史观、史学功能、史家修养、史书编纂等许多方面都提出了自己独特见解，形成了既反映时代特色，又具自身特点的史学思想。他对我国史学未来的发展和建设也提出了一些有创见的意见和建议。

一、对进化论的吸收与反省

所谓历史观，即对客观历史发展的认识，是史学家进行历史研究的指导思想，它决定着史学家对历史事实的取舍和价值判断，历史观的正确与否，直接影响着史家的历史解释，关系到历史学的发展。

对客观历史运动的认识，是历史观所涉及的主要问题。传统史学的历史观主要有倒退观、循环观、停滞观等。19 世纪末，西方进化论经严复等人介绍到中国后，对当时的知识界起到了振聋发聩的作用。到 20 世纪初，进化论已经成为史学家普遍接受的历史观，并成为唯物史观产生前中国史学界主要的也是最进步的历史观。在历史观的选择上，柳诒徵是否认同进化史观？他对进化史观究竟持怎样的态度？

首先，柳诒徵相信进化论，并用进化史观来分析历史现象。在《中国文化史》中，柳诒徵明确指出，文化史研究的主要任务之一即在"求人类演进之通则"③，所谓"人类演进之通则"即人类发展的普遍规律，表明，他已经认识到历史的发展是有客观规律的。他在考察人类历史发展时也指出：自燧人以迄唐、虞洪水之时，所经历年代虽无确数，但最少不下数千年。按时期考察会发现，虽有琴瑟、耒耜、兵戈等物，而其生活之单简可想而知。至黄帝时，诸圣勃兴，而宫室、衣裳、舟车、弓矢、文书、图画、律历、算数等也开始陆续发明，"盖自

---

① 镇江柳氏网：http：//www. liu - cn. com。

② 1991 年上海书店出版社、2000 年华东师范大学出版社、2007 年上海古籍出版社、中国人民大学出版社相继出版《国史要义》。

③ 柳诒徵：《中国文化史·绪论》上卷，东方出版中心 1988 年版，第 1 页。

草昧社会进而至于开明，其中阶级甚多，必经若干年岁之蜕化，始渐即于完成。"① 这说明，柳诒徵已经摆脱了传统"变易"观的束缚，对中国社会由愚昧逐渐向开明进化的过程有了较为清晰的认识，并对此给予了充分的肯定。

柳诒徵的进化史观还体现在其对"华夷之辨"的认识上。他从历史进化的角度看待夷夏之别，认为中国历史上的"夷夏"之别，并非方位、界域、种族上的区别，而是进化程度上的差异。由于夷人进化较慢，所以文明程度较低，当夷狄进化程度较高时，亦可进于华夏。华夏民族也是由无数落后民族进化后逐渐加入融合而成的。柳诒徵用进化的史观分析民族问题，与狭隘的"夷夏之防"论者的观点截然不同。以这种观点来看待诸夏和夷狄，便不会鄙弃夷人，反而会积极帮助他们发展和进化，以使之早日由野蛮进于文明。这无疑会有助于民族团结和融合，有助于民族的发展。

其次，柳诒徵对进化史观存在认识上的片面性，其对进化论的接受也是有限的，并对之进行了深刻反省。与同时代的史学家如梁启超、夏曾佑等相比，柳诒徵对进化论的理解和接受程度显然要落后。梁启超于 1901 年写成的《中国史绪论》，1902 年的《新史学》及《论中国学术思想变迁之大势》，都是用进化论为指导的。尤其是《新史学》，批判了旧史学的"四蔽"、"二病"，倡导"史界革命"，以进化论为指导，对新史学的性质和内容予以界定。即所谓历史者，"叙述进化之现象也"，"叙述人群进化之现象也"，"叙述人群进化之现象而求得其公理公例者也"②。1904—1906 年，夏曾佑的《中国古代史》也是第一次以进化论史观为指导思想，对整个中国古代历史进行了全新的阐释。而 1901 年柳诒徵编写《历代史略》时，采用的历史观仍主要是传统的变易观。之后，柳诒徵虽接受了进化论，但他同时又强调："历史现象，变化繁赜，有退化者，有进化者，有蝉嫣不绝者，有中断或突兴者，固不可以一概而论也。"③ 由是，他反复申明：

> 我相信进化的学说，我也不专主张进化，因为历史上的事实，看起
> 来有进化的，有退化的，不能一概而论。历史家专讲进化，必定说明清

---

① 柳诒徵：《中国文化史》上卷，第 16 页。
② 梁启超：《饮冰室合集·文集之九》，中华书局 1989 年版，第 7—11 页。
③ 柳诒徵：《中国文化史》上卷，第 391—392 页。

胜于秦汉。从江先生的退化论看起来①，那就是后世迥不及周汉。我是喜欢叩其两端的，一面要看进化的，一面要知道退化的，那就可以找出民族复兴的一条路出来了。②

　　柳诒徵看似辩证的观点其实也有错误。他认识到历史运动的复杂性，这是对的，但他将历史发展过程中出现的挫折归结为退化则是错误的，历史前进中的挫折，并不等于退化。基于对进化论的认识，柳诒徵对进化论进行了批评与反省。他用《易》之"阴阳消息"来批驳进化论。柳诒徵指出，"世间万事万物，以时间空间之关系，变化无穷，蒉集此种种变化之现象，归纳于一说，则谓之为阴阳消息。或阴消阳息，或阳消阴息"，而且阴阳二者"均不能消极而至于无"。由是，柳诒徵便否定了人类发展有一个终极的理想目标。他指出："世界无绝对之恶，亦无绝对之善，但使善之分数胜于恶之分数，即为人类郅隆之时。世人悬一理想，以为人类进步无穷，最后之世界，必有一圆满无缺、幸福无涯之时，即有不知《易》理，故而为此妄想。"在柳诒徵看来，人类享受的幸福与所造的罪恶，所受的苦痛"乃正相等"，且"野蛮之时代有最文明之精神，文明之时代有最野蛮之举动，而人类之苦乐，亦复互有消长，不可以一概论"③。柳诒徵用善恶、苦乐的互有消长来批评进化论，由此，他自己也陷入了矛盾，无法自圆其说。一方面他既相信进化论，即人类是进化的，一方面又否认人类会进步无穷。如他既承认中国文化在不断演进中，但同时又认为"故吾国文明，在周实已达到最高之度，嗣又渐降而渐进"④。他将人类发展归因于适应"阴阳消息"，认为"否泰治乱，消长往复，其迹象有纵横，其范围有大小，而赅括史事，驯至近今，此义尚不能破。盖人类心灵，同此消长，不能消而无长，亦不能有长而无消。"⑤ 而"论进化者，但就长之一面言之耳。"柳诒徵对进化论认识上的片面和肤浅暴露无余。

　　柳诒徵对进化论的态度一定程度上受到了梁启超、章太炎等人的影响。众所

　　① 柳诒徵在这里所说的江先生，是指江谦，字易园，是南京高等师范学校第一任校长，柳诒徵对他极为尊敬和佩服。他主张历史退化论，认为中国的历史自秦汉以后，日益腐败，就像人身上的一块腐肉，必须先割去这块腐肉，方能长出新鲜的肉。所以，他认为秦汉以后的书可以不读。

　　② 柳诒徵：《从历史上求民族复兴之路》，《国风》半月刊第 5 卷第 1 期，1934 年。

　　③ 柳诒徵：《评陆懋德〈周秦哲学史〉》，《学衡》第 29 期，1924 年 5 月。

　　④ 柳诒徵：《中国文化史》上卷，第 128 页。

　　⑤ 柳诒徵：《国史要义》，华东师范大学出版社 2000 年版，第 194 页。

周知，章太炎早年曾接受进化论，其在《訄书》中就曾用进化论来分析人类种族的演进。不过，随着他思想的转变，其对进化论的态度也发生了改变。1906 年 9 月 5 日，章太炎在《民报》上发表《俱分进化论》，指出："若云进化终极，必能达于尽美醇善之区，则随举一事，无不可以反唇相讥。彼不悟进化之所以为进化者，非由一方直进，而必由双方并进，专举一方，惟言智识进化可尔。若以道德言，则善亦进化，恶亦进化；若以生计言，则乐亦进化，苦亦进化。"双方并进，如影随形①。章太炎用善恶、苦乐并进来质疑进化论。可见，柳诒徵的观点与章太炎是何等相近，二者的区别仅在于，柳诒徵认为善恶、苦乐是互有消长，章太炎则认为是双方并进，但质疑进化论则是一致的。同样，早年力倡进化论的梁启超，于 1918 至 1920 年在欧洲进行了一年多的旅行，对西方有了进一步的认识。归国后，他写成《欧游心影录》，指出西方"科学万能"的迷梦已告破产，并进而对与科学有密切关系的进化论产生怀疑。柳诒徵与晚年的梁启超接触较多。1922 年梁启超到东南大学讲学，并受邀担任"史地研究会"史学方面的指导员，而此时柳诒徵也是"史地研究会"史学方面的指导员，同为指导员的柳诒徵与梁启超经常在一起探讨史学问题。因此，柳诒徵在进化史观方面当受到梁启超的一定影响。对此，柳诒徵自己也说，"近人治史，多本进化论，盖缘西哲就生物之演变测人群之进步，而得此基本观念。治吾史者，准此以求，亦可以益人神智。然梁启超论研究文化史之问题，对历史现象是否进化，即生疑问（《饮冰室文集》四十）。刘咸炘论美人彻尼所举史律，谓道德常进亦常退，若以大概言之，宁谓智进而德退（《治史绪论·史旨》）。章炳麟著《俱分进化论》，谓善恶相缘并进，其说尤懿。"②

　　需要指出的是，柳诒徵的历史观已经超越了历史循环论者所谓一治一乱循环往复的认识窠臼，从进化的角度来认识这种治乱消长的规律。他也一再表明，"一治一乱，并非循环，惟适应消息之公律耳。"③ 正是由于其对历史发展的认识不够透彻，所以，经常导致他对中国历史，尤其是文化、文明发展过程的矛盾认识。如他论述中国文化中衰时指出，自汉以后，中国的政治教育，虽多沿古代之法而继续演进，社会事物也时有创造发明，这些都"足以证人民之进化"。但从

---

① 《章太炎全集》第四卷，上海人民出版社 1985 年版，第 389 页。
② 柳诒徵：《国史要义》第 193—194 页。
③ 柳诒徵：《国史要义》第 194 页。

整体看，则政教大纲不出古代之范围，种族衰弱，也时时呈现扰乱分割之状，且"要其发荣滋长之精神，较之太古及三代、秦、汉相去远矣。"① 由此看来，柳诒徵承认中国文化在不断的演进之中，但在其心目中，汉代以后的文化远远比不上三代及秦汉。因此，柳诒徵所说的进化，与西方进化论所传达的观点并不完全相同，是一种退化后的再演进，这就使他自己陷入了矛盾的境地而无法自圆其说，表现了柳诒徵对进化论认识的不成熟。

客观而言，分析人类的发展，不能仅用生物演变的规律来分析，柳诒徵认识到了这一点。他指出，就治中国历史而言，应就中国圣哲来推求人类进化的原理。这种见解是正确的，我们的确不能完全用生物进化的规律来研究、解释人类发展的历史现象，而且，进化论作为西方的理论，也不能完全照搬。关于中国历史进化的独特性，柳诒徵曾做过这样的总结。

> 任何国族之心习，皆其历史所陶铸，惟所因于天地人物者有殊，故演进各循其轨辙。吾之立国，以农业，以家族，以士大夫之文化，以大一统之国家，与他族以牧猎，以海商，以武士，以宗教，以都市演为各国并立者孔殊。而其探本以为化，亦各有其独至。骤然观之，若因循而不进，若陈腐而无当，又若广漠而不得要领；深察之，则其进境实多……近世承之宋明，宋明承之汉唐，汉唐承之周秦。……过去之化若斯，未来之望无既。②

进入 20 世纪 20 年代以后，受西方历史观的影响，国内史学家普遍肯定进化历史观，但在关于历史发展的根本动因上，则又出现了多种不同的历史观。如宗教史观、伦理史观、政治史观、个人史观（或称英雄史观）、经济史观（或称唯物史观）、自然史观（或称地理史观），等等。宗教史观认为，人类活动是由神的意志决定的；伦理史观以道德观念为指导人类活动的准则；政治史观认为人类活动完全与政治有关；英雄史观则主张人类的发展完全受伟人势力的支配；自然史观主张以地理环境来解释历史发展；唯物史观则主张经济基础决定上层建筑，历史发展的决定性因素是物质生活的生产和再生产。包括柳诒徵在内的学衡派认为，这些历史观都有不当之处，皆失之一偏，不能成立。如政治史观，缪凤林曾

---

① 柳诒徵：《中国文化史》上卷，第 345 页。
② 柳诒徵：《国史要义》第 371—372 页。

指出，社会变迁虽每与政治有关，但政治状态已属外象，其造成的根本原因则不在政治。诸如学术创造，人群风俗等，都不是政治所能解释的。①

　　柳诒徵承认先进人物在历史发展中所起的重要作用，但也看到了普通民众的力量和社会价值。他以中国上古史实为例，说明历史进化在普通民众而非个别圣贤。他指出，上古制度，详见于《世本》，《世本》中有《作篇》，专记历代之制度，因此，《作篇》是研究古代制度的重要资料。此外，诸经、诸子对古代制度的记载，亦可与之相参证。然而，诸书所记，"多有牴牾"，如《系辞》言"神农氏作，斫木为耜，揉木为耒"，而《世本》又称"耒耜为垂与咎繇所作"。另外，《世本》自己所言也互有不同，如言伏羲作琴瑟，又言神农作琴瑟；言黄帝始穿井，又言化益作井，等等。朝代不同了而制度却前后都有，证明古代进化之迹象。"神农之去伏羲远矣，伏羲作琴瑟，大抵出于草创，未能完善，传至神农时，神农又加以研究，于是琴瑟之制，始渐如后世之制。后世溯其原始，独称伏羲不可也，独称神农亦不可也，则两记之。"二人同时创立某种制度，则因为古代交通不便，没有文书，仿效传播不像后世那样迅速，所以，同一制度会在不同的地方同时出现，这也足以说明，"发明创制不必一人"。后世盛称黄帝时的制度，"然黄帝时之制作，或恃前人之经验，或赖多士之分工，万物并兴，实非一手一足之烈。故知社会之开明，必基于民族之自力，非可徒责望于少数智能之士。而研究历史，尤当涤除旧念，著眼于人民之进化。勿认开物成务，为一人一家之绩也。"②

　　对大禹治水，持英雄史观者认为禹是圣人，治水是禹一人之功，由此，中西学者对禹一人能在较短的时间内完成如此巨大的工程深表怀疑。柳诒徵则认为，禹之治水，并非禹一个人或"徒恃一二人之功"，而是"合全国人之力"③。他认识到了历史的发展和进步，绝非个别人或少数圣贤的功劳，而是多数普通民众共同作用的结果。柳诒徵以历史史实为依据对英雄史观的否定更具说服力。关于谁是历史的创造者的问题，马克思主义史学家多认同人民群众是历史的创造者。但在马克思主义传入中国以前，史学家多认为推动历史发展的决定力量是帝王、将相等先进个人。作为非马克思主义史学家的柳诒徵，对人民群众在历史发展中的

① 缪凤林：《历史之意义与研究》，《学衡》第 23 期，1923 年 11 月。
② 柳诒徵：《中国文化史》上卷，第 13—14 页。
③ 柳诒徵：《中国文化史》上卷，第 58、57 页。

作用，毕竟还没有上升到历史的创造者的认识高度，但他毕竟摆脱了个人英雄史观的束缚，认识到并肯定了普通民众在历史创造中发挥的巨大作用。由此，他对农民起义也有新的认识和评价。20 世纪 20 年代以前，他对历史上的农民起义多持鄙视态度，对农民起义军多称"盗"或"贼"，明显反映了他维护封建统治的立场。他在 1909 年三月初三的日记中曾记载了两则有关太平天国的情况，称太平军为"贼匪"，"酋"，称清军剿灭太平军为"平贼"①。由此也可以看出，此时他是不赞成太平天国运动的，是站在封建正统的立场上分析问题的。而当他认识到人民群众的历史地位后，对农民起义军也不再用"贼"、"匪"等字眼，并对农民起义逐渐抱有同情的态度，不再认为农民起义是犯上作乱，反而认为农民起义多是由于官吏的贪墨舞弊引起的；对镇压太平天国的湘淮军也不再大加赞扬，而是指出它给中国社会带来的严重后果，认为湘淮军之崛起，"遂开近数十年军阀之统系"②。可见，柳诒徵对湘淮军带来军阀割据局面的分析，在 20 世纪 20 年代，是相当深刻的，这是进化论史观影响的结果。

　　柳诒徵对马克思主义唯物史观还没有真正理解，甚至存在误解，但他也开始主张并尝试从经济方面去分析历史变化的原因。如他在分析鸦片战争以后中国的社会状况时指出，随着通商口岸的开放及交通的发展，经济也逐渐与世界各国相通，"昔之荒陬僻壤，可变为最重要之都市，昔之家给人足者，多变为不平均之发展。语物力之开发，则远轶于前；论财政之困难，又觉迥殊于古。而国民之思想道德，根于经济之变迁而变迁者，尤为治史者所当深究矣。"③ 经济的变迁与人口和物质之间关系的变化有关，二者关系的变化，直接导致了供求之间的矛盾变化，由于供求不相适应，则会出现恐慌之状，于是，"道德之堕落因之，思想之激烈因之，是亦自然之趋势也。"④ 尽管柳诒徵对历史进化背后的经济动因的认识不是很深刻，也没有将整个社会发展进化的根本原因归结为经济的发展变化，更认识不到经济变迁的根本动力。他只是从供求关系变化的表面现象来看待经济的变迁，未免有失简单，也势必会影响其分析问题的深度。但他能够从经济变迁、供求关系变化的视角去分析思想、文化的变迁，在一定程度上与马克思主

---

　　① 柳诒徵该日的日记原件藏于其孙柳曾符先生的家中，此处根据刊登于《江海学刊》1983 年第 2 期上的《有关太平天国的两则史料——宣统元年三月初三日记（摘录）》。

　　② 柳诒徵：《中国文化史》下卷，第 768 页。

　　③ 柳诒徵：《中国文化史》下卷，第 845 页。

　　④ 柳诒徵：《中国文化史》下卷，第 859 页。

义唯物史观也是相通的。

二、以爱国主义为归宿的致用史学

长期以来，史学界一直将柳诒徵目为"信古派"，并将其归入传统史学家的行列。实则不然，柳诒徵在史学研究中非常强调史学的致用作用。无论其信古也好，对传统史学钟爱也好，强调史学的致用也罢，皆源于他深沉的爱国主义情怀。

（一）经世致用的史学目的论

20 世纪以来，史学家对治史的目的是求真还是致用始终争论不休。中国史学家对这一问题的态度明显受到了西方史学思潮的影响。20 世纪初，西方实证主义史学引起中国学者的广泛重视，并逐渐占据中国史学的主流地位。受西方实证主义史学影响，一些史学家对史学的致用功能产生怀疑，其代表就是以傅斯年、顾颉刚等为代表的"史料学派"，或称"史料考订学派"、"新考证学派"。与此同时，西方也正处于新旧史学更替的重要时期，实证主义史学面临严峻挑战。相对主义、怀疑主义、马克思主义都冲击了实证主义，促进了新史学的兴起。历史相对主义者认为，史学认识的相对性，如克罗齐提出"一切历史都是当代史"，柯林武德主张"一切历史都是思想史"。而法国"年鉴学派"的崛起，则进一步促进了西方"新史学"的崛起和发展方向。

西方传统实证主义史学强调历史学家只需对过去进行具体的研究和描述，"史料本身会说话"，不需要史家去解释和分析。甚至有人认为，史家首要的和基本的任务就是确定文献的真实性，文献蕴涵了历史的真相。法国传统史学家阿尔方在 20 世纪 40 年代初写的《史学引论》中认为："在史料沉默的地方，历史也沉默；在史料简单化的地方，历史也简单化；在史料歪曲的地方，历史科学也歪曲。在任何情况下——而这看来是主要的——历史学不即兴臆造。"[1] 在这种史学思潮影响下，史料考证派史学家强调治史的唯一目的在"求真"，尽可能恢复

---

[1] 陈启能：《略论当代西方史学的观念变革——为〈当代西方史学流派〉作的序》，徐浩、侯建新著：《当代西方史学流派》，中国人民大学出版社 1996 年版，第 10 页。

历史的原貌，主张史学研究脱离或超越社会现实，追求"为学术而学术"的治史旨趣，提出了著名的"史学就是史料学"的见解。史料考证派史学家对史料及史料考证极为重视，傅斯年认为史学的工作只是整理史料，不是作艺术的建设，不是作疏通的事业，不是去扶持或推倒这个运动，或那个主义①。顾颉刚也认为，历史不是教条，不是信仰，仅是客观的历史存在。研究历史不为政治，不为致用，只是科学的求真工作。

受近代经世致用学风的熏染，在这个问题上，柳诒徵的态度与"新史学"派一致，强调史学的社会功用，不赞成脱离现实社会的纯学术的"考史"之学。针对当时疑古辨伪学风的盛行，他指出：只讲考据和疑古辨伪，都是不肯将史学求得实用，避免政治关系，再进一步说是为学问而学问，换句话就是说讲学问不要有用的②。在他看来，"疑古派"的古史考证辨伪，只是得到历史的真实，是为学问而学问，不过，只求得一种求真的好方法是没有用的，"我们得了一种求真的好方法，于社会国家有何关系"③，关键是实际的应用。因此，他强调历史研究的目的就是要对国家现实社会有所助益。他说：

> 我们研究历史的最后目的，就在乎应用。不但用此以处理一己之事，且可因此以推之各方面。……我所希望于研究历史的人，并不在乎成为考据家，或历史学家，而在乎自己应用。读了史事，必须能拿来随时应用。即所谓一隅反三，并不限定与历史上有同样的事实，而我能藉此以推知未来；或者因此而另组成他种学问。④

在当时的历史条件下，古史辨派和史料考证派的积极作用是主要的，正如戴逸先生所说的，傅斯年说史学就是史料学，这个说法不一定很合适，但强调史料的重要，却也有它的合理性。史料研究，是关系到史学盛衰的非常重要的问题；疑古辨伪思想，"在廓清古史迷雾方面，它是有贡献的。……顾颉刚等通过辨伪

---

① 傅斯年：《史学方法导论》，傅斯年著，岳玉玺等选编：《傅斯年选集》，天津人民出版社 1996 年版，第 192 页。

② 柳诒徵：《讲国学宜先讲史学》，柳曾符、柳定生选编：《柳诒徵史学论文集》，上海古籍出版社 1991 年版，第 502 页。

③ 柳诒徵：《讲国学宜先讲史学》，《柳诒徵史学论文集》第 501—502 页。

④ 柳诒徵：《历史之知识》，《史地学报》第 3 卷第 7 期，1925 年。

祛疑，还历史真实面目，功劳很大，不可磨灭。"① 傅斯年、顾颉刚等对求真史学的追求，不仅为中国史学界带来了史学观念的改变，打破了长期以来被奉为经典而不可触动的圣贤之言，而且，为重建可信的中国古史开辟了道路，使中国史学走出旧史学的窠臼，迈出了建立科学史学的坚实一步。柳诒徵并非认识不到考据是一种治史的好方法，只是不希望考据学走向畸形："考据的方法，是一种极好的治学方法。不过学者所应留心的，就是须慎防畸形的发达。②。他的批评也有一定道理，因为，无论是古史辨派，还是史料考证派，确有各自的片面性。而且，他对疑古派的批评也是在疑古太过上面。

柳诒徵强调史学的社会功用，却并非与史料学派背道而驰，不是以牺牲史学的求真来追求致用。他一再强调，史学的求真与致用，既不是完全对立，水火不容，也不是顾此失彼。他并非反对史学的求真，而是将求真作为史学研究的基础和初步，而最终目的则是从历史中寻求可资鉴戒的道理，解决现实问题，即"执古御今，述往思来"。

他反对脱离实际的纯粹考证，反对"为考证而考证"。在柳诒徵看来，乾嘉考据学者那种脱离社会政治的纯粹考据，是迫于社会形势，是一种保身之策，虽然可以理解，却不值得提倡。于此，柳诒徵曾有过非常明确的阐述：

> 另外有一种学问较高的，就讲究校勘史书或是考据一二种琐碎的事，那比做史论的高得多了。但是我们要知道，清朝的考据的风气，是因为经过许多文字的大狱，吓得许多聪明人，不敢讲有用的学问，只好专门做考据的功夫，说我们是考古，与今日的政治没有关系，免得清朝的满洲人猜忌他们，这是一种不可告人之隐。③

他认为，探求历史的真实固然重要，因为历史的真实是史学可以致用的前提条件，如果史学失去了其真实可靠性，便根本谈不上致用。的确，正如有学者所说，史学的求真是"史学的独立品格"，史学一旦失去这种品格，"史学将不成其为史学"④。同样，如果史学失去致用的作用，也同样会失去史学的价值。柳

---

①　戴逸：《二十世纪中国史学名著·总序》，金毓黻著：《中国史学史》，河北教育出版社 2000 年版，第 3—4 页。

②　柳诒徵：《历史之知识》，《柳诒徵史学论文集》第 83 页。

③　柳诒徵：《讲国学宜先讲史学》，《柳诒徵史学论文集》第 500—501 页。

④　瞿林东：《中国史学史纲》，北京出版社 1999 年版，第 844 页。

诒徵认为，要想充分发挥史学的致用功能，史学必须求真，同时，史学家还必须对现实政治有较为清楚的了解和认识，要时刻关注社会现实，并在治史过程中注意思考现实问题，这样才不致"徒以史求史"，则"经世之用无穷矣"①。可见，柳诒徵等人虽追求"示真"，但其执着的志向却是"求实施此真"②，而不徒示真而已，亦即使史学能够处理现实问题，也就是史学求真基础上的致用，和以致用为归宿的求真，即史学求真与致用的辩证统一。

今天看来，追求史学的求真与致用的辩证统一，确应为史学研究遵循的基本原则，史学关注现实是由史学的本质决定的，也是中国史学的优良传统，无论将来的史学如何发展，史学的这一本质都不会改变。但史学关注现实社会，必须坚持一个前提条件，即追求历史的真实。追求史学的求真与致用的统一也是马克思主义史学家的治史原则，白寿彝先生的话就很能说明这一点："一般地讲，历史是过去的事情，我们搞历史、基本上是搞过去。但搞过去，为的是了解过去。了解过去干什么呢？是为解释现在。解释现在干什么呢？是为了观察未来。"③

在历史研究中，柳诒徵非常重视求真，从他著述中征引的资料可以看出，他所引用的都是经过认真考证并确信为真实的史料，而且，他谙熟考据、校勘，在南京国学图书馆时，他对许多馆藏的先贤遗札都进行了精细的考证。《〈宋太宗实录〉校证》、《〈明史稿〉校录》等都充分展示了他的考据功底及求真的精神。他说，"今之治史学者，罔不以考证史料为务，盖史料征实，始可从事编纂"④。缪凤林也曾指出，"史学以求真为鹄"⑤，但"史家求真之目的，在解决现实问题，'将欲明今，必先知古，执古御今，述往思来……凡此皆史的实施之为用，而非藉哲学明示真之本质，固无所措其手足也。'"⑥

柳诒徵的史学致用思想，首先缘于他对中国古代史官制度的认识。

中国的史官制度源远流长，自古以来就重视修史传统，供鉴戒是史官制度的指导思想。中国史学有别于其他国家史学的一个主要特征在于它的政治性。中国

---

① 柳诒徵：《国史要义》第124页。

② 缪凤林：《历史与哲学》，《史地学报》第1卷第1期，1921年。

③ 白寿彝：《史学工作在教育上的重大意义》，《白寿彝史学论集》上，北京师范大学出版社1994年版，第250页。

④ 柳诒徵：《正史之史料》，《史地学报》第2卷第3期，1923年。

⑤ 缪凤林：《古史研究之过去与现在》，《史学杂志》第1卷第6期，1929年。

⑥ 缪凤林：《历史与哲学》，《史地学报》第1卷第1期，1921年。

最初设立史官之意图在"施政教民"，在"赞治"，"凡民众之需要，皆恃部落酋长左右疏附者之聪明睿知以启之，而后凡百事为，乃有所率循而不紊。"《周官》解释"史"曰："史掌官书以赞治"，由赞治而有官书，由官书而有国史。视他国之史起于诗人、学者，得之传闻，述其轶事者不同①。周代有五史，掌全部官书，官书在，则"据之以逆以考以辨以赞"②，行政的妙用即在于它基于累世之经验。也就是说，史之作用，即在于积累治国的经验，为治理国家提供资鉴，这也是中国史学富于政治性的主要原因所在。

其次，历代史家的经世思想对柳诒徵经世致用思想的形成也有一定的影响。

关于史学的鉴戒作用，历代史家也多有阐述。如唐代史家刘知幾在《史通》中将史学具有的社会功用归结为"史官不绝"则史书长存，后人便可以"神交万古"，从而见贤思齐，见不肖而内自省，从而达到"劝善惩恶"之效。而且，他将史学的功用提到了"急务"和"要道"的重要性上来认识，这样就将史学的功用提高到一个更高的层次上③。唐代史家杜佑撰写《通典》的致用目的则更为明确，在《通典·自序》中，杜佑提出，编纂《通典》并非为"达术数之艺"，"章句之学"，而是"将施有政"。司马光撰写《资治通鉴》，专取关乎国家盛衰，系乎生民休戚者，善可为法，恶可为戒者，以达到"鉴前世之兴衰，考当今之得失，嘉善矜恶，取是舍非，足以懋稽古之盛德，跻无前之至治"④ 的资治目的更不待言。柳诒徵熟读史书，对古代史家有关史学功用的阐述了然于胸，古代史家史学经世的思想给了他无限启迪，并对他产生了巨大的影响。他经常以孔子在《春秋》中提出的"我欲载之空言，不如见诸行事之深切著明也"，作为自己史学经世的注解。

近代以来，随着民族危机的加深，有识之士主张"学术救国"，对史学家而言，从史学中寻求救国之策，以挽救民族危亡，是他们的最佳选择。因此，史学经世的思想成为他们从事史学研究的指导思想、出发点和目的便在情理之中。进入 20 世纪以后，一方面，西方史学思潮的传入，引发国内史家对史学发展前途的新思索；另一方面，国内政治危机和民族危机的加重，更直接影响史家对现实

---

① 柳诒徵：《国史要义》第 1、2 页。

② 柳诒徵：《国史要义》第 8 页。

③ 刘知幾：《史通·史官建制》，转引自浦起龙：《史通通释》下，上海书店出版社 1988 年版，第 303—304 页。

④ 司马光：《进〈资治通鉴〉表》，王仲荦等编注：《资治通鉴选》，中华书局 1965 年版，第 398 页。

问题的关注和思考，他们试图从历史上盛衰成败的经验教训中，寻求解决现实问题的方案。因此，时代影响，也是柳诒徵史学经世思想产生的一个重要因素。

柳诒徵理解的史学功用，主要有以下几个方面：见往知今，彰往察来，即鉴戒功能，此其一。这也是多数史家的共识。他说："讲历史的好处，不是可以换钱的，也不是可以骗文凭的，主要的好处就是彰往察来，所谓考诸往而知来者。"① 他通过考察历史事实而得出了"史之专重鉴戒，遂垂为数千年定法"② 的认识。在他看来，史学即史术，"术即道也，为古今人所共由之道"③。史学是一种"持身处事之术"④。古书上所记载的事情虽然与今天发生的事情好像没关系，但它所阐述的处理问题的原理则古今一理。史书上记载了许多可供后人借鉴的处世之道，"网罗天下放失旧闻，王迹所兴，原始察终，见盛观衰。"古史尤其是正史中，包括许多社会演进的事迹，并非仅记载帝王支系，并非只是帝王的家谱，也并非帝王所应鉴戒者今人无须知道。正史中罗列宗室、外戚、权臣、藩镇、佞幸、阉寺、方士、伶人、党锢诸事，好像都是缘帝制而来，没有了帝王世系，种种秕政恶因便不会再有，这些认识都是"皮相之谈"。"苟一细按，则知名异而实同者不可枚举。有古有是事而今人袭之而不自觉者，亦有古已垂为大戒，今人明知而故蹈之，且讳其失而饰之者"⑤ 因为读史"可使人通达古今"，所以柳诒徵主张"为明理而读书"，读书而不明理，不如不读，只有"以此为鹄，庶不致如牛顿畜猫，必开两洞，以备大小猫出入之故事。"⑥ 俗话所说的"读史使人明智"其实就是这个道理。"由古知今"，"由今知古"⑦ 便是柳诒徵阐述的史学的主要功用。今天社会上之所以产生史学无用的看法，并不是史学本身的缺陷，而是由于有些史家的研究，已经远远脱离了社会现实，陷入了一种对琐细枝节问题的研究。这是应当引起史学研究者的重视的。

柳诒徵认为读史可获得持身处世之术。他列举历史上通过读史获益的事实，来进一步说明"史学之益，自持身涉世谋国用兵，为术多而且精，非徒记问撰著

---

① 柳诒徵：《讲国学宜先讲史学》，《柳诒徵史学论文集》第 495 页。
② 柳诒徵：《国史要义》第 323 页。
③ 柳诒徵：《国史要义》第 298 页。
④ 柳诒徵：《国史要义》第 299 页。
⑤ 柳诒徵：《与青年论读史》，《柳诒徵史学论文集》第 559 页。
⑥ 柳诒徵：《与青年论读史》，《柳诒徵史学论文集》第 558 页。
⑦ 参见（法）布洛赫著，张和声、程郁译：《历史学家的技艺》，上海社会科学院出版社 1992 年版，第 32—39 页。

即可为史学也。"① 由是，"史术无所不赅，非徒可以谋一身断一事之借镜也。"②
他是从史学本身的功用，治史者如何表现史学的功用，以及读史者如何运用历史
的功用等方面来论述史学功用的。他又反复强调，史学既有正面的积极作用，又
有负面的消极作用，读史者必须正确运用和发挥其积极作用，尽量避免其消极作
用。他指出："读殖民史，则驰心于远略；读战争史，则极意于争雄；读外交史，
则务夸纵横捭阖之能；读商业史，则醉心经济侵略之策。史能转人，而人不能转
史。"③ 所以，史术的运用不可不慎重。不过史术虽多，但仍有一重心在，"史术
之正，在以道济天下，参赞位育，礼乐兵刑，经纬万端，非徒智效一官、行比一
乡、德合一君、能征一国已也。第人事之对待，安危存亡祸福利害，亦演变而无
穷。治史者必求其类例，以资鉴戒。则原始察终，见盛观衰，又为史术所最重者
也。"④ 而且，由于读史者个人素养、心态等各不相同，所以对史学功用的利用
也不一样，"史籍之用，亦视学者之用心何如。用之当则可为人类谋幸福，为国
家臻治平；用之不当，则可以启乱饰奸"。⑤

　　史学不仅对个人具有鉴戒功用，对社会国家也具有鉴戒的功能，因此，中国
史学富于政治性也就成为其重要特征。六艺形式虽然不同，而其义理之关于政治
则是一致的。"不知此义，不能知中国史学之根本，亦即不知中国一切学术之根
本。"⑥ 柳诒徵认识到了中国史学富于政治性的根源，是由史官记述历史以"赞
治"的根本目的和出发点所决定的。他通过对史官制度的考察，认为史官在古代
虽仅为文官幕僚之长，但执掌的范围却极广，一切政令，无不在其职权范围内。
就周代而言，五史掌管包括国家礼法、授时、典藏、策命、正名、书事、考察等
各事，地位尊贵，与"相"并尊，"相绾百务，史司案牍，互助相稽，以辅首
领。"六官中，惟有史官所掌可以与"宰"均衡⑦，因此，周代设官，"惟史权高
于一切"。周代史官，为"最高之档案库"，"实施之礼制馆"，"美备图书府"。
凡本纪所书、列传所载、世表所系，命某官、晋某爵、设某职、裁某员、变某

---

① 《国史要义》第 304 页。
② 《国史要义》第 306 页。
③ 《国史要义》第 298 页。
④ 《国史要义》第 320 页。
⑤ 《国史要义》第 318 页。
⑥ 《国史要义》第 205 页。
⑦ 《国史要义》第 8 页。

法、诛某罪、录某后、祀某人等，都由史官掌握，而后史踵其成规，当然记述。只是古代施行和记述，都由史官执掌，后世则施行、记述，各不相干①。字里行间，渗透着柳诒徵对中国史学特性的认识：中国史学渊源于政治，与政治有非常密切的关系，要真正明了中国史学的系统，就必须清楚中国政治之纲维，要将史学与政治联系起来加以考察。

赞治的功能，无疑是古代史及史官地位尊贵的主要原因之一，也是史学具有权威性的重要原因。柳诒徵从"史权"，即史学的权威性问题上作深入探讨。他指出，由于史官跟随天子，以记其所为，后世天子可以据官书"以逆以考以辨以赞"②，倚之行政，史官乃成为天子的左右手，因此，古代史官位高权重，但必须守礼奉法。史学权威不仅可以对臣民发挥法律效力，而且可以限制君权，当天子的行为失度时，史官可以据法律来纠正他，古代史权之所以高于一切，也在于此。

柳诒徵认为史权非一成不变，"由隆而替"，或随官制变化而有所改变，历代内外官制"虽名实贸迁，沿革繁夥，其由史职演变者乃特多"③。当然，他并非凭空臆想，而是建立在对古代官制递嬗系统考察的基础上的。他还进一步考察了古代官制递嬗的原因，分析了史职与古代官制的密切关系，得出了"历代内外重要官制，皆出于史"④ 的结论。

> 唐宋时内史变为相矣，史职仍不可阙，于是有翰林学士掌内制，中书舍人掌外制。即古史之掌策命者也。翰林学士号为内相，演变而为明之大学士。史又变为相矣。上下二千年，或以史制相，或以相领史，及史变为相，复别置史，而史又变为相。故二千年中之政治，史之政治也；二千年中之史，亦即政治之史也。子母相生，最可玩味。⑤

柳诒徵不仅看到了中国两千年的历史是政治史，更重要的是认识到了两千年的中国政治，是历史的政治。这样，就把史学与政治相因相生，相辅相成的关系分析得透辟入理。而且，历代史家无论是章学诚，还是顾炎武，对史学政治性的

---

① 《国史要义》第36—37 页。

② 《国史要义》第8 页。

③ 《国史要义》第49 页。

④ 《国史要义》第50 页。

⑤ 《国史要义》第50—51 页。

论述，虽都有其价值，但都未能从源及流，未溯源官制及著作之渊源，亦未明白官制递嬗的原理。柳诒徵的深刻之处在于，他对中国的史官制度进行了追本求源的考察，从而揭示出中国史学富于政治性的根本原因，在此基础上，提出了"知政而后知史，亦必知史而后知政"①的见解。这也是柳诒徵主张史学经世的有力依据。

培养国人的爱国主义、道德情操和奋进心，即教化功能，此其二；柳诒徵认为，人类道德虽然禀于天赋之灵明，"而其灵明所由启发而养成，则基于积世之经验。必经历若干之得失厉害，又推阐其因果之关系，灼然有以见其自植于群有必然之定则，决不可背。"也就是《易经》上所说的"多识前言往行以畜其德"。因此，人们只有先虚其心，不逞己见，积极寻求前人之经验，畜之于心，然后道德便可深入心中。由是，柳诒徵认为"以前人之经验，启发后人之秉彝，惟史之功用最大。"中国古代教育，首以《诗》、《书》、《礼》、《乐》为"植德之具"②。而《诗》、《书》、《礼》、《乐》等皆为史，都记载前人经验并揭示其得失，以为未经验者之先导，这就是史学的道德教育功能。

为更好说明史学的教育功能，在《国史要义》一书中，柳诒徵还专辟"史化"一目来加以阐释。他指出，自古以来，中国就非常重视教育，尤其是教"孝"与"廉"，圣哲以孝为教，是本于天性，合于人情的，这种传统对后世的影响很大。如汉代孝廉之选，虽至北周以后不再举行，但直到清代，世间通常将举人目为孝廉，且每个皇帝即位，直省府县皆各举孝廉方正一人，这虽与汉制迥然不同，但却足以说明，"风化所重，实深入于人心，不系于科目之有无。"且"观于古礼渐久渐湮，惟丧服之名相承不坠，虽衰麻升数，等差莫辨，礼之深于文者，惟经生知之，而俗尚所沿，未始不存其意，百行孝为先之语，普及于社会。史化之深，无有过于此者。迁、固二大史家，皆由继承父志。姚思廉、欧阳修之行业，亦犹迁、固也。读龙门执手垂泣之言，味泷冈其来有自之语，其精神能感人于百世，此其史之所以不休者乎？"③缘此，柳诒徵对历史的教化作用得出了如下结论："任何国族之心习，皆其历史所陶铸……骤观之，若因循而不进，若陈腐而无当，又若广漠而不得要领；深察之，则其进境实多。而其本原不二。

---

① 《国史要义》第 124 页。
② 《国史要义》第 127 页。
③ 《国史要义》第 354 页。

近世承之宋明，宋明承之汉唐，汉唐承之周秦。"① 历史文化传统对人们精神和习俗的影响深远，任何一个民族都是其历史所陶铸的结果，是在继承历史的前提下不断演进的。

缪凤林在乃师的基础上，对史学功能做了进一步阐发。他说："观恶因果之递嬗，察其何以致此，而知所去避"；史学可使人明了事事皆有因果，成功失败皆有可能；由果溯因，凭因索果，澈上澈下，通古通今；"睹昔贤之事功，知立国非易，处今兹之飘零，觉匹夫其有责"；"念先民之辛勤，感惠我之实深。将继志而述事，敢暇逸以偷乐"②。因此，治史在博古通今，在利用过去以了解现在，找寻解决现实问题的办法。而史学家的当务之急是研究近现代史家谋求济世救国的方法。如果埋头故纸堆中，探索考察那些荒渺的史迹，无论所获至微，仍不可凭依，"纵得真像，于时寡益。既不能扶危定倾，又不能裨补民生。其不能免于'蠹虫'之讥，'古董'之诮，不亦宜乎？"③ 而"明今测来，生人之要道，革故救弊，当今之急务，而皆惟史是赖。盖过去为现在之母，凡今之为，率沿自昔，不稽往籍，罔识当前；过去与现在又为未来之母，方来现象，虽难逆觌，宿因既著，略可预测。故温古可以知新，彰往亦能察来。"④ 很明显，柳诒徵等人结合历史事实，从理论上说明了史学对现实和未来历史发展的重要性。缪凤林还进一步指出："爱国雪耻之思，精进自强之念，皆以历史为原动力，欲提倡民族主义，必先昌明史学：此史之有关于民族存亡者"⑤。可见，他是将史学的功用上升到关乎民族存亡的高度来认识的，见解更显深刻。

（二）史学致用思想与爱国主义

追求历史的真实与致用的统一，作为柳诒徵史学研究的原则和宗旨，贯穿于其历史研究的全过程，其史学研究从未脱离对现实问题的思考或当时的学术动向。而柳诒徵的史学致用思想渊源于他的爱国主义思想。

1. 发掘历代治国良方，寻求治国之道

中华民国建立后，国人理想中的西方式的民主政治非但没有建立起来，政治

① 《国史要义》第 371 页。

② 缪凤林：《历史之意义与研究》，《史地学报》第 2 卷第 7 期，1923 年。

③ 刘掞藜：《中国古史答问·作者附识》，《史学杂志》1929 年第 2 期。

④ 缪凤林：《中国通史要略》第 1 册，商务印书馆 1947 年版，第 9—10 页。

⑤ 缪凤林：《中国通史要略》第 1 册，第 9 页。

反而更加腐败，社会更加混乱，军阀割据与混战激烈，人民没有充分的民主权利，对民主政治倍感悲观和失望。面对这种现实，柳诒徵痛心疾首，认为腐败制度不废除，权利观念不改变，即使行之各国皆善的制度，"一经吾国腐败之徒，阳袭其名而阴行其故技，其弊乃不期而自甚。"① 那么应该建立什么样的民主政治，在这种制度下，人们应如何参政议政，柳诒徵进行了认真思索。

1922 年前后，柳诒徵对汉代的官议制度进行了研究，试图为当时的议会政治提供有益的鉴戒。他认为汉代议事制度具有许多民初议会政治不具备的优点，这些优点是民初政治可以借鉴的：其一，"寡不屈于众"。汉代议事不必少数服从多数，可以少胜多，"甚至有举朝皆以为是，竟以一人之言而罢其议者。"这样"以群盲蔽离朱之弊鲜矣"。柳诒徵指出，"纠众集议，取决多数，是计数，非衡理也。佥同者未必是，独见者未必非，投票举臂，漫然扶同，厥弊与逞臆专断者钧。"其二，"下不屈于上"。柳诒徵认为汉代的言论自由，远远超过号为共和的民国。汉代风气"尚亢直，而羞势力"，议事者多本良心之主张，不屑阿谀奉承。如议武帝庙乐，群臣皆曰"宜如诏书"，独夏侯胜曰"诏书不可用……虽死不悔"。柳诒徵由此感叹："此何种精神？视后世国会议员拘牵党议，不敢一背党魁之命令，或承望行政官、资本家及新闻记者之意旨，明知其非义，而不能不放弃良心之主张以徇其议者，何如乎？"其三，"民不屈于官"。柳诒徵指出，"汉之外官多采民意。三老、啬夫得与县令、丞、蔚以事相教。有时且可直接上书言事。"② 客观而言，汉代的官议制度与西方的民主制度有本质区别，民国政府的议会制度的确有很多缺陷和不完善的地方，但不能因此而否认民主制度本身的优点，更不能将近代西方的民主制与汉代的官议制度等量齐观，二者不可同日而语。柳诒徵显然没有深刻领悟近代西方民主制度，是误解和妄断。况且，汉代的官议制度也并不像柳诒徵所说的那么好，他所留列举的汉代官议事制度的优点也只是个别现象而非普遍现象，能否真正为民初政治提供借鉴也是另一回事。不过，作为史学家，他从爱国的立场出发，试图从历史上为民国初年的议会制度寻求资鉴的出发点和良苦用心则是显而易见的。

1923 年柳诒徵在《学衡》杂志上发表《中国乡治之尚德主义》，考察了中国乡治的起源、发展过程和实施情况，并强调中国乡治之精义在"尚德"。柳诒徵

---

① 柳诒徵：《选举阐微》，《学衡》1922 年第 4 期。
② 柳诒徵：《汉官议史》，《学衡》1922 年第 1 期。

考察中国乡治，与当时的政治形势密切相关。1920 年，湖南省推行"自治"和"制宪"，并主张实行"联省自治"。1922 年，全国形成了要求"省自治"和"联省自治"的高潮。然而，当时的地方自治出现了种种弊端，引起社会一片混乱。柳诒徵认为，其主要原因在于醉心民治者迷信西方的"法治万能"，仅袭取西方的条文，而不结合中国的实际情况。而中国古代乡治，虽然形式与近代各国所谓地方自治不同，但"立国之本仍在各地方自跻于善"。因此，"欲导吾民以中国之习惯渐趋于西方之法治"，取古代乡治之制度，"议论而折中"，未尝不是"救病之良药也"。①由此可见，柳诒徵考察中国古代的乡治传统，是试图以此来寻求救治当下"省自治"弊病的良药，探索一条"德治"与"法治"有效结合的政治发展路径。

2. 表彰民族气节，呼吁抗日救国

1931 年"九一八"事变后，日军大肆侵华，国民党政府在"攘外必先安内"的借口下，奉行不抵抗政策，致使东北三省很快沦陷，中国面临严重的民族危机。而一些国人仍沉迷于酒醉歌舞，耽玩于诗词书画，对此柳诒徵发出了"只有私人崇尚富贵荣利声闻之志，无建立国家增荣民族之志"的怒斥，并大声疾呼，要求全国士人"同谋国是，注重实际，不忽当前"，涤除私志，"淬心一志"，共同御侮。②他那一针见血的揭露和声色俱厉的斥责，那饱含激情的发自心底的呼吁，展现了一个史学家对国家现实及前途命运的关注和忧患。

在此民族危难的时刻，继承并弘扬中华民族的精神，愤发自强以雪国耻，重建中国民族的自尊，成为柳诒徵等人提出中国文化精神的终极关怀，此不言自明。那么，如何恢复民族自尊，谋求民族的复兴，柳诒徵主张必须"先教一班士大夫有知识的人，明白人伦的道理，从少数人下手，然后再由根本推及枝叶，训导大多数的民众也明白这个道理。……先从切身做起，慢慢的将人伦的天性，推而至于一村一乡一省一国，使中国文化的精神，从新发扬起来，那便是中国民族复兴的良药，见了功效了！"③为激发国人的爱国热情，增强反抗日本侵略者的坚定信念，推动全民族的抗战，1932 年 9 月，张其昀、缪凤林等人创办《国风》半月刊，由柳诒徵担任国风社社长。在《发刊词》中柳诒徵说明了创办杂志的原

① 柳诒徵：《中国乡治之尚德主义》，柳曾符、柳定生选编：《柳诒徵史学论文续集》，上海古籍出版社1991年版，第179—180页。
② 柳诒徵：《说志》，《国风》月刊第8卷第1期，1936年。
③ 柳诒徵：《对于中国文化之管见》，《国风》半月刊第4卷第7期，1934年。

因和目的："淞沪之血未干，榆热之云骤变；鸡林、马訾，莫可究诘；仰列强之鼻息，茹仇敌之揶揄。……受螫蜂虿，而告哀虎狼，有史以来无此奇耻！""斯刊职志，本史迹以导政术，基地守以策民瘼，格物致知，择善固执；虽不囿于一家一派之成见，要以隆人格而升国格为主。""发刊词"表达了国风社同人通过历史来鞭策国人，抵抗日本侵略，"隆人格而升国格"的美好愿望和良苦用心。

这一时期，柳诒徵的学术研究也多围绕救亡图存这一时代主题。他辑录《江苏明代倭寇事辑》，整理出版宋代王在晋《三朝辽事实录》，明代宋应昌《经略复国要编》、《嘉靖东南平倭通录》，任应乾《山海漫谈》等都是他救亡思想的体现。如在《江苏明代倭寇事辑》中，柳诒徵不仅介绍官兵的抗倭，还列举家丁、教师、盐徒、僧人、商人等抗倭的事迹，目的就在于汲取明代抗倭的经验教训，使国人懂得抗击外国侵略者不仅是国家军队的责任，而且是每一个国人的责任，抗战御侮是不分阶层的。他借表彰《山海漫谈》的作者任应乾，以一个儒者奋起御倭，"斩级五万余颗，保障二十余城，厥功伟矣"，一方面激起国人的爱国热情，一方面说明御侮保国不仅依赖器械之精良，犹赖国人爱国心之有无及强弱，以及抵御外侮的信念。① 很明显，沾灌国人、淬力民气是柳诒徵辑录这些著作的主要原因。他以史学家所特有的忧患意识，宣传抗日救国，对促进民族的觉醒和抗战的进行，为挽救民族危亡，尽到了史学家的职责，彰显了其爱国主义情怀和学术救国的治史理念。

从爱国主义出发的史学致用是柳诒徵史学思想的主要特色，而且弘扬史学的爱国主义民族精神也确是史家的责任。客观上说，历史和社会现实确实有密切的关系，二者不能脱离，研究历史是为更深入、更准确地认识今天的现实，这一理念也是对的。但二者的关系又不能太密切，新中国的历史就很清楚地说明了这个问题。由此，史学的相对独立又是非常必要的。如何处理好历史与现实、求真与致用的关系是史学家应该认真思考的问题。柳诒徵注意到了这个问题并进行了很好地实践。

---

① 柳诒徵：《山海漫谈跋》，《江苏省立国学图书馆第六年刊》，1933 年。

三、史学为诸学之渊薮

　　20世纪西方新史学思潮的激荡，不仅直接影响到西方史学的发展，也影响了中国的史学。西方史学思潮的变化，引起中国史家的关注，他们将西方史学介绍到中国，李大钊等人热衷于介绍马克思主义的唯物论，而一些非马克思主义学者或关注西方的新史学，或关注法国的年鉴学派，或介绍西方的实证主义。学衡派对西方史学思潮也很关注，并积极介绍，张荫麟翻译发表《斯宾格勒的文化论》，李思纯翻译出版《史学原论》，徐则陵的《近今西洋史学之发展》，陈训慈的《史学观念之变迁及其发展趋势》等。西方史学思潮也影响到柳诒徵对历史及史学的认识和评判。

　　其一，对史学的界定。

　　何谓历史，何谓史学？柳诒徵认为，历史是人类活动所经过的事实，有狭义和广义之别。狭义的历史，是指"一切书籍文牍"，而目录家所列史部诸书则仅是狭义中之狭义；广义的历史则无所不包，在有文字以前，地层化石、动植物寸骨片叶等，都是历史；经史子集，以至小说报章，佛道耶回各教诸书，凡属人类过去之思想言论事实的记载，皆在历史范围之中。广而言之，"充满宇宙皆历史"；约而言之，"一切文字皆历史"①。柳诒徵在这里所说的历史实际上包含两层含义，一是指客观的历史过程，历史事实；一是指记录、反映客观历史过程的史书、各种文献资料和器物资料。柳诒徵在使用"历史"这一概念时，有时指客观存在的历史本身，有时指史料，他的思想中已有客观历史本身和史学之别，只是未予明确说明而已。关于史学，柳诒徵没有明确加以界定，但从他所列的史学书目中，仍可看出他对史学的理解。他所列的史学书包括：《郡斋读书志》、《文献通考·经籍考》、《三国志》、《通鉴考异》以及各种校勘记、《史通》、《文史通义》、《读通鉴论》、《日知录》等。涉及目录学、校勘学、史评、史学理论如史义、史法等方面。很明显，他理解的史学，就是研究历史的理论、方法等，即研究历史的学问。从他对中国传统史学的总结之作《国史要义》一书的内容也可以看出他对史学的理解。《国史要义》涉及"史原"、"史权"、"史统"、"史

---

　　① 柳诒徵：《史学概论》，《柳诒徵史学论文集》第98页。

联”、“史德”、“史识”、“史义”、“史术”、“史化”等十个方面，基本包括了史学研究中所涉及的主要问题。柳诒徵对史学的把握是正确的。

柳诒徵对历史、史书、史学的认识也可以从缪凤林在他指导和细心修改下所作的《历史之意义与研究》一文中，间接反映出来。在该文中，缪凤林更明确地将历史、史书和史学加以区分和界定，指出：对过去事实的记载，仅是组织成书之史，而非史之本体。“质言之，乃史书而非即史也。盈天地间层叠无穷流行不息之现象，坐灭绵延，亘古亘今，是名曰史。有人焉，抉择是中一部分之现象，以一己之观察点，考察其因果关系，笔而出之，是曰史书。”史书对事实的描述，即使极为逼真，也仅为“事实之摹本，非即事实之自体”。因此，缪凤林认为，昔贤之著述，以及今人所诵习者，只是史之代表，或曰“史之史”，而“真正之史，则非吾人所得而知。”① 史学则是“网罗天下之史料，钩稽史实之真象，辨其指归，刊落繁芜，为有系统有宗旨之研究，以阐明人类动作赓续蜕变之迹，天人相应之故，推求其因果，而为之解析，勒成删定，以诏示来兹者也。”② 缪凤林对历史之本体、史书、史学进行了明确的辨析，这对历史研究与史学发展意义重大。由于柳诒徵认识到了史书是对人类过去思想、活动的记载，且“记载人类活动的经历与成败”，有“足供吾人参考应用之处”③。因此，这对其史学经世思想的形成和实践的影响也很大。

强调史学的社会功用是新史学的特征之一。如前文所述，柳诒徵也强调史学的致用。求真只是历史研究的初步，而最终目的还是在致用。而要使史学达到致用作用，就需要对历史进行解释，“治历史者，职在综合人类过去时代复杂之事实，推求其因果而为之解析，以昭示来兹，舍此无所谓史学也。”④ 因此，柳诒徵的史学观念是新史家的观念。

其二，史学是否为科学。

实证主义史学家认为，史学是科学，认为，史学研究对象——人类社会历史现象与自然科学所要研究的自然界现象都是独立存在于宇宙中的客观现象，从史料中提纯史实，这与自然科学的研究过程一致。英国哲学家罗素指出，历史学与科学一样，既要弄清事实，忠于事实，又要用科学的方法去发现联结各种事实的

① 缪凤林：《历史之意义与研究》，《史地学报》第 2 卷第 7 期，1923 年。
② 缪凤林：《中国通史纲要》，钟山书局 1932 年版，第 2—3 页。
③ 柳诒徵：《历史之知识》，《柳诒徵史学论文集》第 81 页。
④ 柳诒徵：《中国文化史·绪论》第 1 页。

因果律，因此，历史学是科学当是毫无疑义的①。而历史相对主义者则否认历史现象的客观实在性，认为客观的历史是不能被认识的，既然不能认识，也就无规律可言，因此，史学不是科学。

历史相对主义的代表，意大利著名的哲学家、历史学家克罗齐的观点最有代表性，他提出了"一切真历史都是当代史"②的著名论断；柯林武德则提出了"一切历史都是思想史"的论断；文德尔班虽然承认历史学是科学，但认为历史科学是追求个别，是"描述特征的"科学，与追求一般的自然科学有本质的区别，他否认能从对个别事件的研究中发现一般规律，由此也就否认了人类社会历史有普遍的客观规律。③

史学究竟是否是科学，它与科学究竟是什么关系？柳诒徵认为，史学研究与自然科学研究不同，史学"非科学"，有自己的研究领域，"近人欲属之科学，而人文与自然径庭，政治、经济、社会诸学皆产于史，子母不可偶，故吾尝妄谓今之大学宜独立史学院，使学者了然于史之封域非文学、非科学"④。很明显，他这里所指的科学，是指自然科学，而且，他从研究对象和研究领域上着眼，将史学与科学区别开来。缪凤林在《研究历史之方法》一文中也指出，就性质而言，史学与各科学有异，方法也有所不同。从研究对象方面看，自然科学的研究对象多是可以直接观察的，而史学的研究对象则是人类过去之活动，由于古人过去了，其活动也随之过去了，因此，古人的活动如何进行，后人永远不能直接观察。史学研究"只能间接考察其所幸存之活动之结果，其活动之本身，非吾人所能直观也"。在研究方法上二者也不同，科学研究为求同，史学研究则为求异；科学研究主要运用归纳、演绎等方法发明公理，然后可依据公理预断未来之现象，史学研究则是在搜集史料的基础上，"整齐故事"，"属辞比事"，虽然可以在可能的范围内，再造古人的经验，却不能据此经验预测未来⑤。陈训慈也指出，史学家解释自然可以纯用理解，而史学家则于客观的理解之外，当具主观的想

①　参见罗素：《历史学作为一门艺术》，何兆武主编：《历史理论与史学理论——近现代西方史学著作选》，商务印书馆1999年版。

②　克罗齐：《历史学的理论与实际》，何兆武主编《历史理论与史学理论——近现代西方史学著作选》，第522页。

③　参见文德尔班：《历史与自然科学》一文，何兆武主编：《历史理论与史学理论——近现代西方史学著作选》。

④　柳诒徵：《中国文化史·弁言》第1页。

⑤　《史地学报》第1卷第2期，1922年。

像，此其一；史学虽用科学的方法，但并不迷信科学，"史家之用科学方法，仍得有入有出，非沉埋自囿而不知返者"，此其二；就历史的公例而言，"所谓绵延律，既不过一种史之要义，与科学之定律不相类。"根据史事推定的通例，也"有例外，而不能像科学定律那样准确"，此其三。因此，史学虽然与科学有相近的特点，但又"非纯然自同于科学"①。根据郑鹤声的回忆，当年在《史地学报》发表的史学方面的论文，都是经过了柳诒徵逐字逐句的修改②。由此我们可以说，缪凤林、陈训慈等人的观点，基本也能间接反映柳诒徵的看法。从他们的阐述看，他们所说的科学是指自然科学而言，在这一层面上，他们对史学与自然科学差异的认识基本不误，无论在研究领域和对象上，还是研究方法上，史学的确与自然科学有明显的差异，史学不能等同于自然科学也是人们公认的事实。

虽然，柳诒徵等人认为史学与自然科学不同，但并非认为二者截然对立，他们仍认为二者有相通之处。陈训慈说：史学家探求史源，崇尚实证，判断真伪，惟证据是依，不假私意的治学态度，与真正科学家之治学精神并无二致；同时，史家用科学的方法治史，"固已与科学家交相携手，而沉浸于科学性之中矣"；尤为重要的是：

> 人有个性，亦有公性；事有特变，亦多共通，史学用科学的方法寻求历史的公例，纵不能得万有之定律，要非无寻得公例之可能。……要为史家之通则，而由史事推定之常轨，凡为中外史家所乐道之，亦复不胜尽举，且往往征诸后世而有验。假以时日，容能更有所进。是则史家求公例之企图，虽万难当前，犹当奋进不挠，于可能范围中求其程效。此则公例之寻求，又史学之近于科学者。观乎此，则史学亦自有其科学性与其比美科学之可能，又安得以其本质之差殊，而坚持二者之畛界乎？③

由此可见，柳诒徵等人认为史学非科学是就狭义的自然科学而言。但他们的思路并没有就此打住，而是进一步从广义的科学来探讨，认为史学具有科学性。一方面，史学与其他科学一样，也是有规律的，研究之任务就是探求这种规律。他们指出，史学研究的根本任务就是探求历史嬗变的因果关系，揭示隐藏在历史表象背后的历史规律，或曰历史之公例。柳诒徵反复强调，"历史之学，最重因

①　陈训慈：《史学蠡测》，《史地学报》第3卷第1、2合期，1924年。
②　郑鹤声：《记柳翼谋老师》，《劬堂学记》第104页。
③　陈训慈：《史学蠡测》，《史地学报》第3卷第1、2合期，1924年。

果。人事不能有因而无果，亦不能有果而无因。治历史者，职在综合人类过去时代复杂之事实，推求其因果而为之解析，以诏示来兹，舍此无所谓史学也。"① "吾人治中国史，仍宜就中国圣哲推求人群之原理，以求史事之公律。"② 而所谓科学，实际上就是"有公例之学耳"，史学能成为科学与否，关键在以史学"能否发现公例为断"③。另一方面，在研究方法和治学态度上，史学与科学也是相通的。他们认为，史学研究也要用科学的方法，且在实际的史学研究中，他们也确实采用了科学的方法和科学的精神，从这点上看，他们无疑承认史学是科学，他们反复申明的只是史学作为科学，"非自然科学之意"④。

史学研究既需要科学的精神和态度，也需要借鉴和运用某些科学的方法，同时也离不开科学所提供的技术和手段。由此说，历史学是科学当毫无疑义，这一点，柳诒徵等人也不否认。然而，正如柳诒徵等人所说，自然科学是纯客观的，史学则不同，因为史学并不止于史料的收集与考证，在此基础上，必须对史实予以诠释，而史家对史实的诠释，必然会掺入史家的价值判断。尽管史学研究强调"尽其天而不益以人"，但那只是史家的追求和治史的原则，纯客观是不可能完全做到的。因此，有人说，"在某种意义上，历史学家对过去所构思出来的那幅历史图象，乃是他自己思想的外烁"⑤，也有人说，"历史学更多的是一门解释学"⑥，柯林武德"一切历史都是思想史"⑦ 等都反映了这一点。这些提法虽各有片面，但至少都从一个侧面反映了史学不同于自然科学的特性。因此，柳诒徵等人对史学性质，尤其是对它的科学性的理解虽然不一定特别深刻，但基本是正确的，他们毕竟已经认识到了史学与科学间的联系和区别。

其三，史学与其他诸学科的关系。

史学与其他学科，尤其是与经学、文学、艺术等的关系，也是史学研究中尤其是古代史研究中经常遇到的问题。隋唐以来，经史之学已成为中国传统学术的代名词，对经史关系的认识关系到史学研究的深度和广度。古代史家对经史、经

---

① 柳诒徵：《中国文化史·绪论》第 1 页。
② 《国史要义》第 194 页。
③ 缪凤林：《历史与哲学》，《史地学报》第 1 卷第 1 期，1921 年。
④ 陈训慈：《史学观念之变迁及其趋势》，《史地学报》第 1 卷第 1 期，1921 年。
⑤ 何兆武：《对历史学的若干反思》，《史学理论研究》1996 年第 2 期。
⑥ 王学典：《20 世纪中国史学评论》，山东人民出版社 2002 年版，第 19 页。
⑦ 参见（英）柯林武德著，何兆武、张文杰译：《历史的观念》，商务印书馆 1997 年版。

学与理学关系有许多论述，胡应麟、李贽、章学诚等有"六经皆史"说，章学诚说："盈天地间，凡涉著作之林，皆是史学。六经特圣人取此六种之史，以垂训者耳。"① 柳诒徵也认为经就是史，经学即史学，史术贯通经术，经术贯通儒术，为儒术之正宗。认为孔子虽删订经书，但孔子并不是经学家，而是史学家。"孔子说其事则齐桓、晋文，其文则史，其义则丘窃取之矣。孔子是据史书上的事情，看出道理来，讲明立国和做人的大义。"② 那些认为世人尊乾、嘉诸儒以汉儒之家法治经学，是不确切的，实则，"乾、嘉诸儒所独到者，实非经学，而为考史之学。"③ 诸儒治经，实皆考史，或辑一代之学说，或明一师之家法，而于经义其实未有大的发明。《三礼》，也仍属于古史之制度，都可以说是研究古史的专书。即使今文家如刘逢禄《公羊何氏释例》、凌曙《公羊礼说》等所标举的义例，也不过说明孔子的史法，以及公羊家所讲明的孔子的史法，因此，应该属于古史学的范围。柳诒徵不仅阐明了经史的关系，而且，将清代学者研究经学的成果，归入史学考证的一部分，扩大了史学研究的范围，对史学的发展无疑具有极大的意义。的确，史学与经学在传统文化中占有很重要的地位，二者有着密切的关系，"经学与史学有着共同的历史与思想渊源，而且在历史的发展中，二者又相辅相成，关系至密，你中有我，我中有你。""经学曾经是史学的指导思想，儒家的政治伦理是史书通过历史经验反复阐明的史义。而史学之求真、经世的传统也影响着儒家经学。""经史二者分别从伦理和历史的层面互相补充地充当了中国传统文化的重要内容。"④

史学与文学的关系，自孔、孟至章学诚都曾进行过论述，他们用事、文、义来阐述史学的要素。章学诚将三者比喻成人身，事者其骨，文者其肤，义者其精神⑤。在对二者的关系的认识上，一方面，柳诒徵认为，史学有别于文学，史学非文学，主张史学与文学分立，设立独立的史学院。张其昀也认为，史学与文学有区别："夫文学为美术，兴感与想像；史学则求真，考信于典籍，文辞特假之

---

① 章学诚：《文史通义·报孙渊如书》，《章学诚遗书》，文物出版社 1985 年版，第 86 页。

② 柳诒徵：《讲国学宜先讲史学》，《柳诒徵史学论文集》第 494 页。

③ 柳诒徵：《中国文化史》下卷，第 747 页。

④ 许凌云：《放开思路，关注经史、文史等关系的研究》，《经史因缘》，齐鲁书社 2002 年版，第 2 页。

⑤ 参见章学诚：《文史通义·方志立三书议》，叶瑛校注：《文史通义校注》，中华书局 1985 年版，第 574 页。

以表达而已。"另一方面，柳诒徵又认为，史学与文学有一定的联系，其一，小说、诗歌等文学作品，是一定历史背景下的产物，其中有些内容记载或反映一定的历史事实，或表达作者对某些历史的见解和看法，因此，文学作品在某种程度上可以补充正史，可以被用作历史材料；二，史学兼有文学的领域，史学家也应具有文学家的素养，借鉴文学的表述方法，使史学著作具有文学作品语言优美的特色。三，文学出于史学，古代许多文学家都出于史学家。他指出："有史而后有文，故文学亦出于史官。周之典策，皆史所为。而尹吉甫以史学世家，为周室中叶之大诗家，其诗有'孔硕'、'肆好'、'穆如清风'之美。"[1] 另外，史籀作大篆，以教学童，实为文学之祖。由此，他主张治史学者要读点小说。当陈训慈、张其昀等向他请教如何治历史时，他便建议他们多读小说，尤其是名家小说，包括笔记一类。

史学与文学确实有很大的不同，文学贵创造，可以靠丰富的想像和灵感，而史学则不然，它必须以丰富而确凿的史料为基础，而绝非靠想像创造出来的。在表现手法上，史学虽然可以借鉴文学的某些手法，但也只能作为辅助的方法。柳诒徵所力求达到的是求真与艺术美感的有机统一。史学不仅追求真实，同时也注重文采，历史著述也同样追求审美和文字表述上的艺术效果，有人认为史学也是艺术，原因就在于此。[2]

史学不仅与经学、文学、艺术关系密切，与其他学科如哲学、社会学、宗教等也有不可分离的关系。柳诒徵认为史学与哲学、理学、宗教等社会学相互联系，相互影响。他认为史学范围极广，历史著作几乎涵盖了中国文化的方方面面，史学乃为诸学之渊薮，无论法学、文学，还是其他学科，都与史学有一定的渊源关系。他指出："有史而后有法，故法学出于史官。《周官》太史掌邦法，内史掌八枋，即法律之学所从出也。"吕后命令穆王度作刑，却先叙述蚩尤、苗民、颛顼、帝尧三氏之历史，足以表明法学根据于历史。周代史官兼有今天散文、韵文以及小学诸家之长[3]。近代龚自珍、刘师培等都曾对周代史官与学术的关系进行过论述，如龚自珍在《古史钩沉论》中认为，周代史之外，无语言，无文字，亦无人伦品目。史存而周存，史亡而周亡。刘师培则认为，六艺掌于史

---

① 柳诒徵：《中国文化史》上卷，第 195 页。
② 张其昀：《读史通与文史通义校雠通义》，《史地学报》第 1 卷第 4 期，1922 年。
③ 柳诒徵：《中国文化史》上卷，第 195—196 页。

官，九流出于史官，术数、方伎诸学也都出于史官。柳诒徵虽认为刘师培的认识
有附会穿凿，或过于漫衍者，但可看出学术之进化，必由综合而区分。且在综合
中，已经有了萌芽，然后区分而各成一派别，"非必谓后世学术，无一不为古代
所包含。然孳乳寖多，其渊源亦必有自，苟不溯其滥觞，则其后之突然而来者，
正不知其以何因缘矣。"① 从柳诒徵对史学与其他学科的关系的阐述看，他将史
学看成其他个学科的渊源，未免有些夸张，但其他学科确实无法脱离与史学的关
系，每种学科的起源，的确都需要从史学中寻求根据。从这一意义上说，史学包
含其他各学科当毫无意义。但在具体的史学研究中，史学与其他学科的关系，以
及如何处理与其他学科的关系，柳诒徵却没有予以明确说明，于此，张荫麟的阐
述恰好补充柳诒徵的看法。张荫麟在美国斯坦福大学留学时，曾写信给好友张其
昀，信中说："国史为弟志业，年来治哲学社会学，无非为此种工作之预备。从
哲学冀得超放之博观与方法之自觉。从社会学冀明人事之理法。"② 张荫麟表达
了自己对哲学、社会学与史学关系的看法，认为哲学和社会学不仅是治史的基础
和预备，而且，可以为史家提供治史的方法和人事的理法，也可以开阔史家的视
野，增强史家史学研究的深度和广度。

　　总之，柳诒徵认为史学所涵盖的范围极广，与其他学科的关系也较为密切，
任何学术都各有其渊源，而要说明各种学科的渊源，都需要靠史学来解说，只要
名为"学"，几乎没有与史学毫无关系的，史学是"一切学术之所从出"；同样，
史学也有赖于其他学科的辅助，史学不能脱离其他学科而存在，它的发展需要借
助其他学科为它提供理论、方法、技术、材料等方面的支持。今天看来，柳诒徵
的认识虽存在某些缺陷，但基本是正确的。的确，任何一个文化领域的具体门类
本身都有其发生、发展的历史，这发展史就是史学的具体研究对象，如经学史、
哲学史、文学史、宗教史等，而且各具体门类，如文学、艺术、宗教等，"也同
史学发生密切关系，都要从历史的研究中加以阐述"③。

① 柳诒徵：《中国文化史》上卷，第 198 页。
② 王家范：《〈中国史纲〉导读》，张荫麟：《中国史纲》，上海古籍出版社 1999 年版，第 9 页。
③ 许凌云：《经史因缘》第 11—12 页。

四、以"礼"为特色的史学理论

史学理论是指"人们在研究史家、史书、史学流派、史学思潮等史学活动和史学现象过程中积累和概括出来的理论"①，主要包括史学目的、史家修养、史书撰述、史学功用等。柳诒徵在晚年，对中国传统史学的理论与史学方法重新整理，并进而给予重新评价，或盛赞或批评，其主要目的，一方面，旨在恢弘中国传统史学理论的优秀遗产，另一方面，为未来中国史学的发展及史学理论的建设指明方向。

（一）"礼者，吾国数千年全史之核心也"

《国史要义》作为柳诒徵对传统史学的总结之作，从"史原"、"史权"、"史统"、"史联"、"史德"、"史识"、"史义"、"史例"、"史术"、"史化"十个方面对传统史学进行系统梳理和阐述。

以"礼"为史之核心是柳诒徵史学思想的主要特色之一。柳诒徵认为"史出于礼"，因为在古代，最初礼官与史官职责不分，周代设五史，执掌礼法。因此，"礼由史掌，而史出于礼。"② 同样，史法、史例也由"礼"出。史官在记注撰述历史时，必以"礼"为载笔之标准，以示"礼"之得失。《春秋》"所书与不书，皆有以示礼之得失"③。《春秋》三传之释《春秋》，虽各有家法，不必尽同，但注重"礼"与"非礼"则是一样的。后世史家治史，虽褒贬抑扬不必遵周代之典法，"要必本于君臣、父子、夫妇、兄弟之礼，以定是非。其饰词曲笔无当于礼者，后史必从而正之。"古代史家著史，并非仅就著述形式而言，其根本皆系于"礼"。本纪、世家何以分？分于礼；封爵、交聘何以表？表以礼；列传之述外戚、宦官、佞幸、酷吏、奸臣、叛逆、伶官、义儿、何以定名？以礼定之；名臣、卓行、孝友、忠义，何以定名？以礼定之。史家著史如果不本于

---

① 瞿林东：《史学理论与历史理论》，瞿林东著《中国史学散论》，湖南教育出版社1992年版，第351页。

② 《国史要义》第7页。

③ 《国史要义》第9页。

"礼"，几乎无以操笔属辞。缘此可以说，"礼者，吾国数千年全史之核心也。"①

就史例言，中国史书有凡例究竟起于何时，学术界观点不一，有认为起于孔子的《春秋》，也有认为起于《左传》，柳诒徵则认为，"史例权舆《礼经》，计时已在春秋之前"②。而著述之有凡例，则始于《易》。著述之所以要有凡例，柳诒徵认为，事物繁多，不能一一列举，用一个词来概括性质相近者，以知晓事物之相类者，然后依此措置，不必赘述，"发凡之用，由驭繁而得执简者也"③。柳诒徵认为史例源起的根本原因，在于中国史学与政治的密切关系。由于中国古代国家政令职务，有大纲，因此，官书有体例。而史为官书，所以，史书之凡例即由此而来。简言之，史例之由来，缘于官书有体例，而官书之有体例，则缘于官吏职务有大纲。

至《周官》有"治要"、"治凡"、"治目"、"治数"，而史为官书，即此"要凡数目"之总汇。"官书之体例由此出，史官之凡例即此来"。而至《春秋》，孔子从而修之，"以成一经之通体"④。因此，"史例经例，皆本于礼。"⑤"史之有例，亦惟吾国所特创"，而史例是从《礼经》开始的。"以故他族史籍，注重英雄宗教物质社会，第依时代演变，而各有其史观，不必有缠缠相承之中心思想。而吾国以礼为核心之史，则凡英雄宗教物质社会以时代之演变者，一切皆有以御之，而归之于人之理性，非苟然为史已也。"⑥柳诒徵进一步指出，"以史言史者之未识史原，坐以仪为礼也。仅知仪之为礼，故限于史志之纪载典章制度，而若纪表列传之类不必根于礼经。不知典章制度节文等威繁变之原，皆本于天然之秩叙。"⑦因此，伦理为礼之本，仪节只是史之文，徒执书志以言礼，不仅隘于礼，而且隘于史。显然，柳诒徵将"礼为史之核心"作为中国史学区别于他国史学的一个显著特征。

（二）以"史德"为中心的史家修养理论

史家修养理论是中国传统史学中的重要理论之一，史家重视自身修养，也是

---

① 《国史要义》第 12 页。
② 《国史要义》第 251 页。
③ 《国史要义》第 252 页。
④ 《国史要义》第 252 页。
⑤ 《国史要义》第 261 页。
⑥ 《国史要义》第 13 页。
⑦ 《国史要义》第 14 页。

中国史学的一大特色。班固肯定司马迁有"良史之材",以及"不虚美,不隐恶",秉笔直书的史家修养。首先对这一理论进行系统阐述的是唐代史家刘知幾,他提出了对后世影响深远的"史家三长"论,即才、学、识。在刘知幾看来,史家备具"三长"是成为一个良史的先决条件。他所说的史才,是指"史家的能力,主要是对文献驾驭的能力,对史书体裁、体例运用的能力和文字表述的能力"①;史学指史家所备具的知识;史识则是"好是正直,善恶必书"的精神,也就是今天所说的史家的历史见识、见解、眼光、胆识,白寿彝先生称之为"器局"。刘知幾之后,许多史家对史家修养理论进行阐发,其中以章学诚为最。章学诚在"三长"之外补充提出了"史德"的概念,章学诚解释为"著书者之心术"②。梁启超总结前人的论述,提出史家"四长",即德、学、识、才。

　　由于柳诒徵旨在总结传统史学理论,所以,他首先对刘知幾、章学诚、梁启超、刘咸炘③的史家修养理论进行系统分析。他批评梁启超论"史德"未虚心体察章学诚"养心术使底于粹"之意,认为梁启超所谓忠实、鉴空衡平,即是章氏所谓"养心术使底于粹"。在他看来,道德修养达到炉火纯青的地步,才能做到忠实和鉴空衡平。章氏所谓"心术"是"慎辨于天人之际,尽其天而不益以人"④,即要求史家尊重客观历史,不要用主观好恶去影响历史客观性的反映,确实与梁启超所追求的忠实一致,所以,柳诒徵认为梁启超论史德并不比章学诚深刻。他也批评刘咸炘论史德未尝切究章氏所谓以此为史岂可闻古人大体诸语。因此,刘咸炘、梁启超都是"就史言德",未深窥史德之根本。他虽赞成章学诚提出史德一目,但认为章学诚论史德也有不足。他认为章学诚所说"临文必敬",是对"史德"的片面理解,易使学者产生误解,"误认平时不必修德,而临文乃求其敬。"⑤ "今不先从治史畜德立说,猥曰吾欲为史学家,不得不有敬恕之德,使不欲为史学家,即可不敬且恕乎?是则读书而昧于本原之故也。"⑥ 在这里,恐怕柳氏对章氏也有误解。章学诚在《文史通义》"史德"篇中反复申言,"心

---

　　① 瞿林东:《中国古代史学批评纵横》,中华书局1994年版,第29页。
　　② 章学诚著,叶瑛校注:《文史通义校注》第219页。
　　③ 刘咸炘,字鉴泉,四川双流人,近代史学家、教育家,传世著作231种,475卷,总其名曰《推十书》。
　　④ 章学诚著,叶瑛校注:《文史通义校注》第220页。
　　⑤ 《国史要义》第126页。
　　⑥ 《国史要义》第129页。

术贵于养"，尤其"贵平日有所养"，并非认为平时不必修德。章学诚虽未明确指出平时如何养心术，如何修德，但我们可以想见，章氏作为一个史学家，从史书中砥砺道德必然是他所认识到的养心术的主要途径，此其一；章学诚反复强调，"临文必敬""非修德之谓"，以及"气摄而不纵，纵必不能中节"①，很明显，柳诒徵没有完全领悟章学诚的意思，此其二。

柳诒徵在对前人史德论总结、批评的基础上，阐述了自己的见解，其论史德主要有以下几个特点：

首先，强调治史对道德修养的作用，即"治史以畜德"。

柳诒徵指出，治史言德，必须探究史之由来，以及道德的普遍用途。学者的首要任务，不当专求"执德以驾史"，而应求"治史以畜德"②，"言德不专为治史，而治史之必本于德"③。柳诒徵论史德，主要从"治史以畜德"的角度立论，而不是从史家治史时所应持的道德态度立说，亦即他强调的是史学的道德教育功用。原因在于：其一，柳诒徵认为，人类道德基于前世的经验，用前人之经验，启发后人的处世方法，史学的作用最大。而且，自古中国史家治史，都非专为著作，而是"以益其身之德"④。所谓奖善抑恶、昭明废幽、广德明志、疏秽镇浮、戒惧休劝等，都是以史为工具而求成其德。也就是说，道德获得和养成的最重要途径，是治史。其二，治史畜德对维护社会道德秩序意义重大。他认为，如果史家以及一般国人平时不注意自身道德的修养，社会道德就会逐渐沦丧，再无先哲垂训，诏之以特立独行，便不能产生心术端正的史家。因此，"治史畜德"较比"执德驭史"更根本，更重要。其三，柳诒徵认为治史必本于德，自古已然。史家重视心术端正，恪守"秉笔直书"的笔法，是中国古代史学的优良传统，所以，无须特别强调。他认为中国史家重视心术端正，源远流长。自黄帝、颛顼，至尧、舜、伯夷，以至周武，一直将"敬"作为治国莅官之根本大法，"敬"则必"重信"，"重信"则"忠实"。从中国古代的史官制度而言，因由史官来判决官民的信与伪，因此，史官作史一定不能作伪造言，以欺当世，以惑后世，"史而不信，早已自丽于所典之刑章，尚能审断官民之欺伪乎？"⑤

---

① 章学诚著，叶瑛校注：《文史通义校注》第 278 页。
② 《国史要义》第 126 页。
③ 《国史要义》第 131 页。
④ 《国史要义》第 128 页。
⑤ 《国史要义》第 132 页。

其次，推尊史书撰述中昭信核实，存信存疑的史德传统。

柳诒徵对古代昭信核实，存信存疑的史德传统推崇备至，对史学界专以考据怀疑之术治史者则持针砭态度。他指出，吾国史家治史，以立德为一切基本，所以，史家所重，尤在实录。但史职虽重信，史事却不能无疑。史家秉笔，必须慎重考订，存信阙疑，才能勒成一代之史。且我国史籍，自古相乘，昭信核实，即使当时或非实录，易代之后，史家也多为改正。由此可知，我国史德正是由于后先补益，而益进于忠实，治史者不可以偏概全，不得因史有讳饰，便认为古无良史，更不可轻议古人。如若仅"挟考据怀疑之术以治史，将史实因之而愈淆，而其为害于国族也亟矣。"① 一味诟病我国往史，对其持怀疑态度者，是震慑于晚近西方的强大，是一种附会之病。因此，他主张论学立言，不可不慎，既不能附会夸大，亦不可自卑畏慎自我诬陷。不难看出，柳诒徵并非是 20 世纪二三十年代"疑古派"所说的盲目信古的"信古派"。他的信古实则是建立在对史事考证基础上的存信阙疑，既不盲目信古，亦不盲目疑古。而且，他能够认识到，史书虽有讳饰，但中国史家慎重考订，秉笔直书，存信阙疑的优良传统依然是中国史学的主流。柳诒徵的主张对我们今天治中国史学的人来说，仍有积极的借鉴意义。

再次，以"礼"为核心的"史德"评判标准。

柳诒徵认为史德不是如梁启超所说像照镜子那样撰述历史即为史德。他评判史德，以"礼"为衡量标准。他在《国史要义》论"史权"中，开篇便申明，"吾国史家，艳称南、董。秉笔直书，史之权威莫尚焉。"众所周知，董狐、南史氏被誉为"良史"，是由于春秋时期，晋国的赵穿弑杀晋灵公，作为卿大夫的赵盾没有越境追讨赵穿，于是，作为太史的董狐对此事的记载曰：赵盾弑其君。鲁庄公与崔杼妻通奸，崔杼派人杀了庄公，太史曰：崔杼弑其君。于是崔杼杀了太史，太史的弟弟仍如此书写，崔杼又杀了太史的弟弟，南史氏听说后，执简前往。可见，春秋时期的"书法不隐"是以《周礼》为衡量标准的。柳诒徵对董狐、南史氏的赞赏，至少表明，他对春秋时期以"周礼"为衡量史德标准的认可。

究竟应以何标准来衡量史德，柳诒徵指出，论史是为了教人为人，在观古人之若何而行之效之，以益其身心道德。如果像宋代的谢良佐那样，只求对史书一

---

① 《国史要义》第 158 页。

字不漏地记诵，即使持敬恕之心从事研究，最终仍不免于"玩物丧志"。在他看来，对历代史事、史籍不仅要端正心术以记诵之，更应该在此基础上，对其高下得失，深思之，比堪推究，以领会前哲之精神，然后将其中的深微之意记载并使之流传下来。也就是说，"知人论世，在求古人之善者而友之，非求古人之恶而暴之，或抑古人之善而诬之也。"① 即"所谓爱而知其恶、憎而知其善，乃真史德也。"② 可见，柳诒徵所谓真正的"史德"，是在对历史进行客观公允的分析和深入思考的基础上，本惩恶劝善之旨，扬善抑恶，使读者能够深思而自得。柳诒徵认为只有以此为治史的态度与出发点，才能使读者从历史中获得道德的教诲。柳诒徵的这种认识是否完全正确，还可进一步讨论，但他讲善恶，也是建立在客观真实的基础上的，否则，对史事便无法做出善恶的评判，何来劝善抑恶？"劝善抑恶"岂不成了空话？因此，柳诒徵论史德，是在追求历史真实的基础上强调劝善惩恶，其评判史德的标准更符合中国传统的"礼"，这是其史德论的又一突出特点。

　　总之，柳诒徵将治史作为提高道德的主要途径，他将"治史以明德"作为治史的终极目标。在德与史的关系上，他强调治史以畜德，不同于章学诚的修德以治史。柳氏以畜德为目的，以治史为手段，而章氏则以治史为目的，以修德为手段。柳诒徵认为，如果做人能做到温柔敦厚而不愚，则其为史必然有德，就不可能像魏收、沈约那样，读其书先不信其人。一般而言，"秉心厚者，则能尚友而畜德；赋质刻者，则喜翻案而攻人。"③ 在柳诒徵看来，平时道德修养是具备史德的前提。柳诒徵的认识在一定程度上是正确的。史德毕竟只是道德的一方面，我们很难想像，一个平时不注意自身道德修养，一个道德恶劣败坏的人，其治史时能对史事做出客观公正的评判。当然，问题需要辩证地来看，具备史德必须先具备做人的普遍道德，但具备做人的普遍道德，并不一定能备具史德。因为，史德不仅仅是个道德问题，同时还有个史家个人的学识问题。如果史学工作者没有足够的知识，尤其是史学知识，以及史学家的器局和胆识，他仍很难对史事做出客观评判。因此，德、才、学、识相辅相成，相互为用。

　　一般而言，所谓史德就是指史家在历史撰述过程中的道德问题。章学诚、梁

---

①　《国史要义》第 154 页。

②　《国史要义》第 152 页。

③　《国史要义》第 154 页。

启超等人就是从这一意义上言说史德的。柳诒徵则从史学的道德教育作用方面言史德，也是正确的，双方并无孰是孰非的问题，只是他们论述的角度不同而已。"由史而德"与"从德而史"当是史德的两个方面，历代史家也多有重视史学的道德教化作用者，但却未曾有人从史德的角度加以论述，柳诒徵进一步完善了史德论。柳诒徵之所以如此强调史学的道德教育功用，一方面缘于他对中国传统文化的深刻体认，认为其根本精神就在于人伦道德。面对当时新文化运动倡导者对中国传统文化，尤其是封建伦理道德的猛烈抨击，他深为不满。他对当时中国社会动荡，道德沦丧的现状非常痛心，认为当时中国政治的腐败、国人敬业爱国心的缺乏等一切丑恶现象，都是由于中国固有的道德精神的缺失所致。因此，他们热切呼唤道德的重建，主张道德救国，并寄希望于国人道德修养的加强和提高。正如他所倡言："诸君请先从切身做起，慢慢的将人伦的天性，推而至于一村一乡一省一国，使中国文化的精神，从新发扬起来"①。作为一个史学家，他对《易经》上所说的"多识前言往行以畜其德"感悟颇深，因此，他认为，锤炼道德的主要途径应源于历史，即"治史以畜德"。柳诒徵正是基于这种对历史、对道德的认识，出于对国人道德精神的提倡，出于一个爱国史学家的职责，来论史德的。缘此，他在论史德时，撇开道德在史学研究和撰述中的作用，努力张扬史学的道德教育作用也就不足为怪了。当然，在撰述历史过程中是否应强调历史的道德功用也存在争议。张荫麟反对在历史撰述中有道德的判断，他在论及通史编撰过程中的"削笔标准"时就曾指出，"训诲功用的标准"在通史撰述中应当放弃，历史的训诲功用不是不重要，而是应归于其他的学科。张荫麟在这里所谓历史的训诲功用其实就是史学的道德教育作用。张荫麟的观点也有其合理性，不做道德的判断似乎更容易达到历史的真实，但如果历史撰述仅以求真为最后目的，似乎也不符合历史研究的初衷。

史识也是史家应该备具的主要修养之一。史学家的见识不同，历史观不同，会直接影响史家研究及撰述历史的视角和方法，影响历史著作的效果。柳诒徵论史识，也是对前人的继承和发挥。柳诒徵指出，章学诚对刘知幾所谓的史识有明显的误解，因为刘知幾所谓史识是好是正直、善恶必书，使骄君贼臣知惧。而章氏却将刘氏所说的有学无才之弊，误解为有学无识之弊，没有真正领会刘氏的深意。而且，刘知幾所说史识，并非仅限于"击断"；梁启超所说的史识是史家的

---

①　柳诒徵：《对于中国文化之管见》，《国风》半月刊第 4 卷第 7 期，1934 年。

观察力，刘咸炘所谓史识是"观史迹之风势"①，都与刘知幾史识论原旨不同。

柳诒徵认为，"史事之去取有识，史事之位置亦有识。盖去取者为史之初步，而位置者为史之精心。"② 这里说的"去取"和"位置"，实际上就是史家在撰述历史过程中，对材料的选择、取舍和定位，即材料如何运用的问题。对这些问题的处理，的确可以反映史家的见识。可见，柳诒徵所说的史识，与众家都有所不同，他对史识内涵的领悟，与今天的理解已基本一致，缘此亦足见其卓识，也可反映出柳诒徵论史识的主要特色：第一，从史识的渊源上论史识，得出"史生于心，而史为之钥"的结论。他指出："积若干年祀之记述，与若干方面之事迹，乃有圣哲启示观察研究及撰著之津涂。后贤承之，益穷其变，综合推求，而饷遗吾人以此知识之宝库。"③ 由此他认为学者识力，大都出于读史，如果屏弃前史，一切不信，妄谓我们的识力能破传统观念之藩篱，这在事实上是不可能的，舍史无以得识。正如《论语》上所说，"温故而知新"，"苟非以故谷为种，何能产新禾之苗乎？"④ 因为史识由史中得来，所以，柳诒徵谆谆劝勉青年学者："故在初学，不第不可遽谓前人不逮吾侪，且不得谓吾人于前人所撰著悉已了解。深造自得，正不易言。姑先储积前哲研究撰著之识，得其通途，再求创辟异境。此虽不敢以律上智，然世之中材最多，循此或可无弊耳。"⑤ 这不仅为青年学者指明了史学研究过程中对前人及古史的态度，而且，给他们指示了养成并提高史识的途径；第二，将史识提高到求人群之原则、原理的高度上来认识。他指出："治史之识，非第欲明撰著之义法，尤须积之以求人群之原则。由历史而求人群之原理，近人谓之历史哲学。"⑥ 柳诒徵将史家的撰述旨趣，即史识，与探求历史发展的客观规律联系起来加以考察，可见立意之深刻。

柳诒徵论史家修养只论述史德和史识，却未论及史学和史才，原因何在？从柳诒徵对史德与史识的论述，我们可以看出，其立论的重点在由史畜德、求识。在他看来，史家只有具备相当的史学知识，即"史学"，才能具备史德和史识，而史学知识的获得则与史家自身的能力即"史才"有非常密切的关系。因此，史

---

①　刘咸炘：《治史绪论》，《推十书》第 3 册，成都古籍书店 1996 年版，第 2386 页。
②　《国史要义》第 188 页。
③　《国史要义》第 193 页。
④　《国史要义》第 165 页。
⑤　《国史要义》第 193 页。
⑥　《国史要义》第 193 页。

学和史才是史家必须首先应具备的基本素养。史家不具备史学和史才，便无从获得史德和史识。因为认为"学"与"才"是基础，而"德"与"识"则是关键，因此，柳诒徵只选取这两个重要方面加以论述。

（三）历史编纂理论

"正统"论作为古代史学思想和理论，指史书所持的历史观点，它直接影响史家对史书的编纂和对史料的处理，它与体裁、体例等结合在一起，构成史书编纂思想。"正统"论的正式提出在东晋，到宋代最为盛行。柳诒徵对历代史家的"正统"论与非正统论的观点进行了系统考察和评判，认为：

> 自宋以来，持正统论与不持正统论者迭作。而传授之正，疆域之正，种族之正，道义之正，诸观念恒似凿枘而不能相通。使四者皆备，则固人无异词，而史实所限，则必一一精析而后得当。骤视之似持论不同，切究之则固皆以正义为鹄也。①

在柳诒徵看来，持正统论者与不持正统论者虽然观点似乎截然不同，但都尚统一、尚正义，且其所持之正义，都是去无道开有德，不私一姓，双方的基本观念其实并没有不同。如司马光不持正统论，但他将能统一九州者，以天子之制处之，因此，对秦、隋不加贬削。王夫之不持正统论，但仍倡言治统、道统不能窃，"主萧齐以存华夏，斥杨广以诛篡逆"。因此，王夫之自有所谓"统"，且专以华夷道义为衡，"与尊南朝而闰秦、隋者，持义相等矣。"② 清代周树槐主张去正统之名，但又重蜀汉和南宋，也未尝不是持种族之正、道义之正，只是不肯承认清统一天下为正统。如此等等。

历史上关于正统之争论，"昉于晋而盛于宋"③，自宋以后，它主要作为历史编纂上历史观点方面的问题，被史家们争论不休。柳诒徵通过对前代史家正统论观点的分析，得出了对这一问题的总体看法：

> 吾族由大一统而后有所谓正史，由正史而后有所谓通史、集史。而编年与纪传之体虽分，要皆必按年纪录。虽史才之高下不同，而必持义

---

① 《国史要义》第82页。

② 《国史要义》第85页。

③ 梁启超：《新史学》，《饮冰室合集·文集之九》第1册，第20页。

之正，始足以经世而行远。当时之以偏私为正者，后史又从而正之。是即梁氏所谓统在国在众人也。明于三统五德之义，则天下为公，不私一姓，而前史之断断于一家传统者，非第今不必争，亦为昔所不取。而疆域之正，民族之正，道义之正，则治史者必先识前贤之论断，而后可以得治乱之总因。疆域不正则耻，民族不正则耻。推此二耻之所由来，则自柄政者以至中流士夫全体民众，无不与有责焉。吾史之不甘为偏隅，不甘为奴虏，不甘为附庸，非追往也，以诏后也。①

可见，柳诒徵仍持正统论。首先正统表现在政治和民族的"大一统"。中国历史虽有封建和郡县之殊，以及禅让世袭之制，但各种史籍记述政教所及之区域，"要必骈举东西南朔所界，以示政权之早归于一。"② 部落酋长不妨以千百计，而统治之者则必归于一个中央政府，与"他族史迹之型成，徒以一都、一市、一国、一族与其他市、府、国、族颉颃杂立，代兴争长，垂数千年不能统于一者，迥殊之特色也。"③ 其次，以道德定正闰。他指出，政治统一只是衡量正统与否的条件之一，最重要的标准则是"道德"，即"去无道，开有德，不私一姓"。在他看来，无道者即使霸有九州，仍不得列为正统。如秦朝和新莽皆失德，所以都不能为正统；曹魏篡逆，同于新莽，所以他赞成习凿齿的"斥魏而正蜀"。④ 由是他主张"持义之正"应为历史撰述中的重要思想和原则，只有这样，史书才能"经世而行远"。

梁启超于1902年发表《新史学》，倡言"中国史家之谬，未有过于言正统者"⑤，后儒之所谓"统"，始于霸者之私天下，又惧怕民众不承认其政权，于是提出这一学说来钳制百姓，这已与春秋时期"统"的本意相反，所以，中国自古以来所谓的正统说，不仅所立标准互相矛盾，即使依其标准衡量，秦以后也没有一个王朝可称为正统。梁启超对正统论的否定，对新史学的建立具有重大意义，正统论也确是建立近代新史学必须要破除的原理法则。此后史家循着梁氏的观点，多认为正统论不足论。柳诒徵却仍持正统说，强调中国"史统"，重在"持

①　《国史要义》第96—97页。
②　《国史要义》第76页。
③　《国史要义》第78页。
④　《国史要义》第80页。
⑤　梁启超：《新史学》，《饮冰室合集·文集之九》第一册，第21页。

正义"①，为国史之要义，关系史学尤巨。在他看来，由于华夏人服习名教，文儒治史又不能禁世之无乱，所以，必思持名义拨乱世而反之正，"国统之屡绝屡续者恃此也。缘此而强暴者虽专恃力征经营，而欲其服吾民族之心，则虽据有其实，犹必力争于名。"② 因此，史家阐明史统，关系极大。柳诒徵将史统提高到抵制外族入侵，维护国家统一和社会稳定的地位来认识。在 20 世纪上半叶，日本帝国主义大举入侵，国内军阀混战，国内战争此伏彼起的形势下，柳诒徵企图借助正统论，以发挥史家的作用。由此意义上说，柳诒徵的主观意图是值得肯定的，只是能否起到他所期望的效果则另当别论。

有了一定的历史观念，在历史撰述中如何处理和反映史事之间、人物之间的各种联系，即体裁、体例问题，这也是史书撰述中的关键问题，对这一问题处理得好坏，即体裁、体例运用得恰当与否，会直接影响史书的深度和广度，直接关系到史书质量的高低和价值大小。体裁、体例虽是史书的表现形式，看起来是形式问题、技术问题，其实不然，体裁、体例的选择和运用，往往反映作者对历史的理解、撰述目的及其见识，并在一定程度上影响作者如何正确反映客观历史。正如白寿彝先生所说："它与作者的史学思想史学观点有直接关系。例如断限问题就与谁是正统的问题有关，称谓问题就与名教思想、华夷之辨、正统论、书法论有关。"③

在中国史学的长期发展过程中，出现了编年、纪传、纪事本末、典制、学案、历史评论等多种史学体裁。在《国史要义》"史联"篇中，柳诒徵重点论述了纪传体的优长和编纂方法，认为纪传体是最好的史书编撰体裁。刘知幾、章学诚、梁启超等都曾阐述过纪传体的缺点，如刘知幾批评纪传体同为一事，分在数篇，断续相离，前后屡出；或编次同类，不求年月，后生的人可能擢居首秩，先辈反而归于末章。章学诚、梁启超也都认为纪传体有前后重复、事迹分隶，零乱之弊。柳诒徵则认为刘、章、梁诸氏都未能真正体会正史之美善及纪传体史书纪、传、表、志相联之义。他认为，纪传体最突出的优点就是能表现史事之间的联系。他指出，纪、传所以分著，表、志所以联合，均为联。"史之所纪，则若干时间，若干地域，若干人物，皆有连带关系，非具有区分联贯之妙用，不足以

①《国史要义》第 73 页。

②《国史要义》第 95 页。

③ 白寿彝：《文史英华·前言》，白寿彝、启功、郭预衡等主编：《文史英华·史论卷》，湖南出版社 1993 年版，第 22 页。

胪举全国之多方面，而又各显其特质。故纪传表志之体之纵横经纬者，乃吾大国积年各方发展各方联贯之特质，非大其心以包举万流，又细其心以厘析特质，不能为史，亦即不能读史。"① 在柳诒徵看来，互著并不是重复，恰恰可以"观其全"，"显其别"。② 因为纪、传不可能把所有史事都记载下来，略之则又不赅不备，所以，表以列之，志以详之，这样则可以相得益彰。"史之为义，人必有联，事必有联，空间有联，时间有联。纪传表志之体之善，在于人事时空在在可以表著其联络。而凡欲就史迹纵断或横断之以取纪述观览之便者，皆于史实不能融合无间也。"③ 而且，"史之为体，一时代有一时代之中心人物；而各方面与之联系，又各有其特色，或与之对抗，或为之赞助，而赞助者于武功文事内务外交之关系又各不同。为史者若何而后可以表示此一中心？若何而后可以遍及各方面？则莫若纪传表志之骈列为适宜矣。"④ 可见，在柳诒徵认为，纪传体是表现人、事、时、空各方面联系的最好体裁。有表、志，则纪、传可简，否则，纪传虽详，犹不能完备。表和志则恰恰可以分别起到"联事"和"联文"的作用。

为了进一步说明纪传体纵贯、横通联络之妙用，他举例予以印证：如汉高祖大封功臣，吕后确定列侯的功次，本纪约略言之，由于不能为这些人都立传，而有《功臣侯表》，则数十人之事迹、世系之兴废俱见。又如，文史儒术，有专传、有汇传，而儒林学派，与《艺文志》相联；酷吏任刑，有专传、有汇传，而廷尉迁除，又与《百官公卿表》相联。如果仅有汉武帝传，不但不能尽量胪举，而且，上溯文景，下洎昭宣，家国事物迁变演进之风，尤难贯摄。因此，"专传不能如纪传表志之善之最易见者也"⑤。由是，他不无自豪地说：纪传体史书纵横朗然，琐至逐月，大兼各国。在西历纪元前百年间，哪国有此种史书！"如《汉书·地理志》详载郡国户口，吾尝询之读域外书者，当西历纪元时，有详载今日欧洲大小都市户口细数者乎？且《汉志》之纪户口，又非自平帝时始有纪录，其源则自周代司民岁登下万民之生死而来。民政之重户口，孰有先于吾国者乎？徒以近百年间，国力不振，遂若吾之窳敝，皆受前人遗祸，而不知表章国光，即史

---

① 《国史要义》第 102 页。
② 《国史要义》第 103 页。
③ 《国史要义》第 113 页。
④ 《国史要义》第 106 页。
⑤ 《国史要义》第 107 页。

之表志一端观之可以概见矣。"①

纪传、编年、纪事本末、典志等，作为中国传统史学编撰中常用的体裁，历代史家对各种体裁的认识和评价不一。客观而言，任何一种史书体裁皆有其短长、利弊。纪传体成为二十五部正史一致采用的编纂体裁，绝非偶然，自有其他史书体裁所不具备的优长。钱穆指出，列传体"实当为史书中之最进步最完备，而又最得历史之真情实义者，此后中国史书遂以列传体为正史，其地位价值远在纪事编年两体之上，此非无故而然也。"② 刘知幾、章学诚、梁启超等人虽批评纪传体之弊，却并不否认其优长。刘知幾认为，纪传体有"纪以包举大端，传以委曲细事，表以谱列年爵，志以总括遗漏。逮于天文、地理、国典、朝章，显隐必该，洪纤靡失"③ 的优点；梁启超也认为纪传体具有内容丰富，可容纳社会各部分情状的优点。当然，柳诒徵和钱穆虽都认为纪传体是最好的史书体裁，但他们的认识仍有所不同。钱穆高度评价列传，却认为志、表为附庸，分量不大，价值和意义居次要地位。柳诒徵则认为，纪传体的价值和优长，正是纪、传、表、志相互结合、相互补充、共同作用的结果。平情而论，纪传体能成为正史通用的体裁，确实非列传自身的优点所决定的，纪、传、表、志结合在一起，才构成了完整的纪传体，也方才具有其独特的优点。正如有的学者所说："中国正史奉纪传体为正史的体裁，固然与其中的列传有直接关系，但纪传体的内容远比列传丰富，本纪实为每部正史的总纲，书志比列传更能反映广阔的社会历史内容，有的还有史表。这些体裁相互结合，才使纪传体得以包罗广阔繁复的历史，才是纪传体成为中国最主要史书体裁的全部原因。"④ 因此，柳诒徵的认识更深刻。

纪传体虽有其他史书体裁无法比拟的优点，但其缺陷也是不能否认的。刘知幾批评它"分以纪传，散以书表。每论家国一政，而胡越相悬；叙君臣一时，而参、商是隔。"⑤ 或"凡所包举，务存恢博，文辞入记，繁富为多。……夫方述一事，得其纪纲，而隔以大篇，分其次序。遂令披阅之者，有所懵然。后史相

　　① 《国史要义》第 113 页。

　　② 钱穆：《张晓峰先生中华五千年史序》，潘维和主编：《张其昀博士的生活和思想》上，台北中国文化大学出版部 1982 年版，第 1138 页。

　　③ 刘知幾：《史通·二体》，浦起龙：《史通通释》上，第 17—18 页。

　　④ 徐国利：《钱穆论史体与史书》，《史学史研究》2000 年第 4 期。

　　⑤ 刘知幾：《史通·六家》，浦起龙：《史通通释》上，第 19 页。

承，不改其辙，交错纷扰，古今是同。"① 章学诚也病其苦于篇分，"例类易求，而大势难贯"，"一事而数见，或一人而两传，人至千名，卷盈数百"②。梁启超批评它以一人或一事为起讫，将史迹纵切横断，"事与事之间不生联络"③。总之，刘知幾、章学诚、梁启超所批评的纪传体易造成一事屡出，史事缺乏连贯性、前后重复，难以反映史事演进的大势等弊病，的确是纪传体存在的弊病。柳诒徵缄口不谈纪传体的弊端，却极力彰显其优长，显然不够客观。但我们只有深刻体会他试图发掘并恢宏祖国古代史学理论遗产的良苦用心，方才能够真正理解他主张。

　　柳诒徵推崇纪传体，却没有完全否定编年、纪事本末等体裁的长处和价值，而是对各种体裁做了较为客观的评价。他指出，编年、纪事本末体史书，虽多采自正史，但也杂采其他诸书，因此，这类史书不可废。但他又指出，编年体纪事本末体等与纪传体相比，确实有不足：编年体史书，有一事而分见数年数十年者，同时又杂以他事，所以易使读者顾此失彼；纪事本末体史书，各分首尾，因一事之连带关系，常涉及多方面。权衡轻重，放在哪篇则要由编书者裁制。学者取《通鉴》和纪事本末一比较，便可知史事之纵断横断二法，互有短长，不可偏废。而正史则兼纵横二法，所以可贵。比来比去他还是最推崇纪传体。史学的发展已经证明，任何一种史书体裁都有其优长和不足，由于历史现象是复杂的，任何一种单一的体裁都难以表达复杂的历史进程。且各种史书体裁之间并没有不可逾越的鸿沟，因此，史书的撰写，"必须按照不同的对象，采取不同的体裁，同时又能把各种体裁互相配合"④。只有融合各种体裁的优点，创造出一种新的综合体裁，才能有助于反映社会历史丰富的内容，也才能展示历史发展的大势。但我们不能由此而过分苛责柳诒徵，批评他过于因袭传统，不善于探索和创新，这是不切实际的，是不符合历史评价标准的。柳诒徵编撰《历代史略》，就率先采用章节体的编纂形式，无疑是对史书编纂体裁的大胆尝试，其开创之功也已逐渐得到史家的认可。

　　柳诒徵指出，在运用纪传体撰写历史时，应注意以下问题：首先，不能拘泥于定体，要根据具体情况，合理分配史料。如写一人之传记，与写一时代各方面

---

① 刘知幾：《史通·载言》，浦起龙：《史通通释》上，第34页。
② 章学诚：《文史通义·史学别录例议》，《章学诚遗书》，第65页。
③ 梁启超：《中国历史研究法》，上海古籍出版社1998年版，第37页。
④ 白寿彝：《谈史书的编纂》，《白寿彝史学论集》上，第525页。

之传记，所用方法应有所不同。因为，事之相联，有宾主，有轻重，所以，必须"权其主宾轻重之孰当，而后可以支配其事实"①，不能将与这个人有关系的各方面资料，都放入此人的传记中。分配资料的标准是，既能突出中心，又能"善可参稽，恶亦错见"②。他强调良史应该能够支配错综离合的史迹以表现其间的联系，并各显其特性之妙。其次，在历史撰述中必须明确，"史以明政教，彰世变，非专为存人也。"所以，采用纪传体，"既以联合而彰个性，亦可略个性而重联合。"③ 第三，要观照前后左右各方面史事。因人事时空皆有联系，史事本不能断限，所以，即使断代为史，也必须照顾到前世，不能专限于某朝。他以此来衡《汉书》，认为《汉书》不是断代史。因为，《汉书》继承《史记》，补《史记》所未备。其中《律历》始自伏羲，《礼乐》贯通周汉，《刑法》起于黄帝、颛顼，《食货》始自《洪范》，《郊祀》由颛顼、共工，以至王莽，《艺文》从古至汉，《古今人表》从古至秦，等等。因此，"以断代史例绳班书，毋宁以继承马迁之通史视班书。"④ 柳诒徵的认识有一定道理。中国当代著名的历史学家严耕望先生对断代史的看法与柳诒徵相似。严耕望认为，"历史的演进是不断的，前后有连贯性的，朝代更换了，也只是统治者的更换，人类社会的一切仍是上下连贯，并无突然的差异；所以断代研究也只是求其方便，注意的时限愈长，愈能得到史事的来龙去脉。我们不得已研究一个时代，或说研究一个朝代，要对于上一个朝代有极深刻的认识，对于下一个朝代也要有相当的认识；所以，究一个时代或朝代，最少要懂三个时代或朝代，研究两个相连贯的朝代，就要懂得四个朝代，如此类推；若是研究两个不相连贯的朝代，则中间那个朝代的重要性更为增加。"⑤ 这表明用纪传体撰述某个人或某个时代的历史时，必须注意史事的前后连贯性，要顾及前后左右相关的人物和朝代，这种编撰原则是正确的。

尤其需要指出的是，柳诒徵认识到了纪传体产生的根源。他指出，史事之间的联系，缘于中国史学富于政治性的特征。中国设官，懂得联络组织的重要，"当官必负责任，同寅必求协恭，相让相联，乃可以应付百官而各得其当。"又由于"史掌官书，实参政治，熟见百司之体系，必有脉络之贯通，类族辨物，有向

① 《国史要义》第104页。
② 《国史要义》第117页。
③ 《国史要义》第121页。
④ 《国史要义》第114页。
⑤ 严耕望：《治史经验谈》，台湾商务印书馆1988年第5版，第12页。

心力而无离心力。"① 中国史官经过若干年的经验积累，到司马迁和班固，对"官必有联"的认识已很深入，所以才能创造出纪传体这种史书体裁，"以表正宗而副国体"②。柳诒徵对纪传体产生根源的分析，虽未必很准确，但他毕竟能从史官制度上寻求原因，其理路是有合理性的。

确定了体裁之后，如何组织成篇，这就涉及史书的体例问题。柳诒徵考察了中国史例的源起及发展，史例的类型，阐明了史例在史书编撰中的重要性。中国史书有凡例究竟起于何时，学术界观点不一，有学者认为起于孔子的《春秋》，也有学者认为起于《左传》。柳诒徵认为，"史例权舆《礼经》，计时已在春秋之前"③，而著述之有凡例则始于《易》，《左氏春秋》所列举的五十凡例，尚不足为中国著述有凡例之始。著述之所以要有凡例，事物繁多，不能——列举，用一个词来概括性质相近者，以知晓事物之相类者，然后依此措置，不必赘述，"发凡之用，由驭繁而得执简者也"④。史例源起的根本原因，在于中国史学与政治的密切关系。由于中国古代国家政令职务，有大纲，因此，官书也要有体例。而史为官书，所以，史书之凡例即由此而来。简言之，史例之由来，缘于官书有体例，而官书之有体例，则缘于官吏职务有大纲。

关于史例类型，柳诒徵认为，"史之为例，有去取焉，有差等焉，有联散焉，有序第焉；有片语之例，有全书之例，有编年与纪传相同之例，有二体独具之例。"⑤ 如司马迁、班固的自序，标举纪书表传次第，就是全书的凡例。联散之例虽是纪传体独擅者，但编年史也要顾及事之联散。去取、等差之例，则是编年纪事所重视的。柳诒徵还考察了史例的发展，指出，后世史例是在效法《春秋》的基础上，根据具体情况各有所发展，如欧阳修撰《五代史记》，上法《春秋》，详解书、不书、故书之例；钱大昕又本欧阳修所定的史例；司马光修《资治通鉴》自定凡例，到朱熹所定《通鉴纲目凡例》，史例之详达到顶点。缘此，柳诒徵认为，史例是"承《春秋三传》、《通鉴》诸史而集其大成，所谓后起者易为功也。"⑥ 柳诒徵认为史例在史书编撰，尤其是官方修史中非常重要，因为，"官

① 《国史要义》第 123 页。
② 《国史要义》第 124 页。
③ 《国史要义》第 251 页。
④ 《国史要义》第 252 页。
⑤ 《国史要义》第 269 页。
⑥ 《国史要义》第 287 页。

局修史，杂出众手，要亦必有共循之例。"① 如果没有史例加以统领和规范，官修史书就会杂乱而无序。刘知幾也说："夫史之有例，犹国之有法。国之无法，则上下靡定；史之无例，则是非莫准。"② 柳诒徵并非仅就史例言史例，而是将史例与史义联系起来加以考察。他指出，"史学所重在义"③，义、例之关系，在于"义不先立，例无由起"④，不先确定史义，史例便也无法确立。在他看来，史义是史书撰述的指导思想，史例则是史书的纲。

五、"钻研古书，运以新法"——史学方法论

"董理国故，殊非易言，钻研古书，运以新法，恢弘史域，张我国光，厥涂孔多，生其益勖。"⑤ 这是柳诒徵为学生郑鹤声《汉隋间之史学》一书的题词。"钻研古书，运以新法"就是柳诒徵提出的史学方法论。具体而言，他在史学方法论上提出了以下方面的主张。

第一，由经入史。

柳诒徵认为经就是史，"史术即经术"，史术贯通经术，所以他主张以史视经，治史先从治经开始。"由治经而治史"是柳诒徵治史方法的总体方向。在具体操作层面上，他不主张先分别家法，考订真伪，"先挟一真伪之见，以致束书不观"，而应将经书全读一遍，明了其全部内容，然后再看后人考订真伪之说。因为在他看来，史与诸经在根本观念上是一致的，诸经都以正伦纪、明礼义为根本，"后世史书高下得失虽不齐，其根本亦不外是。"因此，"由治经而治史，最易得一种明了之界说。"⑥

柳诒徵从"正伦纪、明礼义"的视角为出发点，强调由经入史，显然不是很合理、很恰当。而且，他主张将全部经书都通读一遍，这对于治史者来说，既不太可能，也没有必要。不过由经入史的治史方法，的确对史学研究有重大意义。

---

① 《国史要义》第 291 页。

② 刘知幾：《史通·序例》，浦起龙：《史通通释》上，第 57 页。

③ 《国史要义》第 199 页。

④ 柳诒徵：《清史刍议》，《史地学报》第 1 卷第 4 期，1922 年。

⑤ 郑鹤声：《记柳翼谋老师》，《劬堂学记》第 104 页。

⑥ 柳诒徵：《史学概论》，《柳诒徵史学论文集》第 100、101 页。

同时，由经入史，即是将经书完全纳入史学的范畴，扩大了史学研究的对象，也为史学研究，尤其是古史研究提供了重要的史料。就史学研究而言，经史确实不能分立。

第二，"欲治史学必先读史"。

研究历史的过程实际上是发现问题、解决问题的过程。如何发现问题，多数史家认为问题从史料中来，因此，人们在论述历史研究方法时都将搜集史料作为史学研究的第一步工作。俗话说，"巧妇难为无米之炊"，史料在史学研究中的重要性自不待言。如何搜集史料，柳诒徵提出了"欲治史学，必先读史"的方法论问题。柳诒徵认为问题的发现是从读史中得来的，所以，主张搜集资料的入手办法为读书、读史。怎样通过读史积累史料？柳诒徵的建议是：对只为略窥史学，意在涉猎者来说，可以分时代读，专读某一史，或按类读，比如专读某志或某传都可；对专攻史学者而言，最好采用苏东坡的读史方法，即每次读史都有一个中心意图或目的，并随时分类做札记。做札记的方法，可以参照顾炎武的《日知录》，将史事依类排列，使之"如肉贯串"。他认为，读史只有读到如肉贯串的地步，才能言改革。不读史籍，但矜改作，犹如烹饪者，尚不知鸡鸭鱼肉蔬菜瓜果是什么样，拿着他人的食谱菜单，只能哗众取宠①。他主张边读史，边做札记。做札记已不是简单地摘录资料，做札记的过程中，既对史料进行了分类整理，又训练了自己的思维能力和见识。从顾炎武到章学诚，都非常重视做札记，章学诚一再强调，"札记之功，必不可少。如不札记，则无穷妙绪，皆如雨珠落大海矣。"② 历代史家的治史经验也充分说明，读书做札记，不失为史学研究行之有效的方法。

人生有限，而历史的时间和范围却既长且广，历史典籍浩如烟海，读史者应如何着手，也是大家感到头疼和迷茫的。柳诒徵建议初治历史学者，先读历史教科书，并参阅正史。他认为历史教科书能抓住主要问题，可以基本了解历史梗概。但历史教科书叙事简略，仅凭教科书，只能知道少数重要人物，以及初起与最后的结果，而中间的事理，则全然不能知晓。因此，仅读历史教科书，既不足以引起读者的兴趣，更不足以增长阅历，参阅正史，则可获益匪浅。由于历史教科书也很庞杂，他建议读史者要有所选择，最好看《资治通鉴》、《通鉴纪事本

---

① 柳诒徵：《中国史研究论文集序》，《史地学报》第3卷第5期，1925年。
② 章学诚：《文史通义·家书一》，《章学诚遗书》第92页。

末》和《易知录》一类。另外，由于中国历史非常发达，因此他主张在参阅正史读历史教科书之外，还要对国史有所了解。要了解国史，就必须读一两部正史。他建议最好用"扣其两端"的办法，即先看一部近代的正史，再看一部最早的正史，然后根据自己的兴趣，向中间推延。读正史不是按目录从头读起，而是要有一定的层次。他建议先看地理志、职官制，然后再看礼、兵、刑诸志，并参照本纪，或某种表、某人的传，这样就会使各方面相互贯串。综观柳诒徵的读史方法，显然是针对初治历史者，并从普及中国历史的角度而言的，对普及历史文化确实不失为一种较为可行的方法，但对史学研究而言，却未必适用。另外，柳诒徵还建议效法司马迁的读书方法。他说："正史首《史记》，欲知读史法者，当先考究司马迁读书之法。"① 即采用"整齐"、"要删"、"辑佚"、"阙疑"、"详近略远"等读史方法，这种方法对史学研究是适用的。

在读史问题上，柳诒徵还强调，不能满足于一家之言，更不能削足适履，要认真领会史书中所传达的真精神。他认为，著书者的心理和精神不可能完全通过史书上的语言表达出来，就像《诗经》上所说的，"上天之载无声无臭，其孰能及之"②；王安石也说，"糟粕所传非粹美，丹青难兼是精神"③。既然"一切书籍均不足以表示古人之真"④，读史者自然也不能局限于史书上所说的，更不能完全照搬史书。他一再告诫治史者，读史不能尽信史书上所言，孟子所说的，"尽信书则不如无书"就是这个道理。史书上也有言过其实，甚至错误者，读史者应该进行判断和"别择"。读史要兼具"信"与"疑"两种精神，既不一切皆信，也不一切皆不信，当疑者疑，当信者信。这样读史、治史才不至为史书所拘牵，才能较为客观地评价历史。

史料有新旧之别，如何处理和运用新旧史料，也是史学研究过程中必然会遇到，也是必须要解决的问题。有仇视新史料者，有重视新史料者。傅斯年就非常重视新史料，他对新旧史料关系的看法是："必于旧史史料有工夫，然后可以运用新史料；必于新史料能了解，然后可以纠正旧史料。新史料之发见与应用，实是史学进步的最要条件；然而但持新材料，而与遗传者接不上气，亦每每是枉然。从此可知抱残守缺，深固闭拒，不知扩充史料者，固是不可救药之妄人；而

---

① 柳诒徵：《河南大学讲演集》，开封河南省立河南大学文学院 1933 年版，第 109 页。
② 柳诒徵：《河南大学讲演集》第 2 页。
③ 柳诒徵：《河南大学讲演集》第 3 页。
④ 柳诒徵：《河南大学讲演集》第 1 页。

一味平地造起，不知积薪之势，相因然后可以居上者，亦难免于狂狷者之徒劳也。"① 陈寅恪对新史料价值的看法是："一时代之学术，必有其新材料与新问题。取用此材料，以研求问题，则为此时代学术之新潮流。治学之士，得预于此潮流者，谓之预流。其未得预者，谓之未入流。此古今学术史之通义，非彼闭门造车之徒，所能同喻者也。敦煌学者，今日世界学术之新潮流也。"② 柳诒徵没有像傅斯年、陈寅恪那样明确阐述对新旧史料的见解，但他在治史中坚持的基本原则是新史料一般比旧史料可信度要高。他也很重视新材料的发现，强调新发现的"高昌壁画"、"河洛新碑"、"洹水甲骨"等史料，都要引起史家足够的重视。在史学研究过程中，他也尽可能地将新旧史料有机结合。对此，缪凤林曾有过论述："近儒丹徒柳先生之中国文化史，以六艺为经，而纬以百家，亦时征引新史料，而去其不雅驯者，持论正而义类宏，元明以来所未有也。"③

搜集史料、发现问题固然十分重要，但关键还需要史家具有贯通古今中外的卓识和能力，这也直接影响和决定着史家能否取得重大成绩。柳诒徵对此的认识是深刻的，他指出：

> 代禩相续，如绳莫截，凡今之为，率沿自昔。虽曰国体不同，帝制已斩，外衡列辟，内主蒸民，汽电之用，机航之飞，老侮成人，率未之觌。而礼俗风教，日用饮食，胎萌孳乳，远亘千载，不稽往籍，罔识历程。进化之枢，惟史系赖。④

因为古今史事之间有一定的联系，所以他主张，不能孤立地研究某一历史现象或史事，必须用综合会通的观点看问题，"事本一贯，不必强分畛域"⑤。如读《老子》、《庄子》，最好先读《易》；读《管子》、《商君书》，最好先读《周礼》；读《墨子》，最好先读《三礼》；论子家流别，则莫详于《汉书·艺文志》，等等，都说明经、子相通。柳诒徵不仅认为经、史、子相通，而且认为古今、中外也是贯通的。他指出，近人及外国人的书，虽非专门记述古事，却都有可以证明古代社会状况者。例如钻木取火之法，可以宋濂的《钻燧说》证之；结绳而治之

---

① 傅斯年：《史学方法导论》，《傅斯年选集》第 216—217 页。
② 陈寅恪：《陈垣敦煌劫余录序》，《金明馆丛稿二编》，三联书店 2001 年版，第 266 页。
③ 缪凤林：《古史研究之过去与现在》，《史学杂志》第 1 卷第 6 期，1929 年。
④ 柳诒徵：《中国史学之双轨》，《史学与地学》第 1 期，1926 年。
⑤ 柳诒徵：《修史私议》，《史地学报》第 1 卷第 4 期，1922 年。

法，可以日本人若林勝邦的《涉史余录》所述秘鲁及琉球结绳法证之。因此，"读古史不限于专读古书，最野蛮之社会可以考证最古之史事，学者能观其通，则古今一也。"① 所以，治中国史，也要参考外国人的著作，治近世史，也要参考古代典籍。如果治史者"住局于一部研究，不足以见其全体与相互之关系。且历史事实，本无所谓本国与外国。……我们应当广为研究，不能仅偏于一部。"② 他很赞赏并提倡孔子讲学问的方法——"疏通知远"，指出，"疏"是知道若干大事，信以传信，疑以传疑，"不穿凿附会以求合，不响壁虚造以乱真"③，"通"是前后贯通、知类通达、心知其意。知道若干大事，并能前后贯通，就可以彰往察来，视古知今，就能知道后来或远方之事。并且不至于诬蔑前人，造作谣言，这就是深于历史的功效。他也赞赏清代顾栋高读史方法，指出，顾氏读《春秋》，不以一字两字称人称爵为意，而是合数十年通观其积渐之时势。柳诒徵治史就是采用"通观"之法。他在论及汉代的思想文化时指出，人类思想，不用于此，必注于彼。虽以两周之经籍、子家衡两汉，似乎汉人之思想迥然不及古人，"而就其所独至者观之，则前人仅构其萌芽，至汉而始发荣滋长者，亦未易偻数。故论史者贵观其通，而不限于一曲之见也。"④ 自东汉末至隋，虽政治主权不断转移与分裂，而民族地方之发展，则不必拘泥于政治主权的界限，欲考其时民族之强弱变化，应当汇而观其通⑤。缘此，他主张打破经、史、子、集的界限，以及正史、编年的范围，编一部全史目录。

柳诒徵强调史学家应具有前后贯通的通识，并将会通作为史家必须备具的基本素养，这种认识是深刻的。他不仅强调史家的通识，而且，将之作为方法论提出并运用到史学研究中，表现了他宏阔的历史视野和高远的见识。

第三，考据校勘法。

柳诒徵虽不主张纯粹的为考证而考证，尤其是脱离现实的"乾嘉式"的考证，但他却十分重视史学研究过程中的考据工作。他指出，史书中多有可疑或舛误，史学研究必须以资料的翔实和准确为前提。所以，考据是治史过程中必不可少的，"考据的方法，是一种极好的治学方法。"但他又提醒学者用考据法治史

---

① 柳诒徵：《史学概论》，《柳诒徵史学论文集》第 103 页。
② 柳诒徵：《历史之知识》，《史地学报》第 3 卷第 7 期，1925 年。
③ 柳诒徵：《河南大学讲演集》第 22 页。
④ 柳诒徵：《中国文化史》上卷，第 328 页。
⑤ 柳诒徵：《中国文化史》上卷，第 357 页。

时，必须"慎防畸形的发达"，不能专在一方面或一局部用功，而忽略全部，"一方面能留意历史的全体，一方面更能用考据方法来治历史，那便是最好的了。"① 显然，柳诒徵是主张继承乾嘉考据的优长，避免其不足。

在史料考证的方法上，柳诒徵主张首先应该学会运用研究年月日的方法，指出，史书有经年无事者，有脱去数年者，有不详月日者，有不记四时者，误记干支者更不可胜数。后世治史者，虽不必像经生治《春秋》那样，以日月为褒贬，但排比月日亦宜究心，这样才能补正史料之舛误。这种方法对治古史者而言，自然不失为一种较好的考证方法，但它显然不能普遍适用。郑鹤声在乃师的影响下，说明了校雠的具体方法。他指出，"书受校勘家之益，而后读者益受书之益"，"校雠学为治书之学之旨也"。而校雠的方法，就是"比堪篇籍文字异同而求期其正，钩稽作述指要以见其凡。综合群书而明其类之学也。故细辨乎一字之微，广极夫古今内外载籍之浩瀚。""合众本以校一书，撮指意而为叙录，寻流派而别部居，乃校雠不易之步次。"② 郑鹤声还将史学之于史料的关系比喻成"玉之蕴璞，金之在矿，必须经提炼琢磨之功"③。即史学虽存在于史料当中，但必须经过研究琢磨，方能获得。王国维的"二重证据法"，"取地下之实物与纸上之遗文相互释证"，不仅得到当时学衡派诸人的一致赞同，而且，对后世史学家治史的影响也是深远的。可见，柳诒徵在考证方法的理论说明方面没有王国维等人明确、系统。

尽管柳诒徵对史料考证方法的阐述不多，但从其《〈宋太宗实录〉校证》、《〈明史稿〉校录》等考证性著作，可以对他的考证方法获得较为清楚的认识。如《〈宋太宗实录〉校证》，他将《宋太宗实录》中的记述，与《宋史》、《东都事略》、《续资治通鉴长编》、《四史朔闰考》、《辽史》等书的相关记述相较。对各书中记与不记的情况、记载的不同和阙略都做出比较，并对各书记载的正确与否及取舍做出评判。对各书记载有明显不合，又确实无法判定孰是孰非者，他不强加判断，仅列出事实，以待日后或后来者进一步考证。通过考证，他不仅校出了《宋太宗实录》中的错误和不妥之处，而且校出了《宋史》等书中的错误，为以后修史和史学研究提供了可靠的资料。他通过对《宋太宗实录》的校勘，也

① 柳诒徵:《历史之知识》,《史地学报》第 3 卷第 7 期, 1925 年。
② 郑鹤声:《校雠学杂述》,《史学杂志》第 1 卷第 1 期, 1929 年。
③ 郑鹤声:《太史公司马迁之史学》,《史地学报》第 2 卷第 5 期, 1923 年。

借以考察了当时修《宋史》时的状况。他校录《明史稿》，尤能表现其考证功夫和史家卓识。1931年，国民政府教育部命陈训慈、郑鹤声将河南人出售的、自称万氏改稿本的《明史》稿本送到南京国学图书馆，请柳诒徵审定真伪。柳诒徵将其与《明史稿》及《明史》对勘，最后断定其并非万季野稿本，应为康熙朝明史馆纂修诸公手笔。考证校勘看起来是一项简单工作，实则不然，因为它不仅仅是校出不同和错误，关键是对错误做出修正，对不同做出判断，分析造成不同的原因，由此窥测编著者之思想，这需要史家具有广博的知识和超绝的史识。

柳诒徵认为史学与其他学科有密切关系，所以他主张史学研究必须与其他学科结合起来，尤其是地学，"欲求国族文化升降迁徙之原，则地文、地质诸科，皆治史者所当从事。"有些史学研究离不开地学方面的知识，二者结合将会有利于史学的发展。如要说明中国人种"西来"说之谬，仅靠历史的解释是不够的，结合地理方位的考察则较为容易。他通过对中国古代大夏国地理位置的考察，认为，古代大夏是指山西至甘肃一带，"明乎此，则吾国人种自兴于雍、冀诸州，绝无所谓西来之说。"① 丁谦等人持"中国人种西来说"，就是由于对《汉书·地理志》所说的地理位置不明所造成的。又如，对辽、金、元史的研究，尤其是元史，由于涉及亚洲西北及欧洲东北地域者尤多，所以，必须详细了解东北部落的地理情况。他认为熟悉地学知识，并在史学研究中适当运用，会有力地促进史学的发展。柳诒徵的治史方法，基本都是传统的，且不乏创见，但对西方史学方法的吸收和借鉴显然不够。

六、"中国史学之双轨"

柳诒徵在总结中国传统史学的基础上，对中国史学的未来发展提出了"双轨发展"的构想，即分类与断代，或者称"专史"与"通史"、普及与提高双轨并行发展。

20世纪20年代，柳诒徵作《中国史学之双轨》一文，指出，"史域虽广，类例无多。较其大凡，不越二轨。甲则分类，乙则断代。分类纵贯，断代横通。"柳诒徵在这里所说的分类史即专门史，而断代史即断代的通史。他认为，专史与

---

① 柳诒徵：《大夏考》，《史地学报》第2卷第8期，1924年。

通史各有所长，专史"上下长宙，同条共贯。即所未赅，亦可拓殖。"① 即使同一类书，因为可以有多种，此书的缺陷可以由他书来补充，读史的人也可以按类以求，各得自己所需。由是，他主张每科都撰写一部古今贯通的专史；断代的通史可以将某一朝代的史事前后贯通，因此，专史与通史并重。

柳诒徵提出了史学双轨发展的概念和构想，但他对这一构想却没有进行系统阐述。但他的构想却给他的学生及其他学衡派诸人以很大的启迪，得到了他们的一致赞成。他们在柳诒徵的基础上，对中国史学双轨发展的构想做了进一步的阐发。学生陈训慈说：

> 大抵近世史学演进之中，通史与专史之分野日明；今后史学必益呈两方并进之现象：一方以简略之史识，普及于最大多数之人类，以成其"为人"之常识；一方由少数之专家，从事于分析精深之研究，以充实史料而辨正旧失。……传诵所及，浸浸及于一般职业界；异日此类生动之简作，必将继起收普及之效。……异日学术之分工愈精，专究之风亦必日盛。夫惟通史能普及，斯历史益能尽其裨益人生之使命；惟专史有精究，斯史学能有无限之增拓。……两者之间，尤必谋相互之联络；异日相与并进，必能由相反而相成，以促成史学之进步。抑史学之观点，今已由一时代一民族，而扩大为全时全人类；则今后通史固将常以人类为单位，即专家亦心采此精神，其研索中注意世界的重要焉。②

陈训慈既对中国未来史学呈双轨发展的趋势做了预测，又明确提出，历史知识的普及要靠通史，史学的提高则要靠专史。由是，他们一方面主张撰修通史来普及历史常识，一方面倡导专精的研究，以促进中国史学的深入发展。所谓普及，实际上是强调加强对中国史的宣传。众所周知，历史是对国人进行爱国主义教育的极好方式，它能够唤起国人的民族自信心，振奋民族精神，恢复中华民族堕失的力量。尤其是近代以来，在帝国主义列强疯狂侵略中国的民族危亡的关键时刻，向国人普及中国历史，以激发国人的爱国保国的热情则显得尤为重要。有清以来，史学被轻视，其地位大大下降，治史者越来越少，对此陈寅恪曾指出，近代以前，由于经学繁盛，学者舍史学而趋于经学。治史学者："大抵于宣成以

---

① 柳诒徵：《中国史学之双轨》，《史学与地学》第 1 期，1926 年。
② 陈训慈：《史学蠡测》，《史地学报》第 3 卷第 5 期，1925 年。

后休退之时，始以余力肆及，殆视为文儒老病销愁送日之具。当时史学地位之卑下若此，由今思之，诚可哀矣。"①

　　新文化运动以来，一些学者追慕西方文化，对中国传统史书更加忽视。学校对历史课程的重视程度难以与已往相比，致使中国史学日益落后。对史学的这种现状，柳诒徵有非常清醒的认识，他指出，晚近以来，中国学者旁通译籍，病吾国史，诋诃往哲，"攘斥旧籍，迁固之徒，殆束阁矣"，"清季迄今，学校林立，历史一科，人多忽之。稗贩欧风，几亡国性。"② 由于历史教科书寥寥无几，不得不以外国人的著作为教本，号称史学大国，可悲可叹。1929 年陈寅恪也对当时中国史学的落后状况有过描述，"今日全国大学未必有人焉，能授本国通史，或一代专史，而胜任愉快者。东洲邻国以三十年来学术锐进之故，其关于吾国历史之著作，非复国人所能追步。"③ "今日国虽存，而国史已失其正统，若起先民于地下，其感慨如何？"④ 从柳诒徵与陈寅恪的话中可以看出，号称有着悠久历史和文化传统，曾为世界史学最发达的中国史学，到 20 世纪二三十年代已远远落后于近代以前曾一直向中国学习的东方邻国（主要指日本）。而且，当时能胜任本国通史和专史教授者已寥寥无几，这种史学危机的现状怎能不令柳诒徵、陈寅恪这批以研究中国史学为志业的爱国史学家们痛心和焦虑！他们大声疾呼加强中国史的研究和宣传，普及中国历史知识。陈寅恪甚至发出了"国可亡，而史不可灭"的呼声。在他们心中，中国史学的鉴戒作用极大，中国史学绵延不绝是中华民族得以延续并不断发展的重要原因，只要史不灭，国虽亡，仍可借鉴历史，从善去恶，从是去非，国家终有一天会得以重建；如果史灭亡了，则国人无所鉴戒，无所取法，中华民族亦将无所因袭，中国将不复有再建之希望。由此，宣传与普及中国历史，其意义已非史学本身所能范围，它直接关系到国家的生死存亡。

　　生于清朝末年的柳诒徵，目睹了中华民族在西方列强侵略和践踏下日益衰亡的屈辱，因此，反抗侵略已深植于其内心深处。他企图通过著史来唤醒民众、挽救民族危亡。在他看来，普及历史知识，是对国人进行道德人格教育，激扬爱国主义的最佳途径。由于通史古今贯通，能展示历史发展的全程，因此，最能反映

---

　　① 陈寅恪：《陈垣元西域人华化考序》，《金明馆丛稿二编》第 270 页。
　　② 柳诒徵：《中国史学之双轨》，《史学与地学》第 1 期，1926 年。
　　③ 陈寅恪：《吾国学术之现状及清华之职责》，《金明馆丛稿二编》第 361 页。
　　④ 陈寅恪：《吾国学术之现状及清华之职责》，《金明馆丛稿二编》第 362 页。

中华民族辉煌灿烂的历史和不断抗争生生不息演进的历史，最能激发国人的爱国热情和民族自尊心和凝聚力。张荫麟也认为，通史"把全部的民族史和它所指向道路，作一鸟瞰，最能给人以开拓心胸的历史的壮观。"① 缪凤林在说明撰写《中国通史要略》的出发点时也指出："若是其闳硕，宅居之山河，若是其壮美，经历之年岁，若是其悠久，余忝居讲席，当此神圣抗战之会，既不获执干戈以临前敌，苟对我先民盛德闳业，犹弗克论载，罪莫大焉。"② 可见，在民族危亡的关键时刻，柳诒徵等人实则是将撰写通史作为书生保国的一条主要途径和方式。

　　不仅如此，20 世纪初，有目的地对外国人进行中国史的宣传也是十分必要的。到民国时期，西方人对中国的认识仍十分肤浅，对中国历史文化更为隔膜。在西方人撰述有关东方包括中国在内的历史时，或失之肤浅，或错误屡出。众所周知，世界历史的发展与中国历史的发展有相当密切的关系，而"中国于各种学问中，惟史学为最发达。史学在世界各国中，惟中国为最发达。"③ 因此，中国史作为世界史的重要组成部分，其对世界史发展的作用不言自明。正如陈训慈所说："真正世界史之完成，仍当先以国史研究；各国史研究已得相似之成绩，始可进为综合之建设。"因此，国人应首先致力于国史研究与宣传，"当西人来求之会，正宜自忏其学荒，因而振策自奋，努力于国史之宣传，冀以供诸世界，促成真正人类史之建设。"④ 加强中国史宣传，也是在当时历史条件下，西方人了解中国历史和文化最好的途径。即使以今天的眼光来看，此种见解也是正确的。加强和促进中西史学的相互了解和结合，对促进世界历史发展是极为重要的。遗憾的是，一方面，中国学者在西方文化优越于中国文化的思想支配下，大多致力于吸收西方文化，从而忽略了中国传统文化（包括史学在内）的深入研究和向西方的传播；另一方面，大多西方学者适应中国渴求西方文化的现实要求，加之对中国根深蒂固的偏见，他们多从事于向中国宣传绍介西方文化。学衡派诸人，在这种文化氛围下，致力于中国史学的研究和宣传，他们强烈的历史责任感和史学家的远见卓识可见一斑。只是这批学人当时未占据学术话语的主流，他们的呼吁未引起当时中西史学家的足够重视，这不能不令人遗憾。真理并非总是掌握在多数

① 张荫麟：《中国史纲·自序》，山西古籍出版社 2001 年版，第 1 页。
② 缪凤林：《中国通史要略·自序》第 1 页。
③ 梁启超：《中国历史研究法》第 10 页。
④ 陈训慈：《史学蠡测》，《史地学报》第 3 卷第 5 期，1925 年。

人手中，"佥同者未必是，独见者未必非"①，柳诒徵的告诫值得我们深思。

柳诒徵不只停留在理论说教和口号宣传上，而是积极付诸于实践。他历史研究的起点就是从撰述通史开始的。柳诒徵撰述的第一部通史著作就是 1902 年在江楚编译局时编辑出版的六卷本的《历代史略》，有学者认为《历代史略》是 20世纪"第一部中国历史教科书"②。是否为第一部历史教科书我们暂且不论，但它是一部中国通史则当是毫无疑义的。而且，它显然已经摆脱了传统的纪传、编年、纪事本末等旧式的通史编撰体裁，采用章节体的形式，不能不说是我国在通史撰述方面的重大进步。也有学者认为，《历代史略》是柳诒徵根据日本人那珂通世《支那通史》改编而成，所以不能算他的著述。《历代史略》以《支那通史》为蓝本无疑，但对史事的裁定和编排叙述则都是柳诒徵根据自己的见解，并不囿于那珂通世的观点，尤其对元明两代史事进行了补充，因此，它是一部真正的通贯古今的通史著作。

《历代史略》的编撰，虽有柳诒徵个人的主观愿望和努力，但主要还是时代影响下的产物。近代以来，中西文化相激相荡，受西方文化的影响以及国内变法图强形势的要求，清政府不得不施行教育改革，1902 年颁布了《钦定学堂章称》，正式在全国范围内统一实行新式教育。清政府对各类各级学校的课程都做了较为详细的规定。由于旧式历史教科书已经远远不能适应新式教育的需要，编撰适合新式教育的历史教科书是推行新式教育的当务之急。柳诒徵就是在各地编译新式教科书的热潮中到江楚编译局工作的，而江楚编译局是编译新式教科书的主要机构。柳诒徵就是在这种情况下开始《历代史略》编写的。《历代史略》仍存在一些不足，但由此反映出的柳诒徵对通史撰述的重视则是明显的。

随着历史知识和经验的丰富，柳诒徵的历史思想和史学思想也逐渐成熟，通史撰述方面的思想也日渐成熟，关于撰述原则、方法等方面他都提出了有指导意义的意见。大体而言柳诒徵关于历史撰述的原则概括起来主要有以下几个方面：

---

① 柳诒徵：《汉官议史》，《柳诒徵史学论文集》第 8 页。

② 《历代史略》是否是第一部历史教科书目前仍存在争议，张舜徽先生在《中国历史要籍介绍》一书中持此论。也有学者则不同意这种观点，如王家范在《中国通史编纂百年回顾》（载《史林》2003 年第6 期）一文中认为，从本土编著的角度说，《历代史略》很难说是近代第一部新式教科书，20 世纪新式中国通史的第一部成名作当是夏曾佑的《最新中学中国历史教科书》。齐思和在《近百年来中国史学的发展》（载《燕京社会科学》1949 年 10 月第 2 卷）中认为夏书是近代"第一部有名的新式通史"。实际上夏书 1904 年出版第一册，晚于《历代史略》，只是柳书的影响没有夏书大。

其一，秉笔直书，忠实于史事。

柳诒徵对中国史学传统中的直笔精神进行了系统总结，并主张在历史撰述中必须以此为原则。他指出："编纂历史，殊非易事"，即使教授儿童的历史小册，也绝对不可"任意附会，伪造事实"[1]。忠于事实是柳诒徵撰述历史的基本原则。基于此，他主张清史的编修要"主于持平，婉而成章，尽而不污，必本《春秋》，义无歧重。"[2] 他主张采用《春秋》笔法，不虚美，不隐恶，书法不隐。诸如对清代满汉歧视、文字狱、扬州嘉定之屠戮、圈地运动等都应直书，不应有讳饰。如果曲笔书写，敌国尤其是日本就会效法。因此，他希望清史能修成一部信史，能存"直道"。

其二，求人类演进之通则，"明吾民独造之真际"。

柳诒徵在《中国文化史·绪论》中开篇便说明，他撰写《中国文化史》，标举二义，一则"求人类演进之通则"，一则"明吾民族独造之真际"。柳诒徵认为，人类历史的发展，有共同之"轨辙"。因此，撰写中国历史也要力求推寻和反映人类历史发展的普遍规律。中国历史作为世界史中的一个部域，是构成世界史的重要部分，在撰写中国历史时，不能脱离世界发展的大环境，不能将眼光仅局限于国内，不能孤立地去分析中国的历史现象。要将中国历史放在世界历史的大背景下加以考察，用世界的眼光来观察中国的历史。同时要综合世界各国家、各民族的历史，以观其通。

近代以来，在西方文化的冲击下，民族虚无主义在某些中国人心中滋长，因此，撰写的中国历史在反映人类发展规律的同时，尤其要揭示中华民族独造之真迹。要排除"中国人种西来说"，阐明中国文明是由中华民族自己独立创造的，要突出中华民族创造光辉灿烂的文化的精神。晚清以来，一些西方人诸如拉克伯里，以及中国人丁谦、刘师培、蒋观云、章太炎等都倡言中国文明或中国人种西来说，这种论调在中国产生了极其广泛的影响，许多人信以为真，严重影响了中国的民族自信心和自信力。柳诒徵在《中国文化史》中，开篇便以"中国人种之起源"标题，力斥中国人种西来说，并以确凿的证据证明中国文明是中国民族独造的。学衡派的其他诸人，在柳诒徵的影响下，也都力斥此说，尤以其弟子缪凤林反对最力，缪凤林发表《中国人种西来辨》、《中国民族由来论》等文章，

---

[1]　柳诒徵：《论臆造历史以教学者之弊》，《史地学报》第 2 卷第 2 期，1923 年。

[2]　柳诒徵：《清史刍议》，《史地学报》第 1 卷第 4 期，1922 年。

有力地支持了老师的观点。

其三，了解之同情。

吴宓、张其昀、陈寅恪都曾强调对古人应具了解之同情。对这一原则阐述最具体的是陈寅恪。陈在对冯友兰的《中国哲学史》上册的"审查报告"中说："凡著中国古代哲学史者，其对于古人之学说，应具了解之同情，方可下笔。盖古人著书立说，皆有所为而发；故其所处之环境，所受之背景，非完全明了，则其学说不易评论。"① 柳诒徵也反对一概否定或抛弃前人的文化成果，主张要理解前人，不能苛责前人。他说："学术思想，各有时代，由后责前，无异于以耳诮目。"② 对古代的社会制度也是如此，人类社会并非一开始便有束缚人类自由的制度，如家族制、夫妇制等，其产生以至相延数千年者，必有其不得已之故。如夫妇之制，"不立夫妇之制，则淫污争夺，其害有不可胜言者。以后世婚礼推之，即知其制之出于不得已矣。"③ 古代的典章制度、风俗文物等，专崇君主，都是由于时代之原因造成的，时人"不可以今日之眼光，病当时之作者也"④。这表明，柳诒徵主张在著述历史时，不要轻易否定前人的成果，对前人的思想、学说、观点、行为等，不能以当时的眼光来衡量，要站在前人的立场上，设身处地地去考虑古人的所思、所想，要与古人处于同一境界，只有这样才能正确地做出历史的评判。

今天看来，柳诒徵提出的修史原则仍是正确的，对于历史著作的撰述是有帮助的。不能否认，与学衡派的其他人相比，柳诒徵的撰述原则又存在一些不足。如对历史上复杂的民族关系应该怎么处理，应如何表述才能既能反映各民族在历史上的正确地位，又能增进民族团结，这些问题都是通史撰述中不可避免的问题，而且是非常关键的问题，柳诒徵却没有做出系统阐述，而学衡派的其他一些人则认识到并提出了处理这些问题的原则。如郑鹤声，他指出国史的编纂应放弃以汉族为中心的小民族主义，提倡以整个中华民族为一体的大民族主义。郑鹤声认为，"从大中国立场而言，我国数千年来，从无亡国之事，其间朝代容有变更，然亦只囿于政权在国内之移转而已"⑤。柳诒徵虽没有提出处理民族关系问题的

---

① 陈寅恪：《审查报告一》，冯友兰：《中国哲学史·附录》下册，中华书局 1961 年版。

② 柳诒徵：《修史私议》，《史地学报》第 1 卷第 4 期，1922 年。

③ 柳诒徵：《中国文化史》上卷，第 16 页。

④ 柳诒徵：《中国文化史》上卷，第 327 页。

⑤ 郑鹤声：《应如何从历史教学上发扬中华民族之精神》，《教与学》第 1 卷第 4 期。

原则性主张，却不能说他在撰述通史时，未注意到民族关系问题。实际上，《中国文化史》反映出了他对这一问题的处理方法。他一方面强调中国是由诸多民族融合而成的，汉族不是一个单一种族，而是由汉族融合蛮、夷、戎、狄、匈奴、鲜卑、羌、胡、突厥、契丹、女真、蒙古、天竺、回纥等许多民族而成的。因此，华夏民族是一个以汉族为主体，融合了多个民族的中国人的通称。中华民族是一个不断吸收、不断融合和不断更新扩大的民族。中国文化不只是汉族人创造的，而是整个华夏民族，包括海外华人共同创造的。对历史上的"夷夏之辨"，他不以种族而判夷夏，而是以文化程度的高低来判分，认为夷狄文化进化后，亦可进于华夏。可见，柳诒徵所持的是大民族主义。然而，他在叙述历史上的民族关系时，又不自觉地流露出大汉族主义的偏向。如他在叙述满族历史时指出：满洲人最初是毫无文化的民族，"惟汉族擅有推广文化之力，满人无所知也。"① 表现了其对满族人的偏见。因此，柳诒徵在处理民族关系问题上是矛盾的，虽然他力图反映中华民族的融合统一，但由于其思想认识上的不彻底，所以又不自觉地走向狭隘的民族主义。

在语言表达方面，通史撰述应遵循哪些原则标准，柳诒徵也未予以明确的说明和阐述。语言表述得好坏，会直接影响史学普及的效果。当代史学家白寿彝先生生就曾从史书的表述形式上阐述史学普及，主张写通俗的历史读物。他指出，那些将拼拼凑凑，粗制滥造视为"通俗读物"者，简直是对通俗历史读物的亵渎。真正的通俗历史读物应该既能使读者看得懂，容易理解，又能使专业历史工作者从中获得一些新的收获②。《中国文化史》有其相当的史学价值，但从普及中国文化的角度来看，其语言显然有些艰涩，非一般人所能领会。又如裁笔标准，通史最大的特点和优长就是"通"，然而史事繁多，不可能事无巨细地都要写进通史中去，这既不可能，也完全没有必要。这样，撰写通史时裁笔问题就显得尤为重要。柳诒徵重视通史撰述中的裁笔原则，并一再强调史事去取的重要性，对已往史书中的裁笔标准，也多有论述。但撰述一部现代通史，究竟应以何为笔削标准，他却没有给予明确系统的说明。在这一点上，他显然没有张荫麟阐述得透辟。张荫麟概括了五种笔削标准："新异性的标准"，即认为史事的重要性与其自身的"新异性"成正比；"实效的标准"；"文化价值的标准"；"训诲功用

---

① 柳诒徵：《中国文化史》下卷，第 704 页。
② 参见白寿彝主编：《史学概论》"第十章"，宁夏人民出版社 1983 年版。

的标准"；"现状渊源的标准"，即与现实关系密切者为重要。张荫麟认为，除
"训诲功用的标准"应该放弃外，其他四种标准都是今后写通史的人所当自觉地、
严格地合并采用的。张荫麟认为不能深刻认识文化价值的人，不宜写通史，知古
而不知今的人也不能写通史，只有熟悉整个历史范围内的事实，对事实的轻重能
权衡至当，方能胜任通史的写作。他实际上是对通史撰述者所应具备的条件提出
了要求。

在通史编撰的具体方法上，柳诒徵主张实行分工合作。他认为，通史包含政
治、经济、文化、教育、宗教等各方面内容，而世无全才，学有偏重。如释、
道、耶、回诸宗教，绵历多年，形成许多派别，其中门户，"旷若胡越"；又如美
术之编，文艺之史，"性质虽同，亦多歧趣"。因此，仅凭个人力量修通史，"良
难兼济"。历史上官局集天下群儒修史，就是这个道理。因此，他主张分工合作，
"各任所愿"。由众人集体修史虽然可以弥补个人知识不足方面的缺陷，可以集思
广益，也能克服资料和财力不足方面的困难。但众人修史也有一些弊端，如修史
人员各自为政，很难做到整齐划一，彼此照应，因此，这样修出来的史书有时会
有重复、不连贯甚至矛盾的地方。众人修史的弊病，自唐朝开始实行官方修史时
就已经暴露出来，当时任史馆编修的刘知幾便有"头白可期，汗青无日"之叹。
张其昀也认为，"史学至难，而史才多偏，欲宏造就，孰逾共业。史局之乱，由
于学者无大公无我之意，岂制度之罪哉。"① 张其昀在这里虽然指出了众人修史
的弊病，却认为出现这些弊端，并不是众人修史制度本身不好，而是由于参与者
没有集体意识，组织不严密，协调不够。既然众人修史存在弊端，而修通史又必
须分工合作，如何解决这个问题？柳诒徵等人主张成立专门的修史机构，加强组
织协调，要有总纂来把握纲领，有编辑各任其分工②。他认为，古代史馆修史，
"合各衙署之官于一馆，即不啻冶各司属之才于一炉，观其演进之迹，亦可知由
涣而聚，由析而总者之自有术也。"③ 他也主张成立专门修史机构，集国内有才
之士，参与编写。具体方法他在说明编《全史目录》时做了说明，先由众人商定
体例，然后由众人分任，或专任一朝，或分任一类。专任者编成后，必须通知参
加编修的其他诸人，其他人皆各就所见，补其遗漏。不仅参加编目的人员之间要

---

① 张其昀：《读史通与文史通义校雠通义》，《史地学报》第 1 卷第 4 期，1922 年。
② 柳诒徵：《拟编全史目录议——中华教育改进社历史研究组议案》，《史地学报》第 3 卷第 1 期，
1924 年。
③ 柳诒徵：《记光绪会典馆之组织》，《柳诒徵史学论文集》第 529—530 页。

互相协调，互通生气，同时还要求教于海内外其他的通儒硕学，以求"讨论不厌求详，编辑务祈无漏。"可见，柳诒徵在主张分工合作修通史时，试图尽量避免众手修史的弊病。在具体编撰上，柳诒徵虽未予以具体阐明，但从他对修《清史》的意见上还是能略窥一二。他主张应先多方搜集史料，并动用政府的力量，令地方政府设法征送各地图书馆所藏孤本方志；派专人负责剪裁每日报纸上的有关材料，并按史料子目，分别归类。资料收集后，首先从编辑长编入手，分总长编和分长编。

　　柳诒徵的修史思想和主张可从他对清史编纂的意见和主张中体现出来。清史的撰修是民国建立以后史学领域的一项重大工程，从 1914 年成立清史馆，由赵尔巽为馆长，柯劭忞为总纂，组成清史撰修班子，1928 年正式修成。一时间，撰修清史成为政坛和世间的大事。为修好这部中国最后一部正史，许多史学家都提出了自己的建议。1914 年，柳诒徵恰逢在北京任教于明德大学堂，曾为某君代撰《清史刍议》一文，该文反映了他对修清史的意见。首先，柳诒徵认为修史人员应该具有"前集古人，后无来者"的精神和信心，即要师法并继承前人纂修正史的成功经验，力图将清史撰成中国历史上最好的正史。其次，他主张清史的编修应先定义例，"义不先立，例无由起。"不先确定义例，清史的撰修便没有了中心和标准。清史当以何为"义"？柳诒徵主张以"君臣之义"和"夷夏之辨"为例，指出，清史的君臣之义应主"颂述"，而"夷夏之辨"则应本《春秋》。而且，清代，无论宗室藩属，还是宦官之祸都比明朝明显减少，在修清史时不能因为其为满族而"痛肆诋諆"。不过对满汉歧视、文字狱等也应直书，不应有所隐讳。总之，持论要"持平"，秉笔直书。如果不慎重，在西方国家对我国"觊觎正亟"① 的情况下，就会为西方侵略者制造借口。可见，柳诒徵不仅从史学角度阐明义例的重要性，而且，还从爱国主义视角思考这一问题，超越了就史言史的局限性，具有了一种现实的责任感和民族精神。在具体的体例上，柳诒徵在分析比较各家主张的基础上，提出了自己的看法。关于本纪体例，他提出了"纪不必帝，帝不必纪"的见解，主张清统一以前的诸帝，由于未完成统一，所以，不必分别立本纪，列"满洲本纪"将诸帝归入，既可节省篇幅，也可以表示他们是非正统；将慈禧放入后妃传中，维新变法和义和团运动之后慈禧的事迹，入于《后传》中；宣统帝在位时间极短，且逊国之后仍拥有帝号，所以，宣统不必立

---

①　柳诒徵：《清史刍议》，《史地学报》第 1 卷第 4 期，1922 年。

本纪，将之附于《德宗本纪》之后，拟议中的《世祖本纪》和《宣统本纪》都应删除。对诸表的意见，他主张总体上应该把握"立表宜详，标目宜简"的原则，认为当时各家所提出的方案各有短长，有挂一漏万之病。如"执政表"与"宰辅表"不能协调；"七卿表"沿自明朝，与近代制度相背；学道和学使，礼秩不同，盐政和盐院，也不同于运使，"总以司道，惧非所安。"他建议遵循古代义例，首先立大的名目，然后再分子目，立"帝系表"；封爵各表合一，氏族表不应仅列满蒙；增加"国计表"，户口疆理、国用钱币、关市盐铁、债务等列入，表现了他对国家财政重要性的认识。各志体例，柳诒徵主张首设历象志，五行灾异等志可以省略。他将学校从选举志中析出，表明他看到了选举与学校的不同；设立《邮传志》、《外交志》等，以反映时代的特点。在诸传的编修上，他主张拿国家俸禄，占据高位，辗转除授，却没有特别成绩者，可以删除，附在职官表中即可；名臣的事迹，要根据具体情况，稍加甄采；天算格致，不专立《畴人传》，而归入到《儒林传》中；顾炎武、王夫之等人，由于矢志不归附新朝，所以，应专立《遗民传》；戈登、赫德应专列《客卿传》；吴越、徐锡麟等，应照《史记》例，设《刺客传》；而《奸臣》、《宦官》、《佞幸》、《忠义》等，则应删削。

　　从柳诒徵对清史体例的意见中不难看出，他仍是就旧史法立论，对旧的史书体例，既不主张完全废除，也不主张完全照搬，主张在继承原有史书体例的基础上加以改造，"因时而变"。对清史的纂修来说，柳诒徵的原则基本是正确的。在21世纪的今天，我们重新编纂清史时，在体裁体例上仍要坚持继承和创新相结合的原则，仍不能完全抛弃旧史例。但当我们仔细分析柳诒徵的主张时会发现，他继承和因袭的成分远远多于变革的成分。他对史例的变革是极为有限的。尽管如此，在当时他毕竟比那些一味死守旧体例的清代遗老们要进步和开明得多。

　　由于柳诒徵认识到史学的发展和提高，有赖于专门史研究的深入，因此，他在重视通史撰述的同时，也极为重视和提倡专史的研究和撰写。他认为，中国自古以来，史部书目分类不广，大抵因书分类，而不是根据事件来标题，如《农书》、《棉谱》、《陶录》、《茶经》等，或列于子家书目中，或列于说部。在他看来，虽然中国史书无西方的专门史，却"载籍极博，往事具在，钩沉索隐，率可成书。"也就是说，中国具有丰富的编撰专门史的材料，因此，他主张学习西方修专史的方法，每类事编为一书，著成专门史。诸如农商渔牧、工艺医药、建筑绘画、音乐文学、宗教风俗，以及兵事外交、政治教育、路电邮航、矿山水利等一切与民相关的事物。对这些方面的事物，"上起古初，下迄今日，详其原委，抉其利病，庶足徵前民之矩矱，备当途之考镜，轨躅合乎六洲，徽美彰乎五族。"①《中国文化史》就是典型的通史性的专门史，是他这一主张的体现。

为更好地实现通史与专史双轨并行发展的构想，柳诒徵提出了以下方面的具体主张：

其一，组织中国史学会。

不仅通史的撰述需要众人分工合作，有些专门史的研究，尤其是大的专门史课题，也需要众人的力量。1929 年左右，以柳诒徵、陈训慈等为代表的东南学者在南京成立"南京中国史学会"，地点设在柳诒徵主持的龙蟠里南京国学图书馆内，推柳诒徵任会长，并出版《史学杂志》。② 关于该会的宗旨，其创刊号上的《本志启文》中称："本志由中国史学会同人编辑发行，以发表研究著作，讨论实际教学，记述史界消息，介绍出版史籍为宗旨"。可见，中国史学会是为促进史学研究和教学，以及史学交流而创办的。其实，成立中国史学会的倡仪早在1920 年南高师史地研究会成立之时。该会由柳诒徵、竺可桢、徐则陵等教授担任指导员，于1921 年成立《史地学报》，陈训慈于第 1 卷第 2 期上发表《组织中国史学会问题》，基本代表了史地学派的共同主张。陈训慈指出，近年以来，由于没有专门的学会，所以，学术不振，专著出版沉寂，组织史学会刻不容缓，建议由各大学的史学教授以及专门史家联合发起成立中国史学会。他们主张成立中国史学会，一则，有感于 1921 年的国际美术史公会与维也纳东方古物博览会，都没有中国史学家出席。一个有着悠久历史和文化，有着丰富的文物，又自恃史学发达的大国，在国际史学会议上却无史家参与，他们不仅为中国史学界，也为世界史学界感到惋惜，同时也有丝丝的耻辱感在其中。二则，有感于古代史馆、志局修史的优长。他们主张成立中国史学会的主要目的就在于，"吾人鉴于前世史馆志局之失败，则今后中国史学会当如何讲究组织，确定步骤，明立科条，审定区域，使有总纂以举纲领，有编辑以尽分功，以其所能易所不能；或事分析，或事综合，秩然有序。"③ 即旨在发挥其组织和规划的作用，促进史学研究，加强中国史学与国际史学界的交流与对话。关于成立史学会的好处，他们认为，

---

① 柳诒徵：《修史私议》，《史地学报》第 1 卷第 4 期，1922 年。
② 《史学杂志》由 1926 年柳诒徵等人创办的《史学与地学》杂志分化而来，1929 年，《史学与地学》分为《史学杂志》与《地学杂志》。
③ 张其昀：《读史通与文史通义校雠通义》，《史地学报》第 1 卷第 4 期，1922 年。

一，可以促进实学研究的发展；二，有利于表白中国文化，增强外国人对中国文化的了解；以史学会为中心，对古代文化进行忠实的研究，从而给中国文化以正当的地位。由此，传播中国之真史，以使外国人明了中国之地位；三，更有效地收集和保存史料。

为有效发挥中国史学会的长处，实现他们的目的，他们认为中国史学会的任务主要有：整理旧史；编定新书；探险考察；保存古物；组织图书馆、博物室，供学者及社会参观与研究；参与近史，包括促进清史的编纂，发行年鉴，收集近世史料等。① 在中国史学会如何开展工作方面，他们主张在讲求组织的前提下，进行分工研究，具体分工可以时期、地域或历史事实之性质进行分组，各组分别进行研究，但所有小组都应有一个一致的目的和公用的研究方法，然后分途以赴，合力以成。只有这样，才能真正发挥史学会的作用。史地学派的倡议没有引起有关各方的重视，所以，全国性的中国史学会当时没有组织起来。到1923年，万国历史年会第51次会议在布鲁塞尔召开，会方邀请中国派代表参加，而当时的教育部对此极不重视，只是通令各省教育厅"得自由出洋与会"。柳诒徵等史地学派诸人，对教育部的敷衍做法极为不满，这使他们更清醒地认识到，靠政府出面组织史学研究会是不可能的，于是他们再次呼吁史学工作者自己组织起来。《史学杂志》作为南京中国史学会刊物，其主要编撰者为柳诒徵、缪凤林、张其昀、郑鹤声、陈训慈等，可见，南京中国史学会以柳诒徵为核心，主要成员仍是原史地研究会成员，可以说，南京中国史学会由原史地研究会发展而来。南京中国史学会是中国最早的史学研究会，柳诒徵诸人率先倡导并组织史学研究会，是希望以此来促成具有全国性质的中国史学会，从而促进中国史学研究的深入开展。

其二，编《全史目录》。

柳诒徵认为，查阅书目是史学研究的入手办法。为便于史学研究，他主张编《全史目录》。他指出："整理中国旧史，殊非易事，鄙意入手之法，第一宜先编一全史目录。"而旧的中国史籍分类，将史部书籍放于经、子、集书目之外，这样既无以见史之全体，即使就史书一部分论，所谓正史、杂史、编年、纪传等类，分划亦不够精密。就现实情况而言，近年新书、古器日出不穷，却无人将新旧之书合在一起编成精详的目录书，以飨学者。一些向学之士，虽想着手整理史

① 陈训慈：《组织中国史学会问题》，《史地学报》第1卷第2期，1922年。

籍，却往往不得要领。这种状况，做不利于史学研究的开展。有鉴于此，1924年，柳诒徵向中华教育改进社历史研究组提出了"拟编全史目录"的议案，主张打破已往经、史、子、集，以及正史、编年的范围限制，以分代史、分类史、分地史、分国史为纲，以经、史、子、集，以及新近出版的书，外国人研究中国史事的书，以及图谱、器物等凡与史事有关的，"均条举件系，囊引一编"，以使学者明白要治某朝某类之史，可先按目录而求，尽得其原料之所在，然后再以近世史学家的眼光方法，编制新史，这样才不致"蹈向壁虚造之机"。否则，空言整理，意与事违，"虽有雅才，徒张俭腹，非所语于实事求是也"①。

然而要编成一部全史目录，绝非个人的热情和力量所能完成，需要发动专家，分工合作。柳诒徵提议先由中华教育改进社同人商议，酌定体例，然后由各人分任编目，或专任一朝，或分任一类。目录编成后，各大学图书馆，可以按照目录，购置图书，以飨学者；历史博物馆，也可按照目录，征集器物，因此，此《全史目录》用途及作用很大。柳诒徵还提议此书完成后，每三年增补一次，提要和索引也要依次增补。可见，柳诒徵对这个议案是经过认真考虑的，并力图找到一个切实可行的方案。谁也不会否认，目录对于学术研究的重要性，查阅书目，的确是进行学术研究的入手方法。一个学者，对其所研究的相关领域的书目掌握得全面与否，会直接影响其学术活动的开展以及学术成果的质量。柳诒徵的设想和出发点是正确的。但仔细分析便会发现，这一主张实际操作起来却有相当大的困难。自古至今，中国史部书籍汗牛充栋，浩如烟海，不要说编一部全史目录，就是编某一类专史目录，要想将全部书籍都囊括尽，似乎也不太可能。因此，他的《全史目录》最后没能编成也就是必然的了。

自柳诒徵等人提出中国史学通史与专史、普及与提高双轨并行发展的构想至今，中国史学的发展证明，这一构想是正确的。对历史著作而言，只有既具真知灼见，又写得通俗易懂才是雅俗共赏的上乘之作；对史学发展而言，也只有将二者很好地统一起来，史学才能健康发展。柳诒徵等人在 20 世纪 20 年代，提出中国史学双轨发展的构想，是有远见卓识的。

---

① 柳诒徵：《拟编全史目录议——中华教育改进社历史研究组议案》，《史地学报》第 3 卷第 1 期，1924 年。

第四章　柳诒徵的诸子学思想

先秦诸子学,乃中国传统文化的重要内容和基石,汉武帝"罢黜百家,独尊儒术"后,儒学日显,成为封建文化的正统,非儒学派渐衰。近代,随着西方文化的输入及其对儒学文化的冲击,人们的思想观念也逐渐发生变化。尤其是20世纪初,随着辛亥革命的日益深入,思想文化领域的革命亦日渐突出,有识之士对传统儒家思想进行了深刻反思,对诸子学亦进行了梳理和深入研究。一时间经学地位大衰,诸子学异军突起,并逐渐占据学术重镇。正如柳诒徵所言,"今日学者,喜谈诸子之学,家喻户习,浸成风气。"① 胡适在他1919年出版的《中国哲学史大纲》中也曾指出,清初的诸子学,不过是经学的附属品,一种参考书,"到了最近世,如孙诒让、章炳麟诸君,竟都用全副精力,发明诸子学。于是从前作经学附属品的诸子学,到此时代,竟成专门学。一般普通学者,崇拜子书,也往往过于儒书。岂但是'附庸蔚为大国',简直是'婢作夫人'了。"② 当年的许多学者,都加入到关于诸子学的研究与论争中。柳诒徵针对诸家论诸子学存在的问题,提出了自己的见解,其研究问题的态度和方法,很值得我们深思和借鉴。

一、诸子学缘起及其衰微

柳诒徵论诸子学,主要基于时人论说诸子的偏激。他说:"诸氏之说子家学派,率好抨击以申其说,虽所诣各有深浅,而偏宕之词,恒缪盩于事实。后生小子,习而不察,沿讹袭谬,其害匪细,故略论之,以救其失。"③ 当时学者论诸子学首先遇到的问题便是诸子学的缘起问题,这也是当时学术界研究与争论的重

---

① 柳诒徵:《论近人讲诸子之学者之失》,《史学杂志》第1卷第1期,1921年。
② 姜义华主编:《胡适学术文集·中国哲学史》上,中华书局1991年版,第13页。
③ 柳诒徵:《论近人讲诸子之学者之失》,《史学杂志》第1卷第1期,1921年。

点之一。较早论列诸子学缘起的是章太炎，1906 年 9 月章氏发表《诸子学略说》，提出了"诸子之学出于王官"的论点。胡适于 1917 年所作的《诸子不出于王官论》一文，对章太炎的观点提出异议。胡适征引《淮南子要略》，认为诸子之学不出于王官，起于救世之弊，是应时而兴，时势之影响为诸子学产生之全因。古代虽学在王官，而诸子学与王官无涉，"吾意以为诸子自老聃、孔丘至于韩非，皆忧世之乱而思有以拯济之，故其学皆应时而生，与王官无涉。""故诸子之学皆春秋战国之时势世变所产生"。[1]

关于诸子学缘起，柳诒徵赞同章太炎，反对胡适。他指出，"庄子谓诸子之学出于古之道术，《艺文志》称诸家皆出于官守，其言至当而不可易。"[2] 胡适据以驳斥"诸子之学出于王官"者为《庄子·天下篇》、《荀子·非十二子篇》、司马谈《论六家要指》、《淮南子要略》四书，而其《诸子不出于王官论》则只引《淮南子要略》，《庄子·天下篇》中所谓，"古之道术有在于是者"，"某某闻其风而说之"等，都是说"诸子之学各有原本，初非仅以忧世之乱应时而生也。"[3] 且"诸子之学，大都相因而生，有因前人之学，而研之益深者；有因他人之说，而攻之甚力者。"[4] 诸子之学出于古代圣哲者为主要原因，而激发于时势者为次要原因，胡适举次要原因而放弃主要原因，"《淮南子·要略》亦非专主救世之弊一端也。其述儒者之学，则曰修成康之道，述周公之训；其述墨子之学，则曰学儒者之业，受孔子之术，背周道而用夏政；其述管子之书，则曰崇天子之位，广文武之业。夫夏及文武成康周公，皆诸子之学之前因也。"[5] 如果诸子学不出于王官，则诸子学转似凭空从天上掉下来的。

由于柳诒徵与胡适对诸子学是否出于王官的认识不同，直接导致了他们对王官是否有学术的意见分歧。胡适对古代传统文化尤其是儒学持批判否定态度，因此对古代王官痛加诋毁，断言古代无学术，按照逻辑推理，自然得出王官无学术，王官无学术，故诸子之学决不出于王官。柳诒徵则认为，《庄子·天下篇》中所谓"百官以此相齿"、"缙绅先生多能明之"等，都是古代官有学术的明证。而且，古代三公，司徒、司马、司寇，多贤士，何能断定其无学术。《墨子·尚

① 姜义华主编：《胡适学术文集·中国哲学史》上，第 598 页。

② 柳诒徵：《中国文化史》上卷，东方出版中心 1988 年版，第 274 页。

③ 柳诒徵：《论近人讲诸子之学者之失》，《史地学报》第 1 卷第 1 期，1921 年。

④ 柳诒徵：《中国文化史》上卷，第 220—221 页

⑤ 柳诒徵：《论近人讲诸子之学者之失》，《史地学报》第 1 卷第 1 期，1921 年。

同》篇中有"圣知"、"辩惠"等，都是学术之美称。胡适若要说古代司徒定无学术，必须证明古代三公，绝无圣知、辩惠之人，或证明《墨子》诸篇所言"古之三公"皆儒家所羼人，不然古代王官之有学术，定为天下公言。柳诒徵坚决主张古代王官有学术，诸子学定出于王官。他进而指出，胡适的病源，"实由于不肯归美于古代帝王官吏，一若称述其事，即等于歌功颂德的官书。"① 柳诒徵指出，胡适意在试图抹杀春秋以前圣知、辩惠之三公，将六籍归纳于儒家，以便肆意诋毁。这是一种论学偏于主观，逞己臆见，削足适履的错误做法，学者应当引以为戒和涤除之。

柳诒徵对胡适将中国古代王官比作欧洲中世纪黑暗时代的教会的做法，提出了严厉的批评。胡适在《诸子不出于王官论》一文中，将古代王官比作欧洲中世纪的教会，强调王官视诸子学"如天地之悬绝"，绝对不能容忍私家学术的存在。因此，胡适认为，诸子学不但不能出于王官，即使能与王官并存，也定不为王官所容，而必被王官所焚烧坑杀，就像欧洲中世纪的教会，对文艺复兴以后兴起的私家学术，竭尽全力阻抑其发展一样。柳诒徵则指出，在中国焚烧坑杀为桀、纣、白起、项羽所为，不能据此断定古代王官都是桀、纣、白起、项羽。欧洲教会焚杀哲人与中国古代王官风马牛不相及，如此论史，是主观臆断，是诬古。

诸子学缘起至为复杂，见仁见智，言人人殊，但其出王官，目前史学界已成定论。20 世纪初，由于诸子学的研究刚刚兴起，对此存在分歧，符合学术发展的一般规律。平情而论，胡适、章太炎持论有一定的政治目的性，所以不可能做到客观。胡适的不足，也主要在此，而不在其论断结果的谬误，柳诒徵批评胡适的也正是这一点。胡适以为儒家托古改制，便举古书一概抹杀，于《书》则斥之为没有信史的价值，于《易》则不信其来源，于《礼》则专指为儒家所作，独信《诗经》为信史；而于《诗经》，又只取变风、变雅以形容当时之黑暗腐败，于风雅颂所言不黑暗、不腐败者则又一概不述。这显然有失片面，是强古人以就我。且胡适将诸子学之缘起，仅仅归结为时势之影响，则又失之单简。任何学术思想的产生，虽然必有时代的原因，但也必定是在前人成果的基础上，继承和发展而来。正如梁启超所言，"无论何种创造行为中，都不能绝对的不含有模仿的成分。"② 所谓"模仿"，即是对前人学术成果的继承，亦即柳诒徵所说的学术思

---

① 柳诒徵：《论近人讲诸子之学者之失》，《史地学报》第 1 卷第 1 期，1921 年。
② 夏晓虹编：《梁启超文选》下，中国广播电视出版社 1992 年版，第 542 页。

想产之"正因"，或"前因"。柳诒徵强调了诸子学的思想渊源，较胡适等人的见解深刻。当然，柳诒徵在强调诸子学产生的前因时，也有夸大之嫌。由于诸子学没有产生于殷商末年的大乱，而产生于周末大乱，柳诒徵因此贬低甚至否定时势对诸子学产生的作用。诚然，虽世乱繁多，但每一事变均有其特征，并非千篇一律，因此每一事变对世人思想的影响亦不尽相同，不能将两次大乱等同看待。柳诒徵只看到了事物的表象，没有看到事物的个性特征。其实，诸子学的产生虽然在学术渊源上是继承了古代王官的思想，但当时的社会形势对诸子学产生的影响还是相当大的，这一点是无法否定的。

另外，胡适认为产生某种学说的学说，必须甚高，至少高于所产生的学说。因为他以为王官之学，不及诸子，所以，诸子不可能出于王官。这显然是错误的。学问虽出自一家，但可以相反。柳诒徵说："诸子之学，固皆角立不相下，然综合而观之，适可为学术演进之证。其所因与他人者，有正有反，正者固已究极其归宿，反者乃盖搜集其剩余，而其为进步，乃正相等也。"① 如孟子、荀子同出于儒家，而一主性善，一主性恶，就像冰出于水，而冰非水，且冰寒于水；青出于蓝，而青非蓝，且青胜于蓝，实同一理。同出一家之学术，与源出学术有所不同，如果与源出学术完全相同，学术便不可能发展。正是在继承原有学术的基础上有所创新与发展，学术才能不断进步。缘此可见，柳诒徵以联系和发展的视野评论诸子学，是正确的。

关于诸子学的历史命运，自古至今学界众说纷纭。20 世纪 20 年代，学术界多将其失传归罪于董仲舒请汉武帝"罢黜百家，独尊儒术"。如梁启超在《论中国学术思想变迁之大势》中称，"儒学统一云者，他学销沉之义也。"② "董仲舒对策贤良，请表章六艺，罢黜百家。凡非在六艺之科者绝勿进。自兹以往，儒学之尊严，迥绝百流。……二千年来国教之局，乃始定矣。"③ "中国学术思想之衰，实自儒学统一时代始。"④ 胡适在讲到墨学灭亡的原因时也说："汉兴以后，儒家当道，到汉武帝初年竟罢黜百家，独尊孔氏，儒家这样盛行，墨家自然没有

---

① 柳诒徵：《中国文化史》上卷，第 282 页。
② 梁启超：《论中国学术思想变迁之大势》，《饮冰室合集·文集之七》第 1 册，中华书局 1989 年版，第 39 页。
③ 梁启超：《论中国学术思想变迁之大势》，第 44 页。
④ 梁启超：《论中国学术思想变迁之大势》，第 57 页。

兴盛的希望了。"① 柳诒徵认为，时人持论，是由于不知诸子学之变迁。国人得见诸子之书，能知春秋战国时代之学术思想，乃汉武帝之功劳。汉武帝时，诸子学正由消沉而复行发现，且恰在罢黜百家后，诸子之源流转为明朗；汉成帝、哀帝，均重学术，刘向、刘歆父子校理秘文，于是诸子之渊源益明；至东汉时，班固撰《汉书·艺文志》，所存子书 189 家，4324 篇，都是汉人保存、讲求诸子学的结果。如果儒学统一，罢黜百家，那么，公孙龙、墨翟之学说不可能与儒家并存。况且，自西汉至东汉，阴阳名法诸家，皆与儒家并立，何尝统于一尊？董仲舒虽请罢黜百家，但未见汉武帝有何明文禁人习诸家之学说。因此，"汉人初未特尊儒家，以为至高无上，神圣不可侵犯也。"② 梁启超的"罢黜百家"一语，是臆测之词，胡适也是中了梁启超的毒。

柳诒徵并不认为诸子学的消沉是汉武帝"罢黜百家"之过，而是认为由于汉末至唐末之兵乱所致。他说，那时书都不存在了，学说自然歇绝。由古代学术之源流可知，"其学之兴也渐，其学之衰也渐"，只是"今日为梁胡诸氏之谰言所晦，故论者不讼儒家，则嗤汉武，而为吾国学术之大憝者，反为人所不知。"柳诒徵的见解不可谓不独特，在当时以抨击儒学，提倡新文化为主流学术话语，以维护儒学为守旧、为落后的中国学术界，柳诒徵却为汉武帝、为儒家辩护。现在看来，梁启超、胡适等人将诸子学的衰歇仅归罪于汉武帝"罢黜百家，独尊儒术"，既不够全面，也把问题看得过于简单了；柳诒徵看到了兵乱对诸子学衰竭所造成的影响，是对的。但柳诒徵将诸子学之衰，仅归因于兵乱也同样失之片面，也有失公允。诚然，"罢黜百家，独尊儒术"虽不是诸子学衰歇的全部原因，但至少与之有极大的关系。章太炎在致柳诒徵的信中也认为，"九流之衰，足下谓由董卓之乱、永嘉之难使然，亦实语也。然书籍焚毁，始于是时，而学术衰微，则实汉武罢黜百家之故。文景时，博士尚有以诸子教者，至汉武乃专取五经，其实非只废绝百家，亦废绝儒家。……是故以罢黜百家归咎仲舒，本不为过。唯梁启超以仲舒为儒家，因以是为儒家之过，则鄙意甚有异同。……九流之衰，仲舒群儒，当任其过，而不得概咎儒家。望足下更为平情之论也。"③ 柳诒徵的见解，根源于他对儒家及儒学的挚爱甚或崇拜，因此，他不可能将诸子学之

① 胡适：《中国哲学史大纲》，姜义华主编：《胡适学术文集·中国哲学史》上，第 172 页。
② 柳诒徵：《论近人讲诸子之学者之失》，《史地学报》第 1 卷第 1 期，1921 年。
③ 《章太炎致柳教授书》，《史地学报》第 1 卷第 4 期，1922 年。

衰归咎于董仲舒及儒家。柳诒徵这一文化运思上的局限性，障蔽了他的视野，影响了他对儒家及儒学的公正评判。其实，诸子学衰歇的原因是复杂的，绝非任何单一因素所能导致。不论是"罢黜百家，独尊儒术"，还是汉唐之际的兵祸，无疑都给诸子学造成了极大的危害，但仅此二者也不能将问题说清楚。不过，如果不对柳诒徵太过苛责的话，柳诒徵毕竟发他人未发，言他人未言，补充了对诸子学衰微原因的分析，其积极意义也是应当肯定的。

二、论诸子是非得失

孔子、老子是诸子中较早的两家，他们孰先孰后，关系如何，一直是学术界争论不休的问题。冯友兰、顾颉刚、梁启超、钱穆等人皆主张老子及《老子》都在孔子之后。冯友兰认为老子是战国时期的人①；顾颉刚认为《老子》的作者承袭了孔子的思想②；钱穆认为老子不仅在孔子之后，且在墨子之后③；梁启超通过对《老子》的考证，认为《老子》并非与孔子同时的老聃所作，老子在孟子之后，在孔子之后百余年④。胡适、章太炎等人则认为老子生于孔子之前。柳诒徵反对老子在孔子之后的说法，认为老子先于孔子，且都生于春秋时。张荫麟也对梁启超所谓老子生孔子百余年后提出质疑，指出，《中庸》中有"万物并育而不相害，道并行而不相悖"的话，都说明孔子时代必有与孔子并行之道。然而，当时除老子外，并无与孔子并行之道。若老子在孔子后，孔子便不会有这样的话。⑤

在承认老子先于孔子的学者中，对孔子是否曾问学于老子，以及二者的关系也存在分歧。章太炎在《诸子学略说》一文中认为孔老相猜，老子将其权术传授予孔子，但征藏故书，后来全部被孔子诈取，孔学本出于老子，因儒道形式不同，所以不想奉老子为本师，但又害怕被发现，于是说老子曰："乌鹊孺鱼傅沫细要者，化有弟而兄蹄"。老子胆怯，不得不曲从孔子的请求。老子胸中不平，

---

① 参见冯友兰：《中国哲学史》上，中华书局 1961 年版。

② 参见顾颉刚：《从〈吕氏春秋〉推测〈老子〉之成书年代》，《史学年报》第 4 期。

③ 参见钱穆：《关于〈老子〉成书年代之一种考察》，《燕京学报》第 7 期，1932 年。

④ 参见梁启超：《评胡适之〈中国哲学史大纲〉》，《饮冰室合集·文集之三十八》第 5 册。

⑤ 张荫麟：《老子生后孔子百余年之说质疑》，《学衡》第 21 期，1923 年 9 月。

想举发，可是孔子之徒遍布东夏，于是不得已向西出函谷至秦国。很明显，章太炎是诋诬孔子而张诸子之学说。柳诒徵对章太炎提出了严厉批评，他指出，"乌鹊孺鱼傅沫"等语，并不能说明孔子想夺老子之名，"有弟兄啼"也不含逢蒙杀弈之意，这些都是章氏的臆解。另外，胡适认为孔子是守旧派，痛恨少正卯的学说，所以作了司寇七天便杀了少正卯。章太炎也坚信孔子杀了少正卯，并以此推及老子。柳诒徵坚决反对此说，指出，孔子杀少正卯之事可疑处很多，历史上本无少正卯其人，退一步说，即使孔子有杀少正卯之事，也不能以此推之于老子。

孔子是否问学于老子，学术界也有异见。其实，孔老关系是一回事，诸家对这一问题的看法则是另一回事。对此问题的不同回答，实际反映的是诸家对孔子及儒学的不同态度。章太炎在民国初年，作为资产阶级革命派，出于反满、反封建的革命需要，对用以维护封建统治秩序的儒家思想进行猛烈抨击，以为其政治目的服务，所以诋毁孔子。柳诒徵则始终认为，孔子为中国文化之中心，所以，对诋毁孔子的言论必予以严厉回击。他从学术的角度立论，对章太炎的批评是中肯的，这从章太炎对柳诒徵的恭谨态度中可得到证实。章太炎看到柳诒徵批评自己的文章后，不仅没有和柳诒徵结怨，反而致书柳诒徵，承认自己的错误，并表示感谢。信中章氏承认自己所说"孔子窃取老子藏书，恐被发覆者"，乃是十数年前"狂妄逆诈之论"。以"有弟兄啼"之语，作逢蒙杀弈之谈，也是"妄疑圣哲"，"足下痛与箴砭，是吾心也，感谢感谢。"①

关于孔、老关系，柳诒徵与梁启超等也有分歧。梁氏认为，孔、老形成南北对垒互峙之势，墨子则处于二者之间，并将墨子归为北方学派。柳诒徵则认为，古代地势有南北之分，或以淮河为界，或以长江为界，但从未有同在黄河以南，淮河以北，而分属南北者。老子出生地苦县，在黄、淮之间，距长江极远，孔子出生地鲁也在淮河以北，无论以淮河，还是以长江划分南北学派，孔、老实在同一范围内，所以，孔、老应同属北方学派。柳诒徵批评梁启超将诸子之学强分南北，其流毒之影响很大，"自梁氏为此说，而近年南北人乃互分畛域，至南北对峙，迄今而其祸未熄"②。柳诒徵的批评有一定道理，但将当时南北学术的分野，完全归咎于梁启超则有不当。中国学术无论在性质上，还是治学精神方面，确实有南北差异。由于任何一种学术思想必有它赖以产生和存在的地域环境，南北地

---

① 《章太炎致柳教授书》，《史地学报》第 1 卷第 4 期，1922 年。

② 柳诒徵：《论近人讲诸子之学者之失》，《史地学报》第 1 卷第 1 期，1921 年。

域的差异，造就了不同的学术土壤，对学术也产生了一定的影响，这是毋庸置疑的。

对道家学说，胡适由于主张诸子学由于时势造成的，所以认为老子的思想完全是时代的产物。因当时政府不配有所作为，偏要有所作为；不配干涉，偏要干涉，弄得社会混乱，老子才出来主张无为。柳诒徵则认为，老子教人无为，是由于"病世人之竞争于外，而不反求于内"①。老子教人无为，并非主张绝对无所为，而是扫除一切人类后起的知识情欲，然后从根本上用功。就哲学层面而言，胡适认为老子思想为"中国哲学的始祖"②。柳诒徵却不这样看，他认为，哲学不同于道学，哲学偏重于知识，道学则注重实行，而老子所重在实行。不仅老子之学如此，上起孔、墨，下至程、朱、陆、王，所见虽有不同，但注重躬行则是一致的。所以，中国古代圣贤之学，只可谓之道学，不可谓之哲学。

关于老子的天道观念，柳诒徵与胡适也有不同看法。胡适认为，老子"打破古代天人同类的谬说，立下后来自然哲学的基础。"而老子所谓"道"，本是一个抽象的观念，与"无"是一样的，"道即是无，无即是道"③。胡适还指出，由于老子认为当时社会国家种种罪恶的根源，皆由于多欲，文明程度愈高，知识愈复杂，情欲也愈发展，所以，老子提出所谓"五色令人目盲，五音令人耳聋，五味令人口爽，驰骋田猎令人心发狂，难得之货令人行妨"④，这些也是对20世纪初所谓文明文化的攻击。老子是想把行远传久的文字等制度文物，全销毁，使人类退回到无知无欲，老死不相往来的乌托邦。虽然柳诒徵也承认老子"道"与世人的知识绝对相反，如同南辕北辙，知识越多，去"道"越远。但老子所谓"愚民"，并不同于后世所谓"愚民之术"。"老子之所谓'愚民'，则欲民愚于人世之小智私欲，而智于此真精之道，反本还原，以至大顺。"⑤ 因此，不能以后世愚民之术，归咎于老子；只知老子主张破坏一切，却不知老子欲人人从根本上用功，也是不理解老子之学。

柳诒徵对时人将老子之学附会西方的各种学说、各种主义的做法予以抨击。他指出，老子之学说，绝对与时人的思想不相合。它与今天的物质之学显然不

①　柳诒徵：《中国文化史》上卷，第227页。
②　胡适：《中国哲学史大纲》，姜义华主编：《胡适学术文集·中国哲学史》上，第43页。
③　胡适：《中国哲学史大纲》，姜义华主编：《胡适学术文集·中国哲学史》上，第44、45页。
④　胡适：《中国哲学史大纲》，姜义华主编：《胡适学术文集·中国哲学史》上，第45页。
⑤　柳诒徵：《中国文化史》上卷，第228页。

同，即使一切浪漫主义、破坏主义、虚无主义等也不容其附会。原因在于，时人所提倡的主义，无非是对外的扩张改造，初未反求于根本。认为老子只创造而不占有，是对老子极大的误解。创造本为有心之为，而老子的"为"乃无心之为。如果像胡适那样，认为老子之学是想使人类返趋太古，也是未从根本上理解老子之学。老子之学的最高境界是"无为而无不为"，无为是根本，无不为只是因应，无为不会被无不为所趋役，不理解此境地，便不能理解老子。

随着诸子学的勃兴，以前最受攻击的墨学反而备受重视，胡适曾言："现在大家喜欢谈《墨子》，墨学几乎成了一种时髦风尚。但《墨子》所研究在一百多年前还是一种得罪名教的事；那时候研究墨学的人还算是'名教之罪人'，有褫革衣领的危险。"[①] 因墨学备受重视，所以存在的争议也最大。当时学者多持"扬墨非孔"之论。柳诒徵说："今人多好讲墨学，以墨学为中国第一反对儒家之人。又其说近于耶教，扬之可以迎合世人好奇惊新之心理，而又易得昌明古学之名。故讲国学者莫不右墨而左孔，且痛诋孟子拒墨之非。"[②]

柳诒徵虽承认墨子有功于世，但对近代以来，国人震慑于西方科技之发达，以墨子的格术来附会西方学说的做法极为反对。他批评梁启超将墨子的名、辞、说，附会西方论理学中所谓名辞、名题、前提等。他也不赞成时人扬墨抑孔，以及对孟子"非墨"的诋毁。胡适将墨学的衰亡归因于儒家的反对、政客的猜忌、墨家后进的"诡辩"太微妙等。柳诒徵则认为，墨学的废绝不应归罪于孟子"非墨"，而是由墨学自身原因所造成的，"墨子之道，本自不能通行。自战国以来，墨学久绝者，初非举世数千年若干万亿人皆为孟子所愚。实由墨子之说，拂天性而悖人情，自有以致之耳。"[③] 墨家"刻苦太过，不近人情"，"互相猜忌，争为巨子"，"骛外徇名，易为世夺"等，都是导致墨学衰微的自身缺陷。"此皆其骤盛于一时，而卒不能不同化于他派之故，不可专病异己者之排击也。"[④] 墨子没有认识到父子之道出于天性，欲透过这一层，使人皆视人如己，主张"视人之室若其室"，"视人身若其身"，"视人家若其家"，"视人国若其国"等等，言虽似乎至仁至公，实际却违反天性。因此，墨家的"兼爱"、"爱无等差"极为可笑，其病根亦在此。"爱人之父若己之父，而毫无等差，是人尽父也。人尽可

①　胡适：《翁方纲与墨子》，姜义华主编：《胡适学术文集·中国哲学史》上，第727页。
②　柳诒徵：《读墨微言》，《学衡》第12期，1922年12月。
③　柳诒徵：《读墨微言》，《学衡》第12期，1922年12月。
④　柳诒徵：《中国文化史》上卷，第272—279页。

父，尚何爱于己之父。父子之伦即不成立，世间惟禽兽，不知有父。初民之等于禽兽者，不知有父，故直断之曰是禽兽也。"而儒家立言，则根据天性，所以说"不独亲其亲，不独子其子"，曰"老吾老以及人之老，幼吾幼以及人之幼"，曰"人人亲其亲长其长而天下平，皆从本身推及他人，而非视人与己无别。"① 在柳诒徵看来，墨家学说之所以衰微，最主要的原因还是在于墨学不懂得"人伦"天性，而儒家思想得以长期存在的原因之一恰恰在于儒家重视人伦。柳诒徵对当时附会风气的批评是对的，当时的附会之风的确很严重。陈寅恪也曾对时人研究墨学的附会之弊也做过批评："今日之墨学者，任何古书古字绝无依据，亦可随其一时偶然兴会而为之改移。几若善博者能呼卢成卢，喝雉成雉之比。此近日中国号称整理国故之普通状况，诚可为长叹息者也。"②

近代以来，提倡新文化者，多以墨学来反对儒学，他们放言墨学最民主，是民学，认为国体改革，当"废孔崇墨"。梁启超、胡适等人甚至"在打倒孔家店之余，欲建立墨家店"③。这从一个侧面反映了胡适等人对墨学的高度推崇。柳诒徵则认为墨学最专制，最尊君，墨学中有许多有关专制、尊君的言论，"今人全不读书，但凭耳食。闻人说墨子之学如何胜于孔子，便认定墨子之学如何胜于孔子。而其所谓研究墨学者，亦不过取今之时髦人物颂扬墨子之书，略加涉猎，即奋笔以评骘孔墨，于其原书盖未睹也。"④ 柳诒徵实际上也批评了当时学术界浮躁的风气。

近代以来学者倡论墨学，各有是非。客观而言，提倡新文化者对墨学积极意义的发掘，无疑有助于时人对墨学认识的改变和加深，从而有利于墨学的发展。因为在此之前，墨学一直处于被排挤的地位，其思想没有得到正确认识和评价。然而倡言新文化者企图以墨学来反对儒学，他们的出发点却是错误的。他们过分抬高墨学的地位，也不符合实际。如胡适将墨子说成是一个重实行的宗教家，一个创教的教主，说墨子所讲的"利"，不是"自私自利"的"利"，而是"最大多数的最大幸福"⑤。同样，柳诒徵对墨家的"兼爱"、"爱无等差"、"节葬"等主张也存在误解，在人欲横流，争城争地之世，墨子主张"兼爱"、"非攻"，亦

---

① 《读墨微言》，《学衡》第 12 期，1922 年 12 月。
② 陈寅恪：《冯著中国哲学史审查报告》，《学衡》第 74 期，1931 年 3 月。
③ 《郭沫若全集·历史编》，人民出版社 1982 年版，第 469 页。
④ 《读墨微言》，《学衡》第 12 期，1922 年 12 月。
⑤ 胡适：《中国哲学史大纲》，姜义华主编：《胡适学术文集·中国哲学史》上，第 118 页。

不失为救时之良药。且墨学起初并非提倡不忠不孝，他同样教人以孝，孟子所诋诃墨学者乃为墨学末流，而非主流。柳诒徵没有认识到这一点。另外，墨子的"节葬短丧"也并不是主张不葬不丧，不仁不孝，墨子的立意在节俭。在当时乱世之下，能提出"兼爱"及"短丧薄葬"的思想，是有相当魄力和卓识的。今天看来，不仅在当时提倡节俭非常必要，即使在21世纪的今天，墨子的节俭思想仍有积极意义。不过，柳诒徵对新文化运动者所谓墨学是民学、最民主等主张的反驳则是正确的，在当时"扬墨非孔"之风盛行的情况下也是非常必要的。尤其是他批评由此所反映出的当时那种"附会"的不良学风，更是问题的症结所在。墨学是否尊君，是否民主，其"兼爱"、"非攻"等主张是否可行等问题，都可进一步讨论，关键是论学的态度。

　　总之，诸子之学极为复杂，不可简单论其高下得失。正如柳诒徵所认识到的："周秦诸子之书，谈何容易。专治一家，已非寝馈其中，熟读深思，不能得其要领，况兼及九流十家乎！兼及九流十家而籀绎之，而评论之，如堂上人判堂下人曲直"，"故今之操笔而谈诸子之学者，当自有其心得，亦必有疏略舛误之处"①。而且，由于柳诒徵深信，世间万事万物都非绝对，说古代野蛮，今日文明，野蛮人苦恼，文明人快乐等，都是呓说。文明野蛮、人类苦乐等都会互有消长，不能一概而论。因此，柳诒徵主张立言析理绝不能局于一偏。柳诒徵就是在这种论学不囿于一偏的"执中"理念支配下，论说诸子之学的。实际上，他在对诸子学的评价上，也基本上做到了客观公正，且多有创见。他对当时学者论诸子学的偏失和"附会"学风的纠正，对中国学术的健康发展是有裨益的。他对时人论诸子学偏失的批评也是中肯的，受到他严厉批评的章太炎、胡适、梁启超等人对他更加尊重。章太炎致信感谢，并以题有"博见强识，过绝于人"的扇面相赠；梁启超也对他很客气，称赞他"受人以虚求是以实，所见者大独为其难"；胡适与柳诒徵见面也很客气，承认自己多少有点主观。这都足以表明中国学者相互批评、相互砥砺、相互促进的良好的学术批评之风气，也是目前学术界应当学习继承和发扬的。

---

① 柳诒徵:《评陆懋德〈周秦哲学史〉》,《学衡》第29期,1924年5月。

第五章　柳诒徵的道德思想

　　伦理道德观是柳诒徵文化思想的重要内容之一，20 世纪初，新旧道德激烈冲突，社会腐败问题日益严重，柳诒徵从维护传统文化，挽救世道人心的立场出发，对传统伦理道德，尤其是儒家道德进行了重新阐释，旨在彰显传统伦理道德中的精华，突出道德精神在新的历史条件下的重要价值。对道德与政治、道德与学术文化的关系及践履道德的途径等，柳诒徵皆有独见。

一、伦理道德观

　　19 世纪末 20 世纪初，在新旧、中西文化的激荡下，作为文化重要组成部分的伦理文化也面临着如何走向现代化的重要抉择。各文化派别的具体文化主张虽所有不同，却都以伦理问题的解决作为解决中国文化问题的根本。他们运用各种伦理思维，苦苦求索中国伦理问题解决的途径。柳诒徵对伦理道德问题也提出了一些具有合理性的见解和主张，其中有些见解至今仍闪烁着光辉价值，值得我们思考。

（一）"人情之恒，固必遵行达道"

　　传统伦理道德，主要是指以儒家伦理为核心的伦理思想和规范。近代以来，随着外国资本主义的入侵，中国的自然经济逐渐解体，以此为基础，建立在宗法血缘关系上的伦理关系也因之动摇。五四新文化运动以来，传统伦理道德更遭受到猛烈的批判和攻击，面临着前所未有的严峻挑战。陈独秀、李大钊等新文化派认为，中国传统伦理道德虽曾对中国乃至世界伦理文明作出过重大贡献，但到 20 世纪初，传统伦理道德已出现严重弊端，已不能适应现代社会的发展。由是他们主张"伦理觉悟"和"道德革命"。"西化派"甚至全盘否定传统伦理道德，主张全盘接受西方的伦理道德。以梁启超、梁漱溟等为代表的"东方文化派"则坚持东方伦理本位主义，主张对传统伦理道德给予充分肯定。在新旧文化更迭，社会环境和价值观及社会生活都发生变化的条件下，应怎样对待传统伦理道德，如何建立新的道德秩序，是亟待解决的问题。

柳诒徵对中国传统伦理道德被猛烈批判，一部分中国人崇尚和追求西方伦理道德的现象非常不满。他认为，传统伦理道德中的"仁爱孝悌"、"忠恕"、克己奉公、勤俭廉正、"己所不欲，勿施于人"、"富贵不能淫，贫贱不能移，威武不能屈"等道德品格，不仅适用于古代社会，也同样是当时人们应该具有的伦理道德精神。他指出："伦理之懿，尽人能言，亦更仆难罄。"无论醉心新文化者，还是笃旧之士，对传统伦理道德的认识都存在误解，都没有认识其真谛。"实则古礼之协于人情，合于民治，其精奥赅备，固非徒执臆见近事所可测定。"①

柳诒徵指出，近人推尊西方伦理道德，认为西方人伦重互助之德，不像中国的伦理专讲忠孝、服从，这种认识是对中国传统伦理道德的误解。中国的人伦，即通常人们所说的"五伦"，都提倡人之互助，促进人之互助，维持人之互助。所谓为人君，止于仁；为人臣，止于敬；为人父，止于慈；为人子，止于孝，等等，都是互助之意。因此，"五伦"即曰"达道"，"人情之恒，固必遵行达道也"。也就是说："五伦"是人们共同遵行之道。在柳诒徵看来，将传统伦理中的君臣、父子、夫妇之伦说成是封建专制统治的"伦理纲常"，是专制统治的象征，是与民主政治相违背的，因此，必须推翻这些伦理道德，这种理解是片面的。柳诒徵认为，君臣之义极广，"无所逃于天地之间"，并非专指天子与诸侯、皇帝与宰相言。君臣实为"首领与从属之谓"，无论何种社会组织，皆有君臣。如学校有校长，公司有经理，商店有管事，船舶有船主，寺庙有主持等，这些人其实都是"君"。辅佐其治理者，则都是"臣"。即使在外国没有总统的国家，也有参议院长或委员长之类，作为全国之代表。"故君臣其名，而首领与从属其实，君臣之名可废，首领与从属之实不可废，不可废便不可逃。"社会上，没有无君臣关系者，"苟欲无君，必须孑身孤立，尽废社会组织，我不用人，亦不为人所用，然后可以无君。"②既然人不可能脱离社会而存在，社会存在也不能没有社会组织，那么社会就不能没有君臣关系。在李大钊看来，君臣之间，只是职位的分别而已，"其辨德罪，必本于天；其证天意，必视之民。"③在柳诒徵这

---

① 柳诒徵：《中国礼俗史发凡》，柳曾符、柳定生选编：《柳诒徵史学论文续集》，上海古籍出版社1991年版，第624页。

② 柳诒徵：《明伦》，《学衡》第26期，1924年2月。

③ 柳诒徵：《中国礼俗史发凡》，《柳诒徵史学论文续集》第627页。

里，君臣之伦具有普遍的适用性。

父子之伦和夫妇之伦作为传统家庭伦理的重要部分，是新文化运动抨击的重点。李大钊指出，中国传统伦理是以大家族制度为基础的，强调宗法等级关系和纲常礼教，把所有社会成员都禁锢在大家族中。人的个性、权利、自由等都束缚于家族之中，不许其有表现的机会。在家庭关系中，子对父只讲"孝"，妻对夫只有顺从和贞节。臣对君的"忠"，不过是"孝"的放大而已。所谓纲常名教、道德礼义等，都是损卑下以奉尊长。因此，在李大钊看来，传统伦理是使子弟牺牲自己的幸福和个性以奉其尊上的伦理。鲁迅、吴虞等人甚至抨击传统家族伦理为吃人的礼教。他们极力主张推翻之。柳诒徵的认识则恰恰相反，他认为，父子之伦是由禽兽、野蛮人进于文明人之后才有的，是人与禽兽的根本区别所在。禽兽有父子而无父子之亲，有牝牡而无男女之别，人等于禽兽则贱，人别于禽兽则贵。古代圣人作礼教明伦理的目的，就是"以昭人类之贵"①。人类没有"礼"，则无异于禽兽。一切伦常皆为"礼"，"礼"即"理"，秩叙而已。而秩叙本于人之性情，人之性情本于天，所以，秩叙又叫天叙天秩；天叙，即人类可以常行者。圣哲按伦类而教，所以又称"五教"，亦即"五伦"。如果人对于自己的父亲不予扶助，却对其他漠不相关之人高谈互助，并竭尽全力为之筹策，是"无本"、"无情"，是"人类之结合，徒以势利关系，而不本于理性也。"② 如果废除父子之伦，是率人从禽兽。胡适在《中国哲学史大纲》中批评儒家的"孝"，只教人做成一个儿子，而不教人做一个人，柳诒徵对此提出了批评。他认为，儒家教人知道为子之道，正是教人为人，"岂能做儿子者便不能为人乎?"③ 所谓父父子子，并非只强调子女服从、孝敬父母，父母亦关爱子女之，子孝父慈，"各尽其道"，"父有诤子，亦犹君有诤臣，此人伦之精理也"。④

对于夫妇之伦，新文化运动抨击最烈的是妇女在家庭中没有地位，以及妇女的守节问题。胡适认为，贞操是男女相待的一种态度，是双方交互的道德，不应该偏于女子一方面。男子对女子，丈夫对妻子也应有贞操的态度，男子做了不贞操的行为，如嫖妓娶妾之类，社会上也应该用对待不贞妇女的态度来对待他。妇女对于无贞操的丈夫，也没有守贞操的责任。而且，贞操应为个人行为，以双方

---

① 黄绍箕、柳诒徵：《中国教育史》，出版者不详，1925 年版。
② 柳诒徵：《明伦》，《学衡》第 26 期，1924 年 2 月。
③ 柳诒徵：《明伦》，《学衡》第 26 期，1924 年 2 月。
④ 柳诒徵：《中国礼俗史发凡》，《柳诒徵史学论文续集》第 628 页。

的感情、爱情为依据，诚意的贞操是完全自愿的道德，不容有外部的干涉，更不应用法律来褒扬和提倡①。对于这一问题，柳诒徵认为，传统伦理道德最初并不禁止男子遗弃妻子和女子改嫁，也不提倡"饿死事小，失节事大"的所谓忠贞。历史上有所谓"怀清台"、"匾表"之制，也只是"以其义笃情深，超轶流俗，特致敬礼，以励凉薄，道并行而不相悖也"②。只是到了宋代，儒家严夫妇之伦，才提倡此说。但他同时又认为，宋儒的"饿死事小，失节事大"之说也有其独见：

> 饿死事小者，一人之关系也，失节事大者，全体之关系也。人之于人，必须有生死不渝之精神，然后始见性情之可贵。使以吃饭活命，遂举至亲极密之人而背之，则人为经济所压迫，而道义荡然矣。故论女子必以能矢志扶孤、茹苦守节者为贵；论男子必以可以托六尺之孤、可以寄百里之命，临大节不可夺者为高，此人道之极则也。③

柳诒徵从人道的角度解析夫妇伦理，认为夫妇，都应该为家庭、社会、国家有所尽力，守节本身就是为家庭而尽力。因此，他对女子"矢志扶孤"、"茹苦守节"，男子"托六尺之孤"、"寄百里之命"、"临大节不可夺"等予以高度赞扬，并将之视为人道之极则。在他看来，夫妇之间互相扶助，同甘共苦，使双方都能专心为家庭、社会尽职尽责。这说明，他认为守节是男女都当有的。在这一认识上，看起来柳诒徵与胡适有相通之处，但二人立论的目的却不同。胡适旨在揭露和批判中国传统伦理中贞操论的不合理，以推动思想的解放，以建设新的婚姻家庭关系。柳诒徵的目的则是阐明传统伦理道德的合理性，以反击那些对家庭伦理的攻击，维护旧的传统道德秩序。

柳诒徵对夫妇伦理的见解还可从他 1926 年为缪凤林新婚所作的《贺缪生凤林新婚》诗中反映出来：

> 中年闻人谈爱情，有如梢林望春叶。
> 关雎麟趾意已陈，强附新词殊未惬。
> 缪子新婚索我诗，老马尤渐渥洼骦。
> 请持糟糠卅年味，为子现身而说法。

---

① 参见胡适：《贞操问题》，《胡适文存》第 1 集 4 卷，远东图书公司 1953 年版。
② 柳诒徵：《中国礼俗史发凡》，《柳诒徵史学论文续集》第 626 页。
③ 柳诒徵：《明伦》，《学衡》第 26 期，1924 年 2 月。

米盐琐末见肝肠，寒燠周旋迈褰箧。

支持门户历艰辛，寸箸尺槃皆大业。

岂无怫逆旋相忘，不识猜疑宁待歇。

君看鬐叟客辽东，补被囊衣咸手叠。

灯窗儿女课诗书，驿骑关山走缄喋。

遥怜白发压金钗，常似喜春临笑靥。

吕侯家法吾所稔，玉洁冰清一时甲。

祝君偕老胜迁师，催妆诗比师才捷。①

　　从诗中可以看出，柳诒徵祝愿学生缪凤林能与妻子白头偕老，并对自己的婚姻感到满意和自豪。他认为自己三十年成功的婚姻经历，足可以为年轻人现身说法了。可见，他所推崇和张扬的婚姻是夫妻相互扶持、相互帮助，共同承担起家庭的责任。在柴米油盐的家庭琐事中，以见夫妇之情义。他强调夫妻白头偕老，不主张轻易离婚。

　　他对西方人动辄离婚极为反对，对于好友吴宓与和他生活了近十年的妻子离婚，而别恋毛彦文既不理解，也表示反对。对吴宓离婚表示反对的绝非柳诒徵一人，吴宓的好友汤用彤、郭斌龢、陈寅恪、吴芳吉等都表示反对。尽管他们反对吴宓离婚的原因不尽相同，如汤用彤、陈寅恪认为婚姻当有爱情，柳诒徵对这一点则不太强调，但他们都认为，一旦为夫妻，当终身不易，不得移情别恋，否则，就是有失道德。吴芳吉的婚姻就是这种婚姻观的最典型的体现，尽管吴芳吉的婚姻没有爱情，但他还是在痛苦的婚姻中结束了一生。今天看来，吴芳吉的婚姻是可悲的，但在柳诒徵看来，吴芳吉对婚姻的执着态度和精神却是值得称道的，是合乎伦理道德要求的。

　　"忠"、"孝"观念也是传统伦理道德的重要内容，也受到被新文化运动猛烈抨击。柳诒徵则有不同看法，指出，从"忠"、"孝"观念的起源看，"忠"并非仅指臣忠于君，见危受命，还指官吏、君主忠于民。所谓"忠"，实际上是指居职任事者，尽心竭力求利于他人。因为人人都求利于他人而不自恤其私，所以牺牲主义、劳动主义、互助主义等都含概其中。柳诒徵并且认为，君上忠于民以实利为止，不以浮侈为利。外以塞消耗之源，内以节嗜欲之过。薄于为己，相率勇

――――――――――

① 《学衡》第49期，1926年1月。

于为人，勤勤恳恳，至死不倦，勇于牺牲的真精神，是尚"忠"的确证。作为人主，不恋权位，不恤子孙，甘愿将自己的生命尽献于国民而无所惜，生命垂危之际还想着教化远方异种之人，这就是所谓的"忠"。因此，后儒不了解古代"忠"的意义，以臣民效命于元首为"忠"，于是盗贼豺虎，只要踞高位，便可伤害百姓，诟病国家，而无所忌惮，难道不是学者不懂得古史，不通晓古代"忠"字意义的过错吗？

柳诒徵认为，"孝"在古代最初也并不限于家庭，并非仅以"顺从亲意"为孝。举凡居处端庄，事君以忠，莅官以敬，朋友以信，战阵以勇，以及增进人格，改良世风，研求政治，保卫国土等，无不包含孝道。由大禹劳身焦思，不避艰险，殚心治水可知，禹只有孝其父，才能尽力于社会国家之事，是"纯孝之精诚所致"。缘此，他反对用后世狭义的"孝"归咎古人。他指出，中国史策，忠臣、义士、循吏、名臣，可法、可敬、可歌、可泣者，其原何在，在圣哲由其天性引导，尽心尽力于国家①。忠孝伦理在中国历史上所起的作用很大。由于忠孝是人人尽职尽责，所以，对国家的发展和民族团结都意义重大。从民族发展的角度而言，由于自古重孝，所以注重祭祀，虽然祭礼近似于迷信，但出发点则是尊祖敬宗，报本追远，与其他宗教徒祈求冥漠不可知的上帝，或妄诞不经的教主有根本的不同。而且，这种祀祖之意义相承至今，已经成为维系民族情感的纽带，因此，提倡忠孝思想，可以团结世界各国的炎黄子孙，以增强民族的凝聚力。如侨民，虽散处他国，语言服饰都已发生变化，但一旦语及祖宗之国，父母之邦，庙祧坟墓之重，则仍动其情感，团结维系，惟恐或先。这足以使各国的华侨出于对祖宗的眷恋而生发对祖国的深厚情感，无论何时何地皆能维护祖国的尊严和利益，这种民族情感的作用是巨大的。诚然时至今日，中国人仍有祀祖传统，他们祀祖并不是基于祈求祖先神灵保佑的迷信思想，只是表达对祖宗敬重的一种形式，说这种感情导源于忠孝的观念也未尝不可。浓重而根深蒂固的忠孝观念确实在中国人的内心深处，已经成为一种不自觉的意识，绝非封建卫道士强加于民众的。柳诒徵从这一意义上阐发"忠孝"，也有合理性。正如柳诒徵所认为的，由于忠孝是向善之精诚，"不待宗教诱之，法律绳之，盟约涖之，而以人伦之自然收获之良果也。综览史册，治乱兴衰，虽不一而足，而由此天叙天秩，使吾国族

---

① 《中国礼俗史发凡》，《柳诒徵史学论文续集》第 630 页。

之绵延壮伟，常日进而无疆。"① 柳诒徵对古代忠孝观念是何等崇尚和自豪！

"仁"作为"五常"之一，也是传统伦理道德的主要内容。在柳诒徵看来，五伦就是"二人主义"，二人主义即"仁"，"仁"为人伦之至，世人以仁为安身立命之法。"仁"亦即"相人偶"，是由个人至大多数人中必经之阶段。"孝悌"为仁之本，人们有"仁"之观念，则不会有克、伐、怨、欲，如果在家庭中父子革命，兄弟参商，始则求偶妒奸，继则离婚失恋，这种人到了社会上，也会叛党卖友，媚外丧权，军旅倒戈，商贾倒账。这些行为若以孔子之教绳之，是失其"伦序"而已。因此，柳诒徵主张，做人必须从"五伦"始，犹如学算学必须从四则始。"不讲五伦而讲民胞物与，犹之不明四则辄治微积分，何从知为人之道哉。"②

柳诒徵对传统伦理的理解，有其合理的地方。如他将人伦关系归结为人与人之间的互助关系，用首领与从属的关系来看待君臣关系，强调夫妇之间的平等，将"仁"归结为二人对待之关系等。从处理人与人的关系上来说，柳诒徵强调由二人关系推及与多人的关系，并认为，处理好与一人的关系，是处理好与多人关系的前提和基础，这也是正确的。将忠孝伦理作为普遍道德规范加以弘扬，将"忠"的思想，从臣忠于君，扩大到"与人忠"，尽心为人谋等更广阔的含义，与今天我们所说的"忠于祖国"、"忠于人民"是相契合的。他讲"孝"也远远超出了"子孝于亲"的狭隘意义，突破了家庭的范围，扩大到孝于国家社会。他认为，忠孝无身份地位的限制，人人都应尽其职责，大公无私，勇于牺牲，为国家社会奉献自己的生命。由于他将个人尽职尽责，作为"忠孝"的根本，因此，他对历史上汉代人民负担繁重的赋税，不仅不表同情，反而大加赞扬，对一般儒家所颂扬的文帝减免田租的做法，则持反对态度。他认为缴纳租税，是国民应尽的义务，是忠孝思想的应有之义。汉代之所以能开疆拓土，国力充实，最主要原因就是汉代人民都能尽国民之义务。减免租税，反倒容易使人民认为租税为帝王私有之物，从而产生不纳租税的心理，这对后世产生了极大的不良影响。他以江苏的人口及税收与日本东京进行了比较，指出，江苏人口十倍于东京，而纳税额却不到东京的四分之一，其主要原因就在于，东京人能自觉担负纳税义务，而江苏人民则不肯担负赋税，这也正是日本比中国发达的原因之一。柳诒徵将忠孝视

---

① 《中国礼俗史发凡》，《柳诒徵史学论文续集》第 630 页。
② 柳诒徵：《孔子管见》，《国风》半月刊第 1 卷第 3 期，1932 年。

为团结、维系民族情感的纽带和增强民族凝聚力的道德精神保障。他所倡导的尊敬祖先，孝敬父母，保疆卫国，增进道德人格，服务国家社会，勇于牺牲和奉献的精神，以及人与人之间的互助合作精神，在今天也有很大的价值。而且，这些道德规范作为中国人的普遍道德的确应该加以继承和弘扬。这些道德在中国历史发展过程中也的确起过积极的作用，是张扬中华民族精神所必须的。传统伦理道德中的一些积极因素，经过长期的历史积淀确已凝结成中华民族的精神。因此，柳诒徵提倡对传统伦理道德的继承和发展有其可取之处。正如张岱年先生所指出的，"随着君主专制制度被推翻，忠君之义已经破除了。但忠的观念仍应保留，而且有巨大的生命力。忠于祖国，忠于人民，忠于社会主义，忠于党。这是今日共产主义道德的最重要的原则之一。"①

当然，柳诒徵对传统伦理道德的认识和评价也有不恰当之处，对西方的伦理道德也有误解。首先，他对西方伦理道德存在误解。西方提倡婚姻自由，但像柳诒徵所说的一生结婚数十次者，或独身不嫁，或惧怕生子受拖累者，毕竟是少数，并不是普遍现象。他以特殊现象作为一般现象来评说西方的伦理道德，是不客观的。西方国家在伦理道德方面，强调独立人格，但由此认为西方只讲个人主义，不讲为人之道，不注重家庭的责任和义务也是错误的。他认为"西方人对于物质文明，诚有高于吾国者，至其为人之道，尚多存禽兽及野蛮人之余习，未可目为文明"② 也是不恰当的。其次，他以首领与从属的关系来替代君臣关系，也不甚合理，掩盖了君臣间的不平等关系。首领和从属的关系与君臣关系有相似的地方，但二者确有实质的区别。首领和从属虽是上下级关系，但二者在人格和人身方面则是平等关系，与有着严格的等级差别的君臣关系截然不同。在中国漫长的封建社会，君臣关系已经演变成"君为臣纲"，皇帝具有至高无上的权威，臣子必须绝对服从皇帝的命令，皇帝的意志就是法律，掌握着生杀予夺的大权，这是不争的事实。明代甚至有"廷杖"制度，对敢提意见的大臣实行廷杖。清代，大臣对君自称奴才、臣等，都严重摧残了臣民的独立人格。因此，柳诒徵用首领与从属的关系来解释君臣之伦，抹杀了君臣间根本对立关系，也掩盖了君臣之伦的不合理性，以及"君为臣纲"的消极影响。他将父子之伦、夫妇之伦、兄弟之伦等看得又过重，认为父子革命、兄弟参商、离婚失恋等看成失伦序。他仍

---

① 张岱年：《中国伦理思想研究》，上海人民出版社 1989 年版，第 149 页。
② 柳诒徵：《明伦》，《学衡》第 26 期，1924 年 2 月。

以古代的尤其是孔子的道德观来衡量当时的行为，显然是不恰当的。他将这些行为与叛党卖友、媚外丧权等直接联系起来，更是夸大了人伦的社会作用。

在漫长的封建社会，忠孝思想与君权、父权结合起来，成为维护封建统治秩序和宗法制度的护符。在这种忠孝思想的道德束缚下，臣民必须忠于君，子女也必须无条件地尽孝。所谓君让臣死，臣不得不死，父让子亡，子不得不亡，作臣子的毫无独立人格可言。在"夫为妻纲"的教条束缚下，妻子也要绝对服从丈夫，所谓"以顺为正"为妻妾之道，妇女有"三从"之义，而无专用之道，即未嫁从父，既嫁从夫，夫死从子等，都否定和剥夺了妇女的独立地位。因此，君臣、父子、夫妇关系，都蕴涵着不平等关系，确实禁锢了人们的思想，损害了个人的自由独立，严重摧残了人心和人格，严重扭曲了人性。它又成为难以打破的思想包袱，严重阻碍了社会的发展和进步，成为阻碍中国走向现代化的思想根源。自明末清初以至近代，有识之士对伦理纲常展开了激烈批判，维新志士"冲决封建网罗"的呐喊到"五四"新文化运动的伦理革命，就是这一思想的体现。柳诒徵的错误在于，他仅强调传统伦理合理和积极的一面，却讳言其不合理性和严重的危害性。

伦理道德有无新旧，也是20世纪初学者们争论的主要问题。新文化运动倡导者认为，道德有新旧之别，因时因地常有变动，是随着物质的变动而变动的。"物质若是开新，道德亦必跟着开新，物质若是复旧，道德亦必跟着复旧。因为物质与精神原是一体，断无自相矛盾、自相背驰的道理。"① 他们认为，旧的伦理道德已经不再适应现在生活，已成为阻碍中国前进的绊脚石，因此，旧道德必须废除，新文化建设，必须从伦理道德的革命开始。柳诒徵则认为，虽然伦理道德有不断变化的方面，但也有恒定的一面，它不会随社会制度的变化而变化。中国自古以"敬天爱民"为立国之根本，因此，"制度可变，方法可变，而此立国之根本不可变"②，即使异族入主中国，也不能不本斯义。又如人伦，亦曰"达道"，是提倡人与人间的互助，"知互助之为名言，即知人伦之为达道，无所谓新旧，亦无所谓中西。"③ 在柳诒徵看来，人伦从互助的意义上，是无新旧之别的。亲亲，尊尊，长长，男女有别，是不可改变的。可变者是道德外在形式，礼仪、

---

① 李大钊：《物质变动与道德变动》，引自陈崧编：《"五四"前后东西文化问题论战文选》，中国社会科学出版社1989年增订第2版，第242页。

② 柳诒徵：《中国文化史》上卷，东方出版中心1988年版，第69页。

③ 柳诒徵：《明伦》，《学衡》第26期，1924年2月。

仪节等。道德问题的关键在求其根本，而非求其仪节。"常矢之以寅畏，得礼之本者，无论军旅、丧纪、宾客之仪，一行以敬，自然动中规矩。徒习于仪者，第知循行节目，而不能将之以诚，则所谓徒生徒善颂而已。"① 失去礼之根本之意，仅求礼之仪节，则非圣哲之所尚。在传统道德中，孝慈勤俭，忠信任恤等，皆为"恒德"，由于这些道德久已浸润于人心，人们已经行之而不自知。吴宓则进一步明确将道德的恒久不变的一面称为道德之本体，并认为道德的本体是绝对的、普遍的、放之四海而皆准的，如果抛弃道德的本体，人道将熄，世界也将会灭亡。柳诒徵与吴宓对道德本体的认识是一致的。

的确，传统伦理道德的确不能一概否定，建立新的伦理道德也不能完全抛弃传统道德。传统道德中的积极成分，仍是近代、现代，以至当代社会所需要的，没有这些自古相沿下来的伦理道德的影响，中国的民族特性将无以凸显。但另一方面，由于伦理道德是特定历史条件下的产物，是为适应当时的社会需要，为维护当时的社会秩序而形成的道德规范，其产生、演变离不开特定的历史土壤，人们也"总是从特定的社会经济关系中吸取自己的道德观念"②。唯物主义史学家认为，道德不是超自然、超物质的，不是凭空从天上掉下来的。道德的基础是自然，是物质，是生活的要求，"是适应社会生活的要求之社会的本能"③。因此，任何道德伦理，都应随历史条件的改变而变化。新的历史条件下，若仍用旧道德来规范人们的行为，必然会违背人们的意志，阻碍社会历史的发展。一般情况下，每一时代有每一时代的道德，尽管这种符合时代要求的新道德中仍含有旧道德的某些成分，但它毕竟在总体上已经不是旧有的道德。柳诒徵强调伦理道德的恒定性，却忽视了它的变动性。

承认道德中不变的方面并没有错，的确，道德既有可变的，又有不可变的，在可变的道德之外，有一部分道德是不变的。柳诒徵从维护传统文化的立场出发，反对新文化运动的过激行为，是无可指责的。问题的关键是，他对传统道德的认识过于理想化，而对传统道德消极和危害性的认识则明显不足。而且，对新文化运动也缺乏足够的理解，由此，便走向了片面和盲目。

无论在 20 世纪初，还是在以德治国的今天，如何对待传统伦理道德，如何

① 柳诒徵：《中国礼俗史发凡》，《柳诒徵史学论文续集》第 639 页。
② 郑师渠：《在欧化与国粹之间——学衡派文化思想研究》，北京师范大学出版社 2001 年版，第 377 页。
③ 李大钊：《物质变动与道德变动》，引自陈崧编：《五四前后东西文化问题论战文选》第 230 页。

建设新道德是至关重要的。历史的经验已经证明，建立新的伦理道德，完全抛弃旧的伦理道德，是不可取的。与旧道德斩断关系，"彻底决裂"也是办不到的。因为"伦理道德经过历史的锤炼，已经含有人类共性的因素，成为一个国家和一个民族的共同心理素质和文化品格，有其连续性、可继承性"①。因此，对待旧伦理道德的正确方法是，从旧传统观念中发现最新的近代或现代精神，就像贺麟所说："必定要旧中之新，有历史有渊源的新，才是真正的新。那种表面上五花八门，欺世骇俗，竞奇斗异的新，只是一时的时髦，并不是真正的新。"② 由此可以说，无论是新文化运动倡导者，还是柳诒徵，在建设新伦理道德时，对旧伦理道德的处理都有失片面。

（二）"正其义以谋其利，明其道以计其功"的义利观

义利关系问题是中国传统道德中的重要方面，也是中国伦理学史上的重要问题，义利观也是儒家伦理道德的主要观念之一。所谓义利观，就是对"义"与"利"的关系的认识，包含非常复杂的内容。孔子在《论语》里，提出了所谓"义"、"利"的问题，他说："君子喻于义，小人喻于利。"③ 孔子又强调"见利思义"④ 的要求。孔子所说的"义"，是指行为必须遵循的原则，"利"则指个人的私利。孔子之后，各代思想家们都从不同角度对义利关系进行阐发，形成了多种义利观。董仲舒"正其谊不谋其利，明其道不计其功"⑤，则是典型地将"义"与"利"截然对立起来。宋代儒家又在董仲舒的基础上，提出了"存天理，灭人欲"，仍认为"义"、"利"不相容。柳诒徵不赞同董仲舒的观点，反对将二者完全对立起来，认为义与利是统一的，提出了"正其义以谋其利，明其道以计其功"⑥ 的主张。

柳诒徵的义利观是从孔子、孟子、荀子，到李贽、颜元以来思想家的一贯主张。荀子强调"以义制利"；李贽等人则进一步认为，追求富贵，是圣人也不能

① 张岂之：《近代伦理思想的变迁·序》，张岂之、陈国庆著：《近代伦理思想的变迁》，中华书局2000年版，第5页。

② 贺麟：《五伦观念的新检讨》，《文化与人生》，商务印书馆1988年版，第51页。

③ 《论语·里仁》，朱熹：《四书集注》，岳麓书社1985年版，第98页。

④ 《论语·宪问》，《四书集注》第185页。

⑤ 《汉书·董仲舒传》卷五十六，中华书局1962年版，第2524页。

⑥ 柳诒徵：《正义之利》，《国风》半月刊第1卷第1期，1932年。

避免的，正谊便谋利，明道便计功；颜元则更进一步肯定了义与利的统一，他说：世上有耕种而不谋收获者吗？有荷网持钩而不关心是否能捕到鱼的吗？正谊便谋利，明道便计功，是欲速，是助长。若全然不谋利功，则是腐儒。从字面意义上看，柳诒徵的主张与颜元是一致的，实际上二者则是"貌同心异"。李贽、颜元等人的义利观表现出较为明显的功利主义倾向，而柳诒徵的义利观看上去似乎是功利主义的，实际上则恰恰是针对功利主义的泛滥而提出的，是对前人义利观的继承和发展。

20 世纪上半叶，功利主义弥漫，在西方国家尤其盛行。柳诒徵针对这一世界形势指出，世界各国没有不嗜利的民族，但"利"有公私之别，其性质类似而大不同。儒家讲"义"是超功利性的，只求行为是否应当，从不顾及利害关系，并将"义"分为"以利为义"、"以义为利"、"以义为义"等。柳诒徵没有纠缠于义利之辨，而是分别了公利与私利来阐述这一问题。他认为世人对公利与私利关系的认识存在误解，多将二者对立起来。认为求私利者只注意短浅的某一方面，而不顾及其他各方面，其结果是，公众之利益"日绌日促"，私人之竞争愈烈，发展之途愈碍。柳诒徵认为公利与私利是统一的，相互促进的，"求公利则务趋于远大，而私利自亦因以增益"。他将国人的义利观不只是作为个人的道德观念来看待，而是将之与国家、民族的兴亡联系起来。他说："夫察利有长短深浅大小之殊，而民族之强弱坚瑕隆污兴替以判。"可见，柳诒徵并不反对求"利"，他反对的是只求"私利"，不求"公利"的社会风气。由是，他对国人缺乏公利观念，惟急图私利感到不满，"故与其责吾民族之嗜利为独甚于他民族，毋宁责吾民族之嗜利为独绌于他民族；何为独绌？绌于短浅而小而已。"①

中国人仅知短小之私利，不知远大之公利，原因何在？柳诒徵将之归咎于政治教育、学术思想。但他认为，古先圣哲教人最初并没有错，所谓"正德利用厚生"、"理财正辞禁民为非曰义"等，都是诏人以公利，不专以薄赋省事为重；只是汉代以来，中国才开始以减租免税为仁政；且学者误以不知钱谷为高，不计利，以为"水清无鱼"，对坏人不在乎，对盗窃公物、营私舞弊者包庇容忍，这些都成为谋私利者的护符。久而久之，造成一国之人，无论愚贤不肖，都不肯减少自己的私利以增加公利，只想侵蚀公众利益以增加私利。这种心习，使国人逐渐丧失国家义务观念，即使被迫负担国家经费，对其所纳赋税作何用途，充足与

---

① 柳诒徵：《正义之利》，《国风》半月刊第 1 卷第 1 期，1932 年。

否，是全部归公，还是多半中饱私囊等，纳税者皆不关心。纳税者不监督税收之使用，便利了各方官吏侵蚀隐占，于是，他们无不以损公肥私为得。面对这种现状，柳诒徵慨叹："夫一方面为公利之来源者，则以少为贵，或竟由少而至于无；一方面分公利之成数者，则以多为贵，或竟由多而不可计算。此等相背而驰之理想，可以立国于世界乎？"① 而与中国国民嗜短浅之私利而不求公利形成显明对比的日本、德国、法国等西方国家，其民众都能重公利而不务短浅之私利，因是之故，这些国家能迅速发达而强盛。因此，中国要谋求发展以跻身世界之林，关键在国民憬然醒悟，致力于正义之利，即担负正当之赋税，打破经费征收之黑幕，对经费使用必求有效；不取非分之利益，尽力于公共之事业等。

缘此可见，柳诒徵所说的"义"是"正义"，"利"是"公利"，他提倡公利反对私利，即以正当的合乎道德规范的手段为公众谋取利益。可见他的义利观基本是孔子儒家义利观的继承。而且，他将义利提高到国家存亡，民族繁盛的高度，在 20 世纪 30 年代，民族危机严重的关键时刻，他企图通过对"正义之利"的提倡，来唤起民众的国家观念和民族责任感，可谓立意高远而深邃。

二、"以道德表治统"

道德与政治的关系是国家统治中面临的重要问题，国家政治统治中对道德问题处理得好坏，一定程度上会影响政治统治秩序和效果。柳诒徵从政治统治的根本原则出发，对政治与道德的相互关系予以剖析，并试图从传统中寻求德治与法治和谐统一的历史依据。

（一）"政治之原理在于正人"

政治与道德，究竟是何关系，道德对政治起什么作用，政治对道德又起何作用？柳诒徵从道德在政治统治中的重要性，以及政治的本意、政治统治的原则和目的上来阐述这一问题。他从《论语》"政者正也"，《中庸》"人道敏政，为政在人。取人以身，修身以道，修道以仁"，以及《管子》"凡牧民者，欲民之正"

---

① 柳诒徵：《正义之利》，《国风》半月第 1 卷第 1 期，1932 年。

等的阐述中，得出了"政治之原理，在以正人，正不正之人"① 的见解和主张。

柳诒徵认为政治统治的目的在于"正人"，因此，行政者道德素质的高低好坏，对政治统治的效果有极大影响，会直接影响到"正人"这一目标实现的程度。如果让一群"不正"之人行政，要想使国家统治秩序不混乱是不可能的，更不可能使他人"正"。由此，他强调行政者必须先加强自身的道德修养，使自己"正"，然后才能"正人"，这是万古不易之论。而当时行政者多为不正之人，他们惟利用是尚，中央利用疆吏，政府利用议员，地方官利用绅士，且这种状况有愈演愈烈之势，不论智者、愚者，对此皆至死不悟。产生这种现象的表面原因在于行政者贪恋权位，多行不义，害怕被攻讦被推翻，所以才采用此法，而根本原因则是为政者的道德低劣。柳诒徵指出，当时社会中躬行不正而善于利用者，可得多数人赞同，躬行正义而不善利用者，却易于被多数所反对。"由今之道，无变今之法。惟有驱天下而入于万恶之途，无所谓以正帅不正之说也"，他们都是蔽于一时之事，而不能深窥远察。实际上，人心之良，最初并未全部丧失，虽因当时诬蔽，而有淆乱黑白，颠倒是非之举。但潜伏之公论，以及事后逐渐明晰之事实，也未尝不能平反。由是，他主张为政者要敢于与一时的浮议与私心决战，不汲汲于目前的成败利钝，以最后之胜利为目标，这样，"政治自有正轨可循"。② 他也严厉正告为政者，以政治之力启发民智民德则可，束缚民智民德则不可。如果全民智德不进步，只知出于被动，即使一时有一二个非常瑰伟之士宰制于上，可以获得奇效而造新邦，时过境迁，所服从者非其人，即可立即使其前功尽弃。柳诒徵的主张有一定的合理性，也具有一定的普适性。如张其昀也认为，从事政治活动而不根据道德，则政治生活必致卑鄙龌龊，必会使人有践视之心③。这说明，政治之于道德关系重大，而政治的目的在于改善并提高国人的道德水平。梁启超也有与柳诒徵相近的见解，梁氏认为，儒家言政治，其唯一目的与手段，不外提高国民人格。他说："以目的言，政治即道德，道德即政治。以手段言，政治即教育，教育即政治。法律但为辅治之具，虽不可偏废，而其根本精神，绝对以德礼齐导者也。"④ 梁启超从政治目的上，将道德等同于政治，与柳诒徵一样突出政治与道德的密切关系。

---

① 柳诒徵：《正政》，《学衡》第 44 期，1925 年 8 月。
② 柳诒徵：《正政》，《学衡》第 44 期，1925 年 8 月。
③ 张其昀：《中国与中道》，《学衡》第 41 期，1925 年 5 月。
④ 张其昀：《教师节》，《国风》半月刊第 1 卷第 3 期，1932 年。

　　柳诒徵将改造政府和官吏作为从根本上改善和提高国民道德水平的入手办法。在他看来，当时中国的病源，主要有二：一，经受了数千年君主专制的中国，实行民主制仅有十几年，大多数人还没有民主国家的主人翁思想，唯以服从官吏之命令为唯一天职。因服从官吏命令之心理习惯深固，所以，上层的人忙着力争使自己成为官吏，其次者则无不喜欢接近官吏，再次者，则对官吏之言论思想言听计从。二，中国幅员辽阔，民族复杂，又"屡经蒙古、满洲蹂躏"，已习惯于苟且放任，久已无所谓政治了。官吏不问良心，不负责任，只知保全禄位，进而把持地盘。所以，自满清以至民国所谓万恶渊薮者无他，官吏而已。凡士、农、工、商，安分守职之人不能为，不敢为者，官吏能为之，敢为之；凡流氓、地痞、倡优、盗贼犯法等无耻之事，被世人斥为不应为，不可为者，一旦行之官吏社会，则无识之徒，不但不斥其不应为，不可为，且认为其既应为，且可为。如果有人出来反对，则会被众人嘲笑，甚至诽谤；或被认为这种迂腐之论已经久不可行于世了；甚或被怀疑别有用心，或觊觎官吏而不得，或敲诈官吏而不能，才作此无聊之议论。由是之故，官吏腐败，准官吏亦腐败。因此，柳诒徵主张，针对第一个病源，要改造当时中国国民，必须依靠政府及官吏之力；针对第二个病源，要改造中国，必须先改造政府官吏，使他们知道如何才可称"政治"。虽然，柳诒徵也承认，立国之道，必须从平民的道德智识着手，就像造屋，无基础，即令轮奂辉煌，仍不免有栋折榱崩之惧。然而，民德民智何由增进，政治实为之阶梯，"合千百有智识有道德之平民鼓吹倡导之而不足，用一二无智识无道德之官吏则败坏摧残之而有余。"[1] 因此，必须从改造官吏入手，才能从根本上解决腐败问题，才能从根本上解决国民道德问题。

　　从柳诒徵的阐述中可以看出，他的思想仍是儒家"内圣"、"外王"思想的深化。儒家的"内圣外王"思想强调内以修养自身道德，以期成就圣贤人格，外以平治天下，以期建立不朽功业，造福社会国家。"内圣"只是"外王"的前提条件，齐家、治国、平天下的"外王"则是"内圣"的最终理想和目的。由于柳诒徵认识到了执政者对"外王"的决定性作用，基于此认识，他将国家政治能否良性运转，国家能否长治久安，人民能否安居乐业等都归结为执政者的道德修养。他认为，只有执政者的道德提高了，普通民众的智识才能提高。他从中国政治制度的特性出发来分析道德与政治的关系，已经触及问题的根本，其见解是深

---

①　柳诒徵：《正政》，《学衡》第 44 期，1925 年 8 月。

刻的。

柳诒徵关于道德与政治关系的见解,在学衡派中具有一定的普遍性。郭斌龢也认为,道德家的理想就是政治家的理想,只有道德家才能作真正的政治家①。这与柳诒徵所强调的政治家必须首先加强道德修养,做一个有道德的人显然是一致的。吴宓也主张应使有道德的人,在政府及社会中居高位握重权,使之得以行其合乎道德的意志。吴宓指出:"今日中国之政治,其实际之设施,合于人性而裨道德者,乃为良政治;今日中国之人物,其信仰及行事,近于人本主义而远于浪漫及功利者,比较的即为有价值之人物。真正之革命,惟在道德之养成;真正之进步,惟在全国人民之德智体之增高。真正之救国救世之方法,惟在我自己确能发挥我之人性而实行道德。"② 胡先骕也认为,政治制度运行得良好与否,关键在于人的道德水准。由于学衡派是以白璧德的新人文主义为理论依据的,所以其道德思想和主张显然是承袭了新人文主义思想。白璧德认为,政治之根本在于道德,如果没有道德的制裁,任凭功利及感情的扩张,凡人必定会纵欲贪财,损人利己,个人之霸道必盛行。如果一国之人皆主霸道,则对于国内政治,必专务植党营私,贪财黩货,置国利民福于不顾。救治之法在"改善人性,培植道德"③。

20世纪30年代,在日本帝国主义疯狂入侵,民族危亡的严重时刻,各种救国策略被纷纷提出,柳诒徵等人力倡"道德救国"论。1932年,吴宓发表《中华民族在抗敌苦战中所应持之信仰及态度》和《道德救国论》两文,认为抗战保国是道德上所应该做的,在抗战中,国人能否发挥道德的力量,关系到抗战能否胜利,号召国人高扬道德精神抗战到底。1932年9月,柳诒徵与张其昀、缪凤林等人创办《国风》半月刊,以"隆人格而升国格"为职志。他们在说明创办该杂志的原因和宗旨时指出,面对日本帝国主义侵略,一部分中国人却不知自立自主,"伈伈伣伣于列辟而乞命",甚至求助于其他列强,"国族根本,斩于寻斧,寿陵之步,沦胥以铺。"他们认为,要想恢复民族精神,必须盛倡政治哲学,然而,丧心病狂者,依然无所改变,社会震撼,风化污浊,"直欲同人道于禽兽"。于是"斯刊职志,本史迹以导政术,基地首以策民瘼,格物致知,择善固

---

① 郭斌龢:《孔子与亚里士多德》,《国风》半月刊第1卷第3期,1932年。
② 吴宓:《评梁实秋的〈浪漫的与古典的〉》,《大公报》1927年9月19日。
③ 吴宓译:《白璧德论民治与领袖》,《学衡》第32期,1924年8月。

执，虽不囿于一家一派之成见，要以隆人格而升国格为主。"① 1936 年，在南高师二十周年的纪念餐会上，柳诒徵更明确提出了"以人格为救国之本"② 的主张。

道德救国的主张未必完全正确，但柳诒徵等人至少认识到了道德精神对抗战的重要性。他们将道德与个人人格及国格联系起来，明确提出道德是为提高人格，进而提高国格。人格提高了，国格才能提高，国格提高了，抗战才能胜利，民族才能独立。因此，他们这种从提高国民道德入手的救亡之道，在当时的历史条件下无疑具有积极意义。

（二）德治与法治和谐统一

"以德治国"是传统伦理道德长期积淀而成的民族精神的核心。《大学》曰：修身、齐家、治国平天下，说明个人道德修养是治国的前提，以德治国更需如此。

20 世纪二三十年代，国家政治混乱，民族危机严重，如何确保国家统治的稳定，实现民族的独立和富强，是摆在国人面前的重要历史课题。民族存亡的社会现实使当时的知识分子无法完全脱离政治，胡适说："我们本不愿意谈实际的政治，但实际的政治却没有一时一刻不来妨害我们。"③ 作为学者的柳诒徵，虽以学术研究为志业，其主要精力也集中在文化学术方面，但当时国内政治混乱，在国际政治中处于劣势的社会现实，无法使这位爱国学者回避政治问题。他以一个学者的视角，针砭政治统治中存在的问题。他指出，当时中国社会之腐败，已经像"洚水横流，滔天绝地"④，不仅普通民众以及督军总长、议员绅士等道德日坏，甚至一向被视为能够反映民族精神的知识分子，道德也逐渐沦丧。他为我们描述了这样一幅国人道德沦丧的画面：学生在校以得文凭、取学位为目的，以占便宜出风头为手段，他们到了社会上，必然会以争地盘、猎高位、为党魁、欺国民为根本；办学者贪污受贿，买卖学生，所谓学者也仅知拥戴官僚、把持禄位、侵吞学款。柳诒徵认为这些现象的出现都是道德人格败坏之故。因此，他指出，中国当时之大患非"赤化"，惟"墨化"。过去墨者只有官吏，而眼下墨者

① 柳诒徵：《国风·发刊词》，《国风》半月刊第 1 卷第 1 期，1932 年。
② 柳诒徵：《清季教育之国耻》，《国风》月刊第 8 卷第 1 期，1936 年 1 月。
③ 胡适、蒋梦麟等：《争自由的宣言》，《晨报》1920 年 8 月 1 日增刊。
④ 柳诒徵：《论大学生之责任》，《学衡》第 6 期，1922 年 6 月。

则从官吏到非官吏，立宪、革命、集权、分治，墨而已；争总统、争执政、争内阁、争国会、争法统、争外债、争路政、争军火、争地盘、皆以墨。首领腐败，附之者无不腐败，即使首领不腐败，附之者也要胁迫他腐败，或号召群众使之腐败。或拥立一人使之腐败，或借外力使之腐败，或假民意使之腐败，或挟武力使之腐败，或饰文治使之腐败，"一言以蔽之，曰墨"。①

如何解决这一问题，柳诒徵开出的救治之方是实行德治。他指出，崇尚德治是中国传统政治统治的特色之一，与西方崇尚法治形成鲜明对比，这是由于文化以及民族心理特征的差异所造成的，是历史使然，本无所谓孰是孰非。时人醉心民治，迷信法治万能，却未真正了解西方法治之真精神，只是袭取其法律条文而强加于中国，所以造成了很坏的影响，如效法西方实行的地方自治，以及选举的结果即是明证。他指出，民国时期的选举存在许多弊病，限制选举，只属于少数特殊阶级之人的选举，即使当时所谓普选，也只求选举人权利普及于大多数人。他们所举之人，能否胜于少数特殊阶级所选的人，却不一定。资产阶级不废除，则大资本家仍可挥巨金以收买选民。即使劳工劳农各结团体，务必让选民举其同等之人，不被资本家收买，如果不从人格着想，则奸诈诡谲之徒，笼络多数之愚民，也很容易。因此，大多数选举，仍不过是少数人之傀儡罢了。实际上，选举多为金钱选举，"金钱选举，莫甚于今中国"②。地方自治所带来的恶果也很明显，国会、省会均已被国民所痛恨，如果县、市、乡村再如法炮制，不问其民了解自治之意义与否，则乡棍、地痞、土匪、流氓群起而擅法权，那么，民国将一变而为"匪国"。他指出，效法西方法制的失败，连效法者自己也逐渐认识到了："满清之季，竞言变法，民国肇造，侈陈法制。一若瘠民窳国，皆法之咎，一旦袭人之法，则百废立举者。十稔以来，厥效可睹。昔之抄法政讲义讲宪法条文者，今多缄口结舌，不复张法制万能之论。骛新嗜异之士，则又转其耳目矣。"③因此，他认为不结合中国自古重人治的历史传统和现实，完全照搬西方的法治是不可取的。应当发扬中国乡治的尚德主义传统，以挽救世道人心。

当然，他并不认为西方法治不好，或不可行，也不反对中国实行法治。他一再申言："吾诚不敢谓德治与法治得一即足，不必他求，亦不敢谓尚德者绝对无

① 柳诒徵：《墨化》，《学衡》第 51 期，1926 年 3 月。
② 柳诒徵：《选举阐微》，《学衡》第 4 期，1922 年 4 月。
③ 柳诒徵：《正政》，《学衡》第 44 期，1925 年 8 月。

法治之思想事实，尚法者亦绝对无德治之思想事实。"① 在他看来，德治与法治并非截然分开，只是各国对二者各有所畸重而已。古代中国已有法制及法治，如周代政治便以法为本，自王公以至庶民无不囿于礼法之中，时时教民读法。所以，乡、遂之民没有人不熟读法令。"此岂空言法制，而一般人民尚不知现行之法律为何物者所能比哉！"② 言下之意，民国时期倡言法治，反对德治，纯属空言。古代法治昌明，何需求诸西方。"欲导吾民以中国之习惯渐趋于西方之法治"，必须参考中国古代的法治思想，否则，"不能得适当之导线也"③。他还指出，中国古代虽有法治，却与西方法治根本不同。中国传统法治之动机、原则皆在尚德而不尚法。中国立法之始，不专重在争民权，而惟重在"淑民德"，于法律之权限，团体之构成，往往不加规定，而反复申明历千古如一辄者，惟在劝善惩恶，以造就各地方醇厚之风。其弊病则在于，仅有德治，没有法治，则凶徒恶党转得因新法以自恣，以致乡里积怨丛生却对之无可奈何。缘此，他更坚信徒善不足以为政，徒法也不足以自行，尚德与尚法两种主义必须结合。

柳诒徵主张德治与法治融合统一，看起来似乎与我们今天"以德治国"与"以法治国"的理念和政策没有什么不同，因为今天的"以德治国"也是强调道德与法律、德治与法治统一。但仔细分析就会发现，其实二者是有本质区别的。今天的德治是社会主义民主政治的有机组成部分，社会主义制度下的德治不是人治，也不会导向人治。而且社会主义制度下的法治，是党领导人民治理国家的基本方略，任何组织和个人都没有超越宪法和法律的特权；今天的德治与法治，如同车之两轮，鸟之两翼，二者缺一不可，且二者并重。虽然柳诒徵也认识到了徒法不能以自行，徒善不足以为政，并主张德治与法治不能偏废，应适当结合。但在他那里，德治与法治不是并重的，而是以德治为主，辅以法治，甚至认为德治在法治之上。他的主张实际上是儒家"德主法辅"治国思想的继承。"为政以德"是儒家伦理中治国思想的集中体现，是孔子首先提出来的，孔子还认为，"道之以政，齐之以刑"，只能让"民免而无耻"，只有"道之以德，齐之以礼"才能使百姓"有耻且格"。荀子、董仲舒都倡隆礼重法，德主刑辅。到宋明理学那里，这一理论进一步系统化，逐步形成了较为成熟的以"德主法辅"为主要特

---

① 柳诒徵：《中国乡治之尚德主义》，《柳诒徵史学论文续集》第 178 页。
② 柳诒徵：《中国文化史》上卷，第 134 页。
③ 柳诒徵《中国乡治之尚德主义》，《柳诒徵史学论文续集》第 179 页。

征的国家治理和管理理论。柳诒徵的思想显然是受中国自古重德治传统的影响。他的主张也是基于对社会政治现状的认识。在他看来，社会腐败的根本原因在道德的阙失，而在中国已是一个"墨化"的社会，任何良法美意都不会发生有效作用，所以，根本入手之法，在培养国人的道德心，发扬中国的德治传统，在社会腐败混乱，法治万能的时代，倡导德治，未尝不是救病之良药。

柳诒徵对古代德治的评价太过于理想化了。平情而论，德治在古代的确曾发挥过巨大作用，在今天德治也有助于增强民族的向心力和凝聚力，为社会的政治稳定、经济发展和文化繁荣创造了一个宽松和谐的环境；同时，由于德治强调以德为先、以德为本，强调重视人并发挥人的积极主动性，因此，它蕴涵着极大的合理性。我们也应看到，古代"德治"必然导向"人治"，是"人治"的具体实施形式。柳诒徵没有认识到这一点。不过，在 20 世纪初国人盲目迷信法治的社会背景下，柳诒徵主张德治与法治相结合的治国之策，对打破法治万能，正确认识德治与法治的关系，无疑也是有其积极意义的。

三、道德中心论

柳诒徵始终持"道德中心论"，不仅认为行政以"德"，人与人相处以"德"，而且认为做人的根本标准亦为"德"，历史上各朝各代是否为正统也是以"德"来衡量的。不仅如此，他认为学术文化也是以道德为中心的。道德地位如此重要，道德如何实现？他结合历史与现实，提出了"反本"与"励耻"的道德实现途辙。

（一）道德乃为人之本

柳诒徵强调道德是为人之本，认为一个道德品质低劣的人，即使其地位再高，知识再丰富，也不值得人们尊重。他主张人们"反本"，即首先要做一个有道德的人。

他称颂古代尊师重道的道德传统，认为尊师重道是个人及社会的基本道德，但在 20 世纪初的中国，这一传统美德已逐渐沦丧，因此，他以维护这一道德传统为己任。1925 年他在东南大学"易长风潮"中的立场和态度，有力证明了这一点。1925 年 2 月，北京教育部免去郭秉文东大校长职务，任命胡敦复为校长。

3月9日，胡敦复到东大接任校长职务，郭之亲信及一部分拥护郭的教职员怂恿部分学生围困殴辱胡敦复，抵制胡接任校长职务，造成风潮。在这次风潮中，柳诒徵立场坚决地站在了少数反对郭秉文的一方，以学生殴辱校长为学校之耻。他发表《学潮徵故》一文，对古代历史上的学潮与当时的学潮进行了比较。他并不反对学潮，相反，他对古代因权奸误国、宦寺擅权、外侮凭陵、内政腐败、黜陟用舍非其人而发生的学潮大加称赞。他指出，学生奋不顾身为国家社会定大计、抗外祸、辨贤奸、明伦理而伏阙力争，其动机本于热诚，置个人生死利害于不顾，不稍涉私欲，且无师友党援关系。上下数千年，因学校内外之事发生风潮者，不知凡几。综观史籍，独无殴辱师长一举。史策无此事实，表明民德之优。推原其故，则尊师重道之说，自古以来为学者及父兄戚友共守之信条，而法律之严亦有所以辅成教育之基础。观《唐律》，殴业师者在十恶大罪之第"不义"之目中，而殴授业师者较殴平常的人加等。在柳诒徵看来，学生殴辱师长，有背尊师重道的道德传统。因此，他批评风潮中殴辱师长的学生，站在道德的角度来评判此事，并以之来维护师道尊严。那种认为他是企图做东大文学院院长，或想做江苏教育厅厅长，都是对他的误解。柳诒徵为表明自己的正义态度，不加申辩，毅然辞去了东大教授职务，为维护道德，他甘愿牺牲一己私利，也说明他道德说教并不仅流于口头的宣传，而是以身作则，积极践履，率先垂范。

在柳诒徵看来，20世纪初，中国已出现了严重的道德危机，不仅一般官僚和学生的道德品质逐渐下降，一向受人尊敬的学者也日益丧失其应具的道德。他指出，当时的学者实际上是一种变相的官吏，特殊的政客，无枪炮的武人，无资本的商贾，绝不是昔日埋头于实验室、图书馆，专攻自己所学，自赏其心得，不受世俗影响的学者。这些学者不致力于学术研究，他们以"拥戴官僚为自致通显之不二法门"。那些有一定势力的在野官僚，也乐于挟学者为名高，率其妻孥，挈其戚故，奔走运动。一般学者恰奉此类人为魁帅，为这些人制造舆论，扩大这些人的声誉，以为来日成为官僚之预备，这样，"纱帽与洋装合作，而学者之术售矣。"① 由是，柳诒徵认为，当时所谓学者，有术而无学。在这种风气的影响下，青年学者没有人甘愿师法学者之学，却没有人不愿师法学者之术。学者以权利名位为中心，饰教育学术为外幕，于是将真正的学者排除于教育学术团体之外。由是，柳诒徵大声疾呼，国民要力争舍"术"而求"学"。

---

① 柳诒徵：《学者之术》，《学衡》第33期，1924年9月。

柳诒徵对民国时期中国道德危机的认识在一定程度上是正确的。不可否认，随着新旧文化的更替，中国传统文化，尤其是传统道德在新文化运动倡导者的猛烈攻击下，人们对其危害性的认识进一步加深，从而逐渐放弃传统的道德规范。旧道德的统治地位被打破，而新的道德规范却没有随之建立起来，在这种情况下，道德处于失阙状态，社会出现混乱也是势之必然。

（二）道德为文化学术之中心

近代以来，人们愈加重视知识，甚或有知识崇拜之嫌疑。在西方，文艺复兴以来，人们更加崇尚知识而轻乎道德，甚而至于以知识为道德，"视知识为权力"①，人们所悉心从事者惟有知识。苏格拉底、柏拉图都持道德与知识合一说。知识与道德究竟有无关系？关系如何？知识究竟是不是道德？人们对这一系列问题的回答，反映出对道德的体认。

近代以来，东西方学者经常将孔子与亚里士多德、苏格拉底、柏拉图等相提并论。白璧德认为他们都是人类经验之精华之所熔铸者，皆以中庸为教，又认为孔子与亚里士多德之人生观全然不同，亚里士多德是"学问知识之泰斗"，而孔子则是"道德意志之完人"②。很明显，白璧德认为道德与知识是有区别的。时人也有主张道德与知识合一者，白璧德虽也认为道德与知识合一之说没有错误，只是实际情况却与之相反。因为，现实中明知其事为恶，却故意行之者随处可见。

民国时期，较之清末，道德更加败坏，有些人将之归咎于知识的不断进步，认为知识越高，道德越低。柳诒徵坚决反对"知识愈进步，道德愈退步"③之说。他认为，道德是随知识的增进不断提高的，在一定意义上，知识就是理智，理智可以抑制人类做出不符合道德规范的行为。一般而言，知识与理智是一致的，随着某方面知识的增进，在该方面的理智也会自然随之增强。如知毒者不饮酖，知溺者不投河，不得已而为之者，其所逃避者，定是甚于毒与溺者。甘于饮酖投河者，仍是蔽于不知而已。民国时期，人们的知识比清末并没有进步，道德也没在清末之下；贪黩现象之所以更严重，不是贪黩者知识高，而是货币数目增加了；盗贼日益猖獗，也不是他们知识高，而是机会时运变化的结果。然而，由

---

① 吴宓译：《白璧德论欧亚两洲文化》，《学衡》第 38 期，1925 年 2 月。

② 吴宓译：《白璧德论欧亚两洲文化》，《学衡》第 38 期，1925 年 2 月。

③ 柳诒徵：《致知》，《学衡》第 47 期，1925 年 11 月。

于事理非一览可得，必由浅及深，由粗及精，非致力以求不能知其所以然。时人存在的问题是，不知好学，不知力行，不知耻。虽讲学术，却未尝像欧美人治欧美史那样治国史，未尝像欧美人攻欧美文学那样攻习中国文学；言国耻，耻于为英所制，却不知尽力明白英人之所以为英，不知自力于内政外交、海路军备与英并驾齐驱。因此，他提出了"致知"的主张。当时也有学者认为道德为"文化之应征"，是行为与思想的综合表现，道德受文化的支配而与时俱进，文化不断进步，才会分出礼教与科学，"道德待礼教而正，待科学而固，于文化演进之过程中，礼教之兴，虽先于科学，然其功能有不逮者，科学适足以为之补助焉。"没有意志卓绝而思想不高尚者，也没有思想高尚而行为不光明者，更没有行为光明而性情不茂美者。"文化进而后道德培，道德培而后公义重，公义重而后群心合，合群而后社会以宁，国家以安"①。因此，文化之优劣，关系于文化者至大。诚然，文化知识与道德相互促进，这已成许多中外学者的共识。如英国哲学家赫胥黎就认为，"学问愈深，道德愈高，文质彬彬，以成君子"②。这至少表明，在柳诒徵看来，民国时期道德日益败坏，绝非国人知识学问的不断增长造成的。

柳诒徵进一步指出，品评人物，无外乎两个标准，学术与道德。他将在这两方面突出者，分别称为"君子"与"长者"。他认为君子有学术，涵濡于礼乐诗书之间，长者不必有学术，但必须宽仁笃厚，不尚言词；不倍德，不忘旧；不计曲直，宁肯自己吃亏；虽有特殊优点，却不愿表露和张扬；他还认为长者最初是指父兄，"父兄与家人子女处，恢然有容，不屑与儿女子较是非得失，其爱恤子弟之仁慈恻侧，亦不必以言语表示。使子弟涵覆于太和元气之中，而不自知，则其人悠然各遂于生，各奋于善，纯乎性情之感召，非机械之构成矣。"③ 由此可知，柳诒徵心目中的长者是道德高尚的人，其所作所为是出乎性情，而非外界之迫力。他认为长者可以得天下、保天下、做官、保家，可以使国家富足。在他看来，自汉代以后，崇尚长者之风渐弱，因此，他执意于提倡长者精神。

对历史上的学者精神，柳诒徵极力彰显，对古代学者讲求修身为人之道，重知行合一，以读书讲学为立身行己之准则的学者精神极为称颂，对近人仅以求学为进身之阶，则表示极大的不满。他对王阳明的"知行合一"说的称述就很能表

① 喻兆琦：《道德与文化》，《国风》月刊第8卷第3期，1936年3月。
② 刘咸炘：《赫胥黎教育论》，《国风》月刊第8卷第6期，1936年6月。
③ 柳诒徵：《长者言》，《柳诒徵史学论文集续集》第680页。

明他的见解：

> 自宋以来，书册日多，著述日富，讲求讨论，虽进于前，而人之立身行事，反与书册所言分而为二。充其弊必有学术日昌、人心日坏之象。阳明著眼此点，故劝人即行即知，使知不但徒腾口说无益，即冥心妙语而不验之实事亦无益。此正当时科举中人口孔、孟而心跖、跻之对症妙药，抑亦吾国从古以来圣哲真传。盖吾国自古相传之法，惟注重于实行，苟不实行，即读书万卷，著作等身，亦不过贩卖衒鬻之徒，于己于人，毫无实益，即不得谓之学问。使后之学者，咸准阳明之说而行，无知愚贤不肖，行事一本良心，则举世可以无一坏人，而政治风俗，亦无一不可以臻于尽善尽美之域。①

白璧德就非常赞赏中国以道德为立国之本，认为这是中国能经受住外族入侵而立国久长的主要原因，并认为，中国的道德观念与人文主义也是相契合的。他高度评价孔子倡导的中庸之道，"克己复礼"思想，提出要建立"人文的，君子的国际主义"②。服膺白璧德新人文主义学说的学衡派，也致力于君子精神的倡导，他们认为中国文化的基本精神就在于养成君子精神，君子精神是一种追求理想人格的精神，孔子为中国君子之楷模。柳诒徵提倡的长者精神与学衡派的君子精神是相通的，长者应具备的道德精神也是君子应具备的。他也一再强调，作为君子，绝不仅有学术，其道德也必高尚，才不罔为君子。"长者之风，实也近于君子"，"长者之涵义，亦有君子之若干成分"③。道德败坏者，既不可能成为长者，更不可能成为君子。因此，君子精神很重要，"君子道长则泰，小人道长则否"④。但柳诒徵更强调长者精神，因为在他看来，成为长者是成为君子的前提和基础，如果不能养成长者精神，君子精神更无以实现，而当时国人所缺乏的主要在道德方面。所以，他结合现实，认为提倡长者精神才是最基本的。

柳诒徵关于道德与文化学术关系的阐述是有相当合理性的，其中也不乏灼见，但仍存在着缺陷。科学作为文化中的重要部分，在 20 世纪二三十年代，日益受到人们的重视，道德与科学间的关系，及如何处理二者关系，柳诒徵却没有

---

① 柳诒徵：《中国文化史》下卷，第 616 页。
② 胡先骕译：《白璧德中西人文教育说》，《学衡》第 3 期，1922 年 3 月。
③ 《长者言》，《柳诒徵史学论文集续集》第 675 页。
④ 柳诒徵：《长者言》，《柳诒徵史学论文集续集》第 684 页。

进一步阐明。他的学生则对此有较为明确的认识和主张。如景昌极等人进一步提出了"道德为体,科学为用"的主张,这实际上是强调德才兼备,物质文明与精神文明并重,强调道德在个人修养和社会中的基础性作用的同时高度重视科学。

(三)道德实现之途辙——"反本"与"励耻"

既然道德在个人生活以及社会发展中的地位如此重要,而国人的道德又有所阙失,因此,提高国人的道德水平就显得尤为重要了。在提高国人道德水平的方法上,柳诒徵提出了"反本"与"励耻"的主张。他指出,当时之通病,无论新旧,皆好持方法论,而不求本论,"本者何,人是也"。在当时的中国,任何古今中外之良法新制,一经坏人行使,此等方法便顿失其本身之价值。因此,"今日救病之良药,反本是也。"① 反本并不是让全国的人都讲理学,谈心性,或研究佛教,论阿赖耶识,只是要让国人都做有道德的人。他一再指出,他要求人所要遵守的道德,不是人们难以达到的极高尚的道德,而是普通人都能做到的作为人的普遍的道德规范,也就是中西方人所认为的所谓"好人"而已,可谓要求并不甚高。即使如此低的道德要求,国人中符合条件者也极少。他指出,当时居高位握大权,负盛名,蹑要津,擅自列于学士大夫缙绅先生之列者,实际上皆出于饼师之下。饼师道德无论如何低劣,但至少你付钱他必会给你饼,而这些人则是以授饼为名,实际上却无一饼。如果说饼师是好人,这些人则远在饼师以下。要解决这种现状必须"反本"。由于柳诒徵认为"反本"是做人的基本道德,而且无论中西,人类道德有一些共性,因此,他没有将中西道德截然对立或截然分开,也不反对中国人效法西方道德,但关键是,要学习西方的道德,就要求能真似外国人,且不必真似外国的大哲学家,大思想家,只要能像西方的一般人那样遵守道德,并践履共守之道德,也就可以了。

柳诒徵认为道德的培养不仅要"反本",而且要"励耻"。他指出,中国人在道德方面的缺陷是缺乏知耻之心。20世纪20年代,国人不能自兴其国,自理其财,自昌其教,自振其学,自播其文化,而依靠他人为之维持国势之平衡,补助其教育经费,网罗其学术书籍,张皇其文化价值精神,而他们并不关心外国人援助中国之用心。柳诒徵以狃犬之人投骨与犬来比喻外国人对中国的援助。他说,狃犬人将骨投于地,看着众犬争抢,以之为乐。尤其是当所投之骨取自其中

---

① 柳诒徵:《反本》,《学衡》第46期,1925年10月。

某犬，后又将其骨投给此犬，以表示其正义，实则他是企图"吸其精而竭其髓"，而此犬当时已疼痛难忍，却又不能不任人劙割。而此时此犬也会思痛。令人心痛的是，"今以圆颅方趾之人视人之劙割吾骨者，匪一朝夕。忽得其人投骨之消息，则争走集焉，思独唼其骨，或分取一二残胔余汁以为快。"① 可见，国人不知耻之严重，他期望国人稍有血气心知者，知耻且知自励，即"励耻"。他主张国人必须明白为何我们借外债，而至今外国人却不如数给我们；外国人将从中国输入的商品转卖给我们，我们却忘记了它本出自我国，反而喜出望外；我们为什么不能依靠自己的力量振兴国家，却仰人之鼻息；我们为什么不能自理财物，却要让别人怜悯；我们自己为什么不能昌明教育，却要等待他人来教育；我们自己为什么不能振兴学术，而要向他人学习，或等待他人来告知本属于我们的学术；我们自己为什么不能播扬自己的文化，却要等待他人翘我文化以为招；我们为何处处为人所买，却惟恐他人不卖给我们商品，等等。我们只有认真思考这一系列问题，才能知道羞耻，才能自觉奋发图强，才不会处处倚赖他人，中华民族才能有复兴之希望。

"知耻"作为中国传统道德，历来受到人们的重视。"知耻"与个人、与民族、国家都有密切关系，自古就已被认识到了。孟子曰："耻之于人大矣，为机变之巧者，无所用耻焉。不耻不若人，何若人有？"②《管子》则将礼义廉耻作为国家的四维，认为四维不张，国家就会灭亡。这就把知耻之德与民族、国家的命运直接联系了起来。柳诒徵从传统的知耻之德来衡量时人，认为当时国民缺乏传统的知耻之德，不仅不以不如人为耻辱，反而以得到他人援助为幸事。讲求法制，迷信武力，提倡白话，高谈哲学，以至讲世界主义之教育，讲国家主义之教育，主张实行欧美之大工厂，大商业，主张限制资产，平均地权，以劳工劳农为神圣，推翻帝国主义，收回租界，取消治外法权等，从内政到外交，从经济、政治以至思想文化、学术等，无不依靠他力，都是他力作用的结果，而非出于自觉自愿。这足令人可耻，而更为可耻的是，自袁世凯以来，怀着中国不亡的乐观心态，凭借各国牵制势力，以之为苟且图存之计。一会有列国共管之说，一会又有九国远东公约。收回胶澳、旅大，退还赔款等，国民闻之欣然色喜，认为中国势力将由此隆隆日上。柳诒徵对国人无知耻心极为痛心，"以不自立之国民，造成

---

① 柳诒徵：《励耻》，《学衡》第 30 期，1924 年 6 月。
② 《孟子·尽心上》，《四书集注》第 445 页。

此他力之国家，而犹恬不知耻。吾每一念及，不禁涕泗横流，哀炎黄胄裔之堕落，何以至于斯极也。"① 缘此，他提出了知耻、自励的救治之策。柳诒徵并不是要求国民闭聪塞明，孤行一是，也不是要求立国者不观察世界大势，故步自封，而是主张择善而从，并依靠自力，根据本国实际情况选择应对之策。

　　总之，柳诒徵对道德的阐述，既不仅就道德本身言说，也不着重于空洞抽象的理论阐发。他结合社会政治和国人的道德状况，揭露和分析当时政治混乱和道德败坏的根源，提出解决问题的策略，以期使问题得到根本解决。至于他所提出的救治之策是否能够完全解决问题，姑且不论，但他提出的解决办法至少有一定的合理性。而且，柳诒徵与陈独秀等新文化派，对伦理问题的具体主张表面看来针锋相对，但他们却不约而同地都将解决中国社会问题的着眼点放在了伦理问题的解决这一点上。他们对伦理问题的态度，并非完全对立，而是有相通之处，其终极目标并无二致。不过由于柳诒徵阐述道德，着重于现实问题而缺乏抽象的原理阐发，致使其论述显得缺乏理论性和系统性。

---

① 柳诒徵：《自立与他力》，《学衡》第 43 期，1925 年 7 月。

第六章　柳诒徵的教育思想

柳诒徵自 1901 年进入江楚编译局，至 1927 年应聘江苏省立国学图书馆馆长，在这近 30 年的时间里，他积极投身于教育事业。1903 年他曾随缪荃孙赴日本考察教育，回国后他热衷于新式教育，创办新式小学堂，并编印教科书，以适应新式教育的需要。1916 至 1925 年，他任教于南高师、东南大学，这是他教学生涯的黄金时期。在长期的教学过程中，他不仅积累了丰富的教学经验，而且，对中国的教育问题也给予了更多关注和思考。他对教育目的、教育功能、教学方法、教育内容、课程设置、教材编制，以及教育制度和教学改革等方面都进行了探索，并提出了自己的见解和主张，其中不乏真知灼见，有些主张对今天的教育仍有借鉴价值和启迪作用。

一、"教育以教人成人"

教育目的是什么，应以何为宗旨，这始终是教育界关心和争论的问题。欧战后，西方人在反思战争失败的原因时，也触及了教育问题，提出了一系列新的教育理念和主张。西方对教育的反思和新的教育主张的提出，也引起了中国学者对本国教育问题的反省。1918 年，教育部为调查审议重要教育事项而组织了"教育调查会"，并于 1919 年在北京召开会议，讨论教育宗旨问题。他们认为欧战后，"军国民教育"不合民本主义，与世界潮流不合，中国的教育宗旨应有所变更。同时，民国以来，祸患迭起，究其原因实由于国民缺乏共和精神所致，所以，应发展共和精神，以固国本。"共和国民，必具健全之人格，方足以担负社会国家之义务，故养成健全人格，实为共和国之基础"。于是他们主张废止民国元年的教育宗旨，以"养成健全人格，发展共和精神"为新的教育宗旨。[1] 受西

---

[1]　沈恩孚、蒋梦麟：《教育宗旨研究案》，朱有瓛主编：《中国近代学制史料》第 1 辑，上册，华东师范大学出版社 1983 年版，第 106—107 页。

方教育思潮，尤其是杜威的实用主义教育的影响，职业教育在当时的中国也极为盛行。职业教育提倡教育为谋生做准备，甚至主张教育即生活，学校即社会。因此，职业教育虽具有一定的积极作用，但也给中国教育界带来了消极的影响。1925 年五卅运动以后，随着国家主义的盛行，中华教育改进社也于 1926 年提出了以养成爱国国民为目标的教育宗旨。与此同时，国民党还提出了"党化教育"及"三民主义教育"等主张。进入抗日战争的非常时期，注重军事教育的呼声逐渐高涨。总之，欧战后，各种教育主张和教育宗旨层见叠出。

　　面对 20 世纪初中国教育界的严峻形势和各种各样的教育主张，柳诒徵对教育目的及其功能等一系列问题有针对性地提出了自己的看法。关于教育的目的，他指出，人为什么要有教育，国家为什么要有学校，这本来是很浅显的问题，但时人能以正确的态度解释，并且不认为这是因为他国这样，我国也不得不这样的人，不过千百中之一二而已。出现这种状况的原因在于，时人不知"所以为人"。由于时人不知"所以为人"，因此不知道所以必须有教育。教育的目的和作用，无非是教人知道所以为人，教人如何成为人。古人对此已有很清楚的认识。他说，中国古代圣哲言教育，与时人大不同。时人以为教育就是教给人知识技能及外国语言文字等，古人则认为，人具有圆颅方趾能言能食能行能卧者，初不足为成人，非有教育不可。"故凡学非能益也，达天性也。能全天之所生而勿败之，是谓善学。盖今人所执为人者，皆古先圣哲所目为聋盲爽狂之类。苟不学所以为人之道，虽天性甚善，不惟不能自达，且将为其见闻习俗所败。审知此义，则教育之重要为何如乎？"因此，教育的主要目的即在"成人"。无论天子还是普通百姓，都需要接受教育方能成人，"苟不师教，则不成人。"[①] 从古至今，教育主张虽有所不同，但其宗旨则是一致的，即"教人以成人"。何谓"成人"，柳诒徵指出，所谓"成人"，即"达天性"。这里有两个意思，一是以年论，一是以学论。所谓以年论"成人"，即指人能够敦行孝悌忠顺，可以治人。一般情况下，人到了二十以后才开始具备这种能力。所谓以学论"成人"，是指人到了大学以后，能够知类通达，强力不反，能够尽所司之职。可见，柳诒徵所说的"成人"，包括道德修养和学识修养两个方面，缺少哪一方面也不是完整意义上的"成人"。所以，他主张教育的宗旨应从道德和学识两方面来着眼。

　　在对教育目的与功能的认识上，柳诒徵的观点基本代表了学衡派的观点。邢

---

① 柳诒徵：《教育之最高权》，《学衡》第 28 期，1924 年 4 月。

琼指出，所谓教师就是教人为人之道，所谓从师就是学为人之道，"世未有不从师而可以成完人者"①。向绍轩说："夫教育之目的，不外教人做人。"② 吴宓将教育宗旨概括为使受教育者"知道、理解、参与并享受物的、人的、思想的、感情的世界"③。曾作为南高师文史地部主任、东南大学教务长兼副校长的刘伯明的提法则更显深刻，他指出，"吾国共和，虽不能谓已实现，而教育亦去普及尚远。然教育中所涵储能，其足以培养共和精神者，尚未尽量利用。苟充其量而利用之，使今之学校，自小学以迄高等大学，凡其为教师者，俱有彻底之自觉，了然于教育之以造成人格为目的，非仅授与智识技能，则人性中之储能，可以变更，俾适应共和之制。"④ 胡稷咸说："教育之目的，在造出真正之人。"⑤ 胡先骕则说得更为具体，他说，教育的目的在陶冶人才，即使人养成"治事治学之能力"与"修身之志趣与习惯"。也就是使人既要具有一定的学术技能，又要造成健全的人格，即孔子所主张的"博学笃行"，"知行合一"，二者并重，"二者缺一，则为畸形之发达"⑥。总之，所谓"完人"、"做人"、"造人"等，与"成人"基本是一个意思。这足以表明，他们对教育宗旨的认识是基本一致的，也是相当深刻的，已经触及了教育的根本问题。

柳诒徵等人的教育主张是针对当时中国教育上存在的诸多问题而提出的。在他们看来，民国时期的教育目的和结果都已经偏离了教育的宗旨。柳诒徵指出，20世纪二三十年代，办学者惟以赚钱为目的，学生也只期望能得生活上之知识技能，以获取谋生之手段为目的，而绝不关心前人立身处世之道德精神。这种教育理念给中国的教育事业带来的恶劣影响是极其严重的。办学者运动官吏，勾结议员，窃取一学堂，敷衍一学期，然后开一纸花账，赚取巡阅使、督军政客、议员等剩余的不屑取之小钱。或想方设法赚取教员之薪水，校役的工食，图书、仪器、试验品、消耗品等的费用，学生的学费、膳食费、住宿费、服装费、旅行费、医药费及建筑费等。甚至吃空名，即本无此教员、校役，但有此空名以领取薪水，这是办学堂者自失其人格。尤为严重的是，办学者还使他人丧失人格，如

① 邢琼：《罪言录》，《学衡》第43期，1925年7月。
② 向绍轩：《今日吾国教育界之责任》，《学衡》第29期，1924年5月。
③ 吴宓：《文学与人生》，清华大学出版社1996年，第74页。
④ 刘伯明：《共和国民之精神》，《学衡》第10期，1922年10月。
⑤ 胡稷咸：《中国现代教育之症结》，《教育杂志》第19卷第1期，1927年。
⑥ 胡先骕：《说今日教育之危机》，《学衡》第4期，1922年4月。

为招考而出卖学额，为保位而收买学生，等等。① 从事教育者甚至自比于劳工，只计较收入，索薪争款，既无国家观念，又无育人之思想，仅以教育为谋生之手段。他们只是凭借书本文凭，头衔口舌及其一知半解之学术，为自己及家人谋温饱。由于这些人不以教育为职志，徒窃教育之名，所以，他们只计较报酬的丰啬，并以之决定去就；他们或为了报酬大肆竞争，或攻击他人，或"纠集徒党，夤缘权要，倾轧孤弱，逢迎当局，揣摩风尚"。所谓教育，所谓学术，无非是涂饰人之耳目之具，只是以所教之一二科目，"哗噪于讲堂，颉颃于侪偶"，欺骗生徒而已；他们在教课之外，以饮酒、赌博等为乐，一旦失去教书职业，则无所事事，乞求他人为自己谋位置，甚至想成为一书记、抄写员都不能②；他们或利用学生为武器，盘踞学堂为地盘，提倡自由，推翻礼教，以恋爱为神圣，"国学既非所知，科学亦无深造，彼其栖留异域，游览列邦，举巧质而镀金，腾秽声而辱国，久已甘为奴隶，反斥昔无闻知。其于古今中外作民造邦，宏纲要旨，固未尝一涉脑海，即其小己之责任若何而后可以保世滋大，亦复无长虑远图"③。就教育职员而言，他们更是无教育能力。有的校长操笔不能写短信，寻常的字也经常读错。由于他们自知自己不能为教员，所以，以校长为生活之法。或行贿赂，或藉奥援，或勾结议员，或联络绅士，或恃乡党、学生为爪牙，或倚靠亲故职员为羽翼。张其昀也曾指出，新式教育家，鄙视本国文化，对孔子加以种种侮辱，师道尊严扫地以尽。社会对此辈教师，与伙计工匠，同样看待。学府俨若衙门，教育经费混乱，大学生公众殴辱校长，社会人士则一笑置之。办学者中饱私囊，教书匠则嗷嗷待哺，要求改良待遇，要求保障地位等。他甚至认为教育家为中国第一罪人，并由此感叹："吾人试放言一观，全国究有几个真正教师，大家皆以教育为敲门砖，自以教书为寒酸，须眉惆怅，抑郁不乐；一旦有高官厚禄之机会，当然捷足先登，弃讲坛若敝屣矣。"④ 作为学生，受教育数年或数十年，却不能持所学以生活于社会，如学文学数年，仍不能作札记，学算术数年却不能记账。造成这种结果的主要原因就在于施教者敷衍粉饰，不肯认真，不但误人子弟，而且使学生养成恶习，从学校一毕业，便成为社会的弃才。柳诒徵认为，学生不能生活，并非教育宗旨有误，社会各项事业不进步，无法容纳毕业生也是主要原

---

① 参见柳诒徵：《论今之办学者》，《学衡》第 9 期，1922 年 9 月。
② 柳诒徵：《罪言》，《学衡》第 40 期，1925 年 4 月。
③ 柳诒徵：《论非常时期之教育》，《国风》月刊第 8 卷第 2 期，1936 年 2 月。
④ 张其昀：《教师节》，《国风》半月刊第 1 卷第 3 期，1932 年。

因。教育者没有认识到这一点，甚至存在认识上的错误，倡导以使学生能生活于社会为目标。学生求学以谋生为目的，人格、道义、学术、理想等，如果无关于生活，则皆无足轻重，仅重视毕业，因为毕业而后生活可图。在这种教育宗旨的影响下，学者之志日卑，教者之言亦日陋。学风日益败坏，"教者翘此以为招，学者准此以为范。学风愈敝而民德遂亦愈衰。阘茸无耻，则曰适应环境，苟且徇俗，则曰随顺潮流。"① 明知为正义，然以顾虑生活而不敢为。明知为公理所斥，然以保全生活而不敢背。他们在学校争分数、计单位，巧取苟得。甚至有媚师长者，公然行之而无所惮。他们出学校则谋事务，计俸给，争多舍寡，有可以便个人欺公众者，悍然行之而无所羞。稍稍狷介廉洁亢直者，率为大多数庸劣之徒所沮抑，而无法伸其志。施教者，不以教育学生以成人为目标，只是假教育学术之徽帜，运动各方并不惜采取卑劣之手段，以博取头衔，攫取地位为目的。总之，柳诒徵认为中国教育面临的危机已相当严重。由是，他坚决反对以教育为生活，或以生活诱人使受教育；更反对以生活诱人使受教育，而生活之于教育所悬之目的却溢出教育之外，所获之利溢出生活之上；尤其反对以教育为生活并最终以生活而贼教育。

为实现"成人"的教育宗旨，柳诒徵强调德育、智育、体育并重，缺一不可。所谓德育，就是加强国民道德修养。自古以来，中国一直重视道德教育，只是由于不同时期，不同阶级的教育目的和宗旨不同，致使德育的内容各异。柳诒徵认为要实现"教人成人"的教育宗旨，德育是最有效途径之一，人格教育则又是德育的主要方面。"在昔曰士君子苟有一二较此为小之失德，即足使至友绝交，社会不齿。

德育如何实施，柳诒徵首先主张言传身教，尤重身教。他指出，道德之学，最重躬行心得，不能专恃语言文字。施教者以身教学生，学生以之为模范，德育才能收到较好的效果。如果教师教弟子以正，而自己的行为却不出于正，其所教不被学生实行则可以断言。相反，教师若视学生如自己，反己以教，所加于人者必可行于己，则师徒同体，教育才能有功效。他非常赞赏并主张效法古代的感化教育。他指出，古代对于想退学的学生，小胥、大胥、小乐正将之报告大乐正，大乐正再报告给帝王，帝王命令三公、九卿、大夫、元士到学校力勉，如果仍无效果，则帝王亲自视学，再没有效果，则将之摒弃远方，使之终身再无受教育机

---

① 柳诒徵：《罪言》，《学衡》第40期，1925年4月。

会，而帝王则为此事三日不举朝政。"以一大学不帅教之学生，轻则训诫，重则黜退，可矣。何必告于王？何必命三公、九卿、大夫、元士皆入学？三公九卿大夫元士皆入学，为之模范。而斯人之顽梗，犹不能变，则迳黜之，可矣。而王犹必为之亲自视学，以感化之。终不能变，始加屏斥，而王为之三日不举，若引咎自责然。此其主张感化主义，直是登峰造极，无以复加。"① 缘此，他也主张对于不好的学生，不应一味严加惩戒，而是应该教育他、感化他。而在实际的教育中，柳诒徵确实做到了身教，这也是他一直赢得学生尊重的主要原因之一。

柳诒徵还认为，德育还要本于学生心理。他指出，由于德育的最高目的是"成人"，即"达天性"，教育按照人之天性则达；人本无其性而强之，则无法达天性。因此，实施道德教育必须要以心性为本。如教育儿童，就要本于儿童的心理，通过观察儿童的心性，知其刚柔简直，知其偏倚，然后矫其偏，使之达于天性。亦即孔子所说的"视其所以，观其所由，察其所安，人焉廋哉！人焉廋哉！"② 施教者只有知道受教育者之心理，才能救其偏失，如果不推本于受教育者之心理，道德教育就不会取得很好的效果。因此，柳诒徵主张将教育心理列为道德教育的首要科目。这也就是说，德育不是强加于受教育者，迫使其接受，这样的教育不可能达到德育的真正目的，德育是使受教育者真正从内心接受并得到陶铸，真正成为个人的一种品质。柳诒徵强调重视儿童教育，尤其强调要重视儿童的心理。他是试图运用教育心理学的知识来研究教育，尽管他的思想和主张还不是十分系统和完善，但这在中国教育史上已是极大的突破和进步。柳诒徵虽强调德育对养成高尚道德的重要作用，但他也看到了地方风俗对人的道德养成的重要影响，尤其是对社会公德心的养成关系尤巨。因此，他主张在进行道德教育的同时，还要注意整齐风俗，"整齐风俗于市肆也，家族道路市肆风俗无一不善，则学者受教于学校，恶敢以德行为迂阔之事哉。"③

柳诒徵对学生个人修养教育的另一方式是对学生情操的陶铸。据张其昀回忆，当桂花开时，柳诒徵便带领学生到鼓楼冈一个佛寺去欣赏；当枫叶红时，他也要带学生游栖霞山看枫叶；或带学生到秦淮河畔旧家第宅看花园里的假山；或

---

① 柳诒徵：《教育之最高权》，《学衡》第28期，1924年4月。
② 黄绍箕、柳诒徵：《中国教育史》，出版者不详，1925年版，第10页。
③ 黄绍箕、柳诒徵：《中国教育史》，1925年版，第12页。

游清凉山扫叶楼，去吟味"山围故国周遭在，潮打空城寂寞回"[①] 的意境。要知道当时交通极为不便，主要以驴、马为交通工具，在如此艰苦的条件下，柳诒徵仍尽可能地时常带学生到这些能给学生身心以陶冶的地方去游赏，其良苦用心可见一斑。这种实际的情操陶冶，比坐到课堂里进行枯燥的说教，效果显然要好得多。

　　加强爱国主义教育是柳诒徵实施德育的重要内容。在民族危机空前严重的20 世纪 30 年代，中国教育界对抗战时期的教育重点产生严重分歧。有人认为当时的主要任务是抗日救亡，所以，教育应以军事教育和军事训练为主；也有人主张完全放弃平时的一切教育内容，仅从事于军事训练。柳诒徵则认为，在民族危亡关头，发扬国人的爱国主义精神更为重要。而"文学、音乐、图画、历史等科，似于战时无用矣，然鼓励民气，发扬国威，则文士之笔端，亦不亚于战场之枪炮。军歌国乐，奋起士心，讽刺描摹，晓谕民众，美术音乐皆战具也。增加吾人之自信力，导引群众之爱国枕，制为幻灯，演之播音，昭告旄倪，广逮妇竖，弹词平话，在在有资历史，独无关于战事乎。"将平时教育与非常时期之教育区分为二，以为平时教育无用，而别求非常时期之教育，是不知平时教育实为非常时期教育之准备，施之有效，无一不可作战，施之无效，乃无一不是欺人。那些以为当时学校功课皆无与于战事，惟应训练学生为义勇军、为大刀队的做法，都是以匹夫之勇希冀侥幸于一逞而已。他认为持此主张者简直是脑筋单简，是不知当时立国作战之道之人的妄论。缘此，他反对在抗日战争的非常时期，放弃平时所教授的一切课程，专从事于军事训练。他主张一切教育制度不必改革，一切学校课程也无须变更，不仅平时一切学术以及一切教科不可缺，而且应比平时努力用功十百千万倍。需要改造者，是从事教育者之身心，只有这样，才能树立当时国家生命，使从事教育者能幡然自觉，以其以前营求饭碗，保持地盘，依仗文凭扩充系统之心力，各攻所学，——皆能深造独立，与治此学的外国人平衡，这样，"学生之学于师自亦信其有用，而了解平时即战时之意义。"[②]

　　柳诒徵将历史教育尤其是国史教育作为进行爱国主义教育的最好形式。他指出，历史教育是人的教育里面的一种工具。人的教育有两种，一国的人和世界的

---

　　① 张其昀：《吾师柳翼谋先生》，柳曾符、柳佳编：《劬堂学记》，上海书店出版社 2002 年版，第 113 页。

　　② 柳诒徵：《论非常时期之教育》，《国风》月刊第 8 卷第 2 期，1936 年 2 月。

人。要教一国的人，就要晓得一国的历史，要教一国的人同时做世界的人，就要
晓得世界的历史①。因此，他主张重视和加强学校的历史教育。学生缪凤林的阐
述较柳诒徵更明确。他说，虑怀旧之蓄念，发思古之幽情，惟历史力量为大，因
此，激发民族思想，也以历史为原动力。由是，"今日中学国史家学的基本目标，
质言之，亦即如何从讲习国史，以唤起中华民族的自信心，振起中华民族精神，
恢复中华民族坠失的力量，达到结合国人成一坚固的民族之目的，以挽救当前的
危局，使中华民族永永存在而已。"② 因此，缪凤林认为，在历史教学中，对表
现民族自力的内容，以及历史伟人尤其要特别注意，要让学生多读伟人之传记，
因为传记中，"学问"、"事功"、"德行"等各类伟人应有尽有。通过读伟人传
记，"仿佛与古人謦欬于一堂，晤言于一室。庶几长其识见，增其想像，发其志
气，拓其胸襟，端其趋向，正其知识，植其德行，养其品性。诸凡不能得之于学
校师友课本与目前国家社会者，皆可得之于古人。"③ 可见，他们已经充分认识
到了爱国主义教育对振兴民族的巨大作用，并认识到历史教育对发扬爱国主义的
重要性。

　　柳诒徵所说的智育，一方面指发展智力的教育，一方面指科学文化知识的教
育。他认为，德育、体育固然极为重要，但德育与体育不能使人不陋，而治陋之
法，非施智育不可。智之高低直接影响道德的好坏，道德的高下往往以智愚为
断。智者知行道之利，所以能够勉励为之，而愚者则不知背德之害，于是冥行而
罔觉。故教人之道莫要于明其利害，利害明则"田者自知侵畔之害，渔者自知争
限之失，行道者自知拾遗之丑，居市者自知豫贾之非"④。柳诒徵认为，重视智
育，就要重视史学。学莫神于知来，知莫大于藏往，藏往之法史学。古代的诗、
书、礼、乐都是古史，要求多闻，增益神知，惟史学的作用最大。

　　柳诒徵还认为，开展智育尤其要从童蒙开始，主张重视童蒙教育。在教育儿
童的方法上，他与其他教育家的观点有所不同。他主张先背诵后理解，其实就是
死记硬背。世人多批评这种背诵式的教育方法是戕害儿童，有悖于教育原则和理
念。柳诒徵则认为，在人的一生中，儿童时期记忆力最强，记忆深刻，且对一生
的影响很大，因此，他主张尽最大可能让儿童多背诵一些书，通过读背，政治、

　　① 　参见柳诒徵：《中小学历史教学的意见》，《史地学报》第 2 卷第 1 期，1922 年 11 月。
　　② 　缪凤林：《中学国史教学目标论》，《国风》月刊第 7 卷第 4 期，1935 年 11 月。
　　③ 　缪凤林：《中学国史教学目标论》，《国风》月刊第 7 卷第 4 期，1935 年 11 月。
　　④ 　黄绍箕、柳诒徵：《中国教育史》第 18 页。

经济、伦理、教育、历史哲学等理论原则等，就会储存到儿童脑中，久而久之，这些知识定能发挥巨大作用，就像储蓄金钱一样，"年愈久而利愈厚，相率而支用不穷也"①。在柳诒徵看来，世上多平常之人，上智之人不多，而常人则不能不诏之以困勉。如果等到他们自己有了兴趣，知道自求了，不免已经错过了记忆力最佳的时间。柳诒徵的见解和主张一方面是基于对古代教育的认识，另一方面则是基于自己的切身经历和经验。古代的私塾教育方法大多以背诵为主，塾师给学生指定篇目。

由学生背诵，然后再由塾师检查。学生背得多了，有些东西自然也能理解和运用。柳诒徵自己便是从小在母亲的教育下，天天背诵。据他自己说，从七岁到十五岁，逐日都要念生书，背熟书，每天自天明起即背书，各书背不完，不能吃早粥。他当时对所背诵的内容不可能完全理解，他自己也承认，当时虽读了很多书，却不知道如何讲解。然而，由于儿时已经将许多古代重要经典都背得烂熟于胸中了，所以，日后能够运用自如，"往往振笔疾书，文不加点"，"作诗也如云移水流，妙手天成"②。他能够在中国文化及史学方面取得突出成绩，固然与成年以后的努力分不开，但也得益于儿童时期对古代典籍的背诵也是事实。

儿童时期记忆力较强，让儿童多了解和懂得一些知识而不荒废光阴固然不错。但一味地强调死记硬背也是不足取的。今天的科学研究已经证明，儿童阶段是智力开发的关键时期，开发儿童智力要比令他们死记硬背一些知识更重要。因此，对儿童的教育绝不仅仅是教他们读背一些书而已。而且，由于童蒙教育对人一生的影响至关重大，所以，童蒙教育也应是一种系统教育，对教育内容、教育方法、教育宗旨等都应有系统的规划。显然，柳诒徵在这些方面并没有做出系统的理论上的阐述和规划。

在这里还需要特别指出的是，柳诒徵还将实施智育的时间提前到胎教。等到孩子出生并能吃饭后再实施教育，就已经晚了，应从胎教开始。他指出，胎教的重要性古代圣哲就已经认识到了，史书中也有关于胎教方法的记载，诸如所谓怀孕妇女"寝不侧，坐不边，立不跸，不食邪味，割不正不食，席不正不坐，目不视邪色，耳不听淫声，夜则令瞽诵诗道正事"等等，都是古代胎教之法。柳诒徵虽然没有提出自己的系统的胎教方法，而是借助古人的胎教方法来阐明自己的看

---

① 柳诒徵：《国史要义》，华东师范大学出版社 2000 年版，第 369 页。
② 张其昀：《吾师柳翼谋先生》，《劬堂学记》第 111 页。

法。诚然，古人胎教方法未必完全正确，但重视胎教理念古今却是相通的，的确是一种超前的教育理念。20 世纪初，在多数人忽视胎教的情况下，他重新强调胎教，尽管他的胎教思想不系统，但他使人们重新认识到胎教的重要性，就已足够了。

柳诒徵强调德育、智育、体育三育并举，这三者对"成人"的重要性也是教育界所公认的。而且，柳诒徵也提出了许多至今仍有启迪和借鉴意义思想主张，今天我们对教育的认识已较比柳诒徵更深刻和全面，重视程度也远在 20 世纪上半叶之上，但一些基本理念则与柳诒徵则仍是一致的。"成人"的教育，是要造就具有健全人格的德、智、体、美全面发展的国民，柳诒徵的思考是深刻的，既符合时代需要，也有长远意义。

这里还有一个问题，既然教育的目的在"成人"，在造就健全的人格，教师的个人修养和素质自然极为重要。柳诒徵认为，由于教师处于指导学生的地位，学生在其指导下，朝亲夕炙，同堂聆诲，学生一举一动都将唯教师之马首是瞻。感化学生人格也是教授的天职之一。曾有学者将教授比喻成模型，将学生比喻成待塑的石膏，认为"其型陋塑何得而独美，平时设能修身立德，砥品励行，则学生耳濡目染，草上之风必偃，亦不期然而奉行礼义廉耻矣"[1]。因此，柳诒徵认为为师者必须谨慎从事，以身作则，以为学生效法。大学不仅是教课的机关，也是探讨高深学术的学府，因此，大学教授应视时势的需要，用自己之所长，尽力于教课之外的义务，即教课与学术研究并重，教授的待遇也应以研究成绩的高下为衡。使人痛心的是，民国时期，在所谓现代教育的体制下，大多数教师既无渊博的学识，又缺少人格修养，其足迹所及，不外讲堂，其议论所及，不出教本，其行动仅听学校钟声之命令，之外则无他事。更严重的是，许多教师已经丧失了人格和师道尊严，他们奔走于索薪固位，"巧猾者，则假教育为名高，阳以取青年学子之尊崇，阴以弋军阀商贾之贿赂，人格扫地，师道陵夷，本实既拨，虽日去新说以涂饰耳目，终无所补，任毫无教育毫无人格者，盗窃高位，坏国权而贼民命，不但不能加以教诲，且或发电以崇之。上书以媚之，书策以左右之。"[2]柳诒徵慨叹，如何期望这样的教师教育出具有健全人格的学生！且学生嚣张无学，施教者有不知以"敬逊时敏"为学者之道之过。因此，柳诒徵主张，教师不

---

① 王家楫：《大学教授之任务》，《国风》月刊第 8 卷第 5 期，1936 年 5 月。
② 柳诒徵：《教育之最高权》，《学衡》第 28 期，1924 年 4 月。

仅要加强个人人格的修养，而且要不断提高自己的学识。教员对学生于温厚慈爱之中，应别具一种识力，使学生知所敬畏。教员要具此识力，必须学识精通，德性坚卓，行为严挚，且以学识精通为授业之要务。教员只有对自己所担任的学科洞达一切，然后才能收教授之全效，否则，教师不能取信于生徒，教育之功亦因之而微薄。因此，教师平时亦应补习学问，以求进步。如果教师于授课之外，仅以打球博弈沽饮为事，则不仅有荒学问，且其品行亦将紊乱，从而难以胜任教育之责。"教然后知困，知困然后能自强，自强者非独教授之时得学者之益也。未教而研其理，已教而博其趣，则教人之益宏矣。"① 此即教学相长之理。柳诒徵关于教师之于学生及学风影响的认识是深刻的。由是他主张为师者既要不断增进自身的学识，又要不断加强道德品质的修养。作为学校，在选任教师方面也必须注重对教师综合素质的考察。曾任南高师、东南大学教授的气象学家竺可桢曾说："教授是大学的灵魂，一个大学学风的优劣，全视教授人选为转移。假使大学里有许多教授，以研究学问为毕生事业，以作育后进为无上职责，自然会养成良好的学风，不断地培植出来博学笃行的学者。"②

二、注重个性，实行自由教育

1912 年中华民国建立后，为适应共和制度的需要，民国政府在教育宗旨、教育制度、各级学校的学制、课程设置、教学方法等方面等都进行了一系列的改革。长期执教的柳诒徵，对这些问题的思索也从未间断，并在教学的实践中不断求索，提出了一些自己的看法。

（一）注重方法指导，突出能力培养

学校教育既然以培养人才为目的，怎样才能培养出真正有能力、适合社会需要的人才，这是实施教育者一直关心和思考的问题。柳诒徵认为，教育尤其是大学教育，重点不应在传授学生现成的知识，而在教给学生获得知识的方法，使他们学会治学的基本途径。以往的教学多采用灌输法、注入式，不关心学生能否接

---

① 黄绍箕、柳诒徵：《中国教育史》，出版者不详，1925 年版，第 50 页。
· ② 竺可桢：《大学教育之主要方针》，《国风》月刊第 8 卷第 5 期，1936 年 5 月。

受，更不注重对学生能力的培养。甚至有的教师错误地认为，给学生讲授的知识愈多，学生能学到的就愈多，开的科目愈多，学生的知识范围就愈扩大。如国学大师给中等学校学生开出数量极多的书目，旧日师儒穷毕生的精力抑或不能毕其业者，怎么能指望于中等学校的学生？而且，学生智力是有差别的，有智愚之别，过目不忘者毕竟是少数。学校开的科目过多，尤其是新的教育制度实行以来，学校所设科目较以前更多，且必修各科就已占据了所有开设的课程的十分之九，学生学习太多的科目，"几何不凿丧青年之脑力，使其未成年而衰老乎"①。鉴于这种教育现状，柳诒徵主张以能力培养为主。他在教学中多采用启发式，并注重对学生治学方法的指导，重视学生的自学、自修，以培养和锻炼学生独立思考的习惯和能力。如在南高师、东南大学时，他指导学生阅读诸如《明儒学案》、《明夷待访录》、《日知录》、《读史方舆纪要》、《史通》、《文史通义》、《史记》、《资治通鉴》、《春秋左传集解》、《周礼正义》等书，他之所以要让学生读这些书籍，是因为他认为这些书都是同类著作中的杰出之作，可以指示学生治学的门径，可以起到举一反三之效，易于培养学生的治学能力。如他认为《明儒学案》的表解，是一种极好的治学方法，图表是教人如何提纲挈领，明了一代学术源流系统；《日知录》则是教给学生如何做札记。柳诒徵通过这种方法也的确收到了效果，受过他指导的张其昀就曾指出，柳师指示他们读这十余部名著，使他们"于学问得以粗窥门径"②。

20世纪初，对大学中是否设立研究院，让学生进行专门的研究，教育界存在意见分歧。有学者认为，当时中国一半以上的大学自身并不发达，建制也不完善，且始终处于不稳固的改革过程中，在这种情况下，在大学中提倡专门研究，利未必见，弊可立生。以学校而言，财力有限，研究方面多用一部分，学校基本设备等方面就得少用一部分；以教授言，其精力也是有限的，用于专门研究多一分，用于教学方面就得少一分；以学生言，各种基本智识还未完备，遽然从事研究，只会事倍功半，即使幸得小小的结果，也往往抵不上其时间的损失。这些人一出学校，虽号为专家，实则无常识，结果必将是成事不足，败事有余。柳诒徵则不这样认为，他认为，大学应该肩负起培养具有高深学问和研究能力的专家学者的重任，大学中应该设立专门的研究机构，培养学生的科学研究能力。在平时

① 柳诒徵：《解蔽》，《学衡》第49期，1925年4月。
② 张其昀：《吾师柳翼谋先生》，《劬堂学记》第116页。

的教学过程中，他非常重视对学生科研能力的训练。他时常给学生出若干题目，让学生根据自己的兴趣任意选择，然后给学生指定相应的参考资料，让学生仔细阅读，找出基本材料，再参考其他材料，组织成文，再由他详加批阅，指出存在的问题，让学生反复进行修改。最后择其优者，推荐到杂志发表，以资鼓励，增强学生进行科学研究的信心。据郑鹤声回忆，柳诒徵在讲授两汉史时，就指定《史记》、《汉书》等为参考教材。讲三国两晋的历史时，他指定《三国志》、《晋书》等为参考书，让学生去阅读，将心得写到笔记本上，然后由他逐字逐句的批阅，虽一字之误，亦必勾出，老师态度如此认真，学生自然也不敢马虎。他还要求学生平时多阅读正史。他经常从正史中出若干题目，令学生任选其一，就指定的参考资料，并参考其他资料加以阅读，对给定的问题加以研究，练习撰写能力，由他来评定甲乙，当为作业成绩，择优选出在《史地学报》或《学衡》等杂志上发表。这样，几年下来，这种笔记，每人都少则几本，多则数本，这些笔记，实际上是一本本的读书笔记或札记，其对学生日后的学术研究的影响和作用是不言自明的。郑鹤声的大学毕业论文《汉隋间之史学》就是以这种方式完成的。柳诒徵拟出"汉隋间之史学"一题，让他以清代章宗源所撰《隋经籍志考证》为主要参考资料，以自《史记》至《隋书》的各正史，以及《史通》等书为辅助资料，加以反复研究，最后撰成了十余万字的论文。柳诒徵在详加评阅后，作了"一时无两"的评语，写于论文的卷首，并推荐到《学衡》发表。后由中华书局印成单行本，柳诒徵欣喜地为之题词："海内学者，咸谈史学，高心空腹，束书不观，前方清儒，远规西哲，精博之作，罕一二觏，徒肆诋諆，相互嘲弄而已。南都学子，不然染此俗，沉潜乙部，时有英杰。郑生鹤声，尤好深思，枕葄典籍，力探窔奥……董理国故，殊非易言，钻研古书，运以新法，恢彊史域，张我国光，厥涂孔多，生其益勖。"① 虽然起初是由老师给出题目，但久而久之必然会培养学生发现问题和解决问题的能力。经过长时间的如此训练，既锻炼了学生思维逻辑能力，也有助于培养学生的科研能力。不仅如此，他还经常引导学生自己提出问题，自己翻阅有关书籍做出正确的答案，以培养学生独立思考的能力。柳诒徵的教学方法对学生的影响是极为深远的。郑鹤声曾感慨地说："这种治学的方式，的确是很基本、很切实的，促使我们养成一种严谨笃实的学

---

① 郑鹤声：《记柳翼谋老师》，《劬堂学记》第 104 页。

风，使我们终生受用不尽。"① 郑鹤声进南高师文史地部时，最初是以中文为主，以学史地为次的，后来则专攻史学，并最终成为中国著名的历史学家，自然与柳诒徵的影响和教诲是分不开的。直至晚年，郑鹤声对柳诒徵依然感怀不尽。张其昀对柳诒徵的教学方法以及对自己的栽培也是感激不尽。他说，自己在华冈兴学之举，其主要动机就是对柳师的感恩图报，"柳先生的教泽，是终生受用不尽的。……我根据了他的指导，收集自己用得着的资料，迄今已四十年。在南高毕业时，柳师写给我二个字'守约'，现在越想越有道理了。"② 他作《中华五千年史》时，仍对自己在南高师时能"亲炙名师，饫闻训示，开治史之门径，识论学之宏规"，"师门风义，久而弥笃"③ 感念不已。他能够成为著名的历史学家，并终生致力于教育事业，与昔年柳诒徵对他的栽培和影响无疑也有很大关系。柳诒徵的教学理念和所采用的教学方法，对科研能力较缺乏的大学生来说，是行之有效的，对今天的大学教育颇有借鉴价值。

为了培养学生的能力，柳诒徵反对学生只读教师的讲义，主张学生要学会自学，养成自学的习惯。他认为，教师即使极工于某科，但仍有其不工之处。而且，课堂教学的内容毕竟是有限的，因此，仅靠教师课堂上的教授是远远不够的，必须靠自学以为补救。对自学的方法他还提出了一些建议：首先，他建议每天都要有读书的时间，每天至少两小时；其次，应当知道自己该读的书籍；再次，要学会读书的方法；第四，对所读书籍要知道如何权衡。在具体的读书方法上，他建议每读一本书，都要随手将疑难之处抄到笔记本上，写明某书某篇某页，然后继续读，读完一本书后再读另一本书。在读书过程中，如果遇到对以前所抄疑问有所启发者，便将之抄在以前所抄的笔记的后面。待读完两三部书之后，再将笔记中的疑问，进行比堪研究。他的读书方法也是一种札记之法，通过这样的自学训练，不仅可以锻炼阅读能力，而且也可锻炼发现问题和解决问题的能力，久而久之，学生思维能力也可得到提高。今天看来，他的方法对大学生以及研究生也仍是适用的，他的教学理念是具有广泛意义的。经过这样的长期训练而培养的学生，必定是勤于动手、善于思考的研究型人才。这些也恰恰是近代教育，乃至现代教育、当代教育都必须应当达到的共同的目标。

———————

①　郑鹤声：《记柳翼谋老师》，《镇江文史资料》第 11 集，1986 年版，第 241 页。
②　张其昀：《中华五千年史·自序》，《中华五千年史》第 1 册，台北中国文化大学出版部 1981 年版，第 3 页。
③　张其昀：《吾师柳翼谋先生》，《劬堂学记》第 121 页。

　　为了培养学生高深的学问，他还时常教育学生要"由博返约"，要"守约"。他认为，人的时间和精力都是有限的，虽然要尽可能地多读书，但要有主次，在广泛占有坚实的资料的基础上，要进行专门的研究，以培养自己高深的学问。由博返约既是他的教育思想和主张，也是他的治学方法，这种治学方法对他的学生和朋友都曾带来极大的影响。据张其昀回忆，1923 年，当他从东南大学即将毕业时，他请柳诒徵为他题词，柳诒徵便为他题了"守约"二字。张其昀曾说，他在日后的治学过程中，始终牢记老师的教诲，并始终拳拳服膺"守约"二字。吴调公先生在谈到自己的治学经验时曾指出，"由博返约"的方法极其重要，而在这方面给予他启迪最深的是孟森先生和柳诒徵先生，他指出，柳老曾经几次强调"博"与"精"的互为作用，并曾建议他首先要把历代名诗略读一番，对它们的流变承传，胸有成竹，然后再选自己兴趣较浓的一家一派，或者与自己的诗风较为接近的某些作品反复诵读，着意揣摩。"他往往发出蔼然长者的莞尔微笑，从眼镜片中透出熠熠的智慧的光辉，兴致勃勃而又从容幽默地说：'历古诗人，由坐井观天？或为哲人，或为通材，或为饱经沧桑之士。他们的含英咀华，说来都是百花酿蜜啊！为诗而诗，三家村的诗人，那又算什么呢？'"① 足见，柳诒徵治学方法影响之大。

（二）打破文理分科，实行通才教育

　　自清末实行新式学校教育以后，中国借鉴西方的教育制度，实行年级制、分科制、选科制等。民国建立后，这种教育制度得到了进一步推广。不仅大学实行分科制和选科制，高级中学也都仿效实行。一般而言，各学科间并没有截然划分的界限，如文、史、哲之间，物理、化学、生物之间等等，即使文理科之间也不是完全没有关系，如研究地质学者，需要一定的地理学方面的知识等。实行学科分类，本为学习和研究方便，在一定程度上有益于学生个性的发展，但分科过细、过严，太过注意专门化，则会严重影响学生的全面发展，也会影响学术的健康发展。

　　柳诒徵认识到了分科制的严重弊病，并对此提出了尖锐批评。他曾指出："清季兴学，分张科目，恒人之学，宜愈于前人之空疏矣。然兔园小册，计年授

① 吴调公：《治学经验谈》，《江海学刊》1983 年第 1 期。

课，文实分途，各科并骛。专以治史言之，其疏略肤浅，殆又甚于前焉。"① 在柳诒徵看来，这种文理分科，计年授课的教育极不利于学生的全面发展。景昌极也反对实行文理分科，指出，20 世纪二三十年代，一方面，中国的学术程度还较低，还不能提供太专门的教材；另一方面，各科目之间息息相关，如文学之于历史，数学之于物理，政治之于经济等，因此，非兼通不可；就现实需要来说，大学生毕业后到社会上工作，也不需要名不副实的专门学问。由是，他主张大学文理法科，课程设置不宜太过专门。胡先骕的批评则更深刻，他指出，"今日大学课程之弊，即在课程限度太严，必修课程太多，使生徒太少选习专业以外之课程，而在学生一方面，其弊亦在但知专精，而不博涉。大学教育在过度专业化积习之下，遂造成无数未受宏通教育之专家，其专门学问，或尚有可观，而高等知识，一般学术上之修养，则太嫌不足，尤以学应用科学如农工医商者为甚。"②

针对教育上的弊端，柳诒徵主张打破文理分科的限制，实行通才教育，也就是胡先骕所说的"宏通教育"。柳诒徵认为，当时各大学实行的分系，是不合理的，像南高师、东南大学那样设文史地部、数理化部及工农商等专科，后改为文理科，要比分各系较为合理③。而且，为实现通才教育，柳诒徵、胡先骕等东南学人倡导自由讲学之风，主张在普通教授之外，设立若干特别讲座，延聘国内外德高望重的大师学者，自由演讲，"任其兴到神来，发为独立不羁之评论"④。学生没有文理限制，可根据自己的兴趣和爱好，自由听讲，既不需上课证，也不给学分。学生经常受这种公共训练，对人格的修养，以至国家大势、世界大势等，渐有共同的态度，共同的理想，以弥补平时专门教育之不足。

柳诒徵主张在实施通才教育的基础上，实现教育的普及。他认为，一个国家要在世界上立于不败之地，必须提高全民族的科学文化素质。因此，必须普及全民教育。要普及教育，施教者首先必须有孔子"有教无类"的思想。即使对于那些没有素质的人，也不要轻易放弃对他们的教育，要善待他们，尽最大可能使他们接受教育，使他们发挥各自的能力，真正做到世无弃材。为此，他主张必须打破教育上重男轻女、"禁女学"的教育体制，实行男女教育平等，让女子与男子

---

① 柳诒徵：《中国史研究论文集序》，《史地学报》第 3 卷第 5 期，1925 年。

② 胡先骕：《教育之改造》，江西《大众日报丛书》，1945 年 12 月。转引郑师渠：《在欧化与国粹之间——学衡派文化思想研究》，北京师范大学出版社 2001 年版，第 320 页。

③ 景昌极：《民国以来学校生活的回忆和感想》，《国风》月刊第 7 卷第 2 期，1935 年 9 月。

④ 张其昀：《悼梁任公先生》，《史学杂志》第 1 卷第 5 期，1929 年。

有同样的受教育的权利和机会。他强调切实重视女子教育，并从理论上阐述了女子教育的重要性。他指出，秦汉以后中国教育只教男不教女，是中国教育衰颓的主要原因之一。实际上，实行女子教育是极为重要的，柳诒徵认为，一方面，男子性质之善恶，各以其母，女学不修而求教育之完美，就好像"岑楼升木，其末虽齐，其本则殆"，这是有识者所深痛的。另一方面，女子所负教育之责，实重于男子，男子之教，必待女子为之挚长。女子有学问以事舅姑，事其夫，而后归于教育子女，以及为他人教育子女，因此，教育之本莫要于女子教育。在他看来，如果将保护幼儿、教育儿童的责任委任给不学无知的女子，其结果是可想而知的。同时，要使女子能担负起教育之责，还必须禁止早婚，提倡晚婚晚育。他指出，如果不到结婚年龄而结婚，由于人的体质、情性等都还未发育成熟，难以胜任教育之责，因此，正婚姻之道应为教育中根本之根本。由是，他主张必须重视和提高女子教育，这是普及教育所必需的。

提倡女子教育，既是普及教育的重要方面，实际上也是柳诒徵教育平等思想的反映。在漫长的封建社会，女子的社会地位低下。就教育而言，男女教育不平等的现象很严重，女子教育得不到重视。清末，西方普及教育的思想传入中国，并逐渐引起了中国学者的关注，如郑观应在介绍西方学校制度时曾指出，德国普及教育，"无论贵贱男女，自五岁以后，皆须入学，不入学者，罪其父母"[①]；在1903·年清廷颁布的《癸卯学制》中，也不再禁止女子入学。1907年清廷又颁布了《女子小学堂章程》和《女子师范学堂章程》；民国建立后，南京国民政府也颁布了相应的有关女子教育的政策。然而，由于国家并没有真正重视女子教育，再加上人们受封建纲常影响太深，所以，直到"五四"以前，女子教育实际上并没取得实质性地突破和进展，尤其是中等教育和高等教育。因此，民初重视和推广女子教育仍是教育改革的重要内容之一。柳诒徵从子女发展的角度强调女子教育的重要性，并提出晚婚晚育的主张，对促进思想解放和妇女解放有积极意义。不过，他将女子教育的重要性置于男子教育之上，将子女性格的善恶完全归因母亲，显然过分夸大了女子教育的重要性，未免有些矫枉过正。而且，他讲重视女子教育，是从有利于子女发展的角度去阐发，而不是从人权、个性发展的角度去审视，反映了他思想的局限性。

---

① 郑观应：《盛世危言·学校》，陈学恂编：《中国近代教育文选》，人民教育出版社1983年版，第47页。

　　为实现教育的普及，柳诒徵还主张打破年龄和等级的限制，使所有人都有受教育的机会。他指出，学无止境，教亦无止境，这是人所共知的。区分年龄，限制等级，以限定受教育时间的做法是错误的，"盖人之有待于学与教，不当以年龄地位为标准。"当时学校只对青年实施教育，年长任事者则不在教育之列，这是与教育宗旨相违背的。由是，他认为，为便利计，自童年到壮年，为专心学习的时期，但并不是说此后无需再学习，无需再受教育。成年人也同样需要受教育，并建议国立大学，允许总统、总理以下人员来听讲。这样，从成年人以至于幼童，从最高统治者以至于普通民众，无不范围于教育之内。统治者与普通民众，只不过在政治上有阶级的差别，在受教育和讲学上则是平等的。他主张任何人、任何时候都有受教育的权利，这就使教育对象进一步扩大，有利于教育的普及。由于柳诒徵认为所有人都有待于受教育以成人，所以有教育面前人人平等的思想。

　　为实现普及教育，在教学内容和课程设置上，柳诒徵也提出了自己的意见。民国以前，四书、五经在学校教育中占有很大比重，读经课在各级各类学校的课程设置中也都占有非常重要的位置。民国建立后，为适应新式教育的需要，民国政府对各级学校的课程和教材也做出了相应的调整。在关于学校是否还要设读经课的问题上，学术界产生了很大分歧。新文化运动倡导将"国文"课改为"国语"课，由"文言"文改为"语体"文。为推行国语教学，柳诒徵所在的南高师于1918年7月开设了国语讲习科，利用暑假培训苏、皖、浙三省师范学校的国文教员。北京、江苏等地还自己编写了国语读本，使用国语教材。1920年中华民国教育部规定，到1922年止，文言教科书一律废止。时为南高师、东南大学教授的柳诒徵，作为历史和国文教员，对此他有自己的看法。

　　在读经与废除读经的问题上，他反对废除读经课，认为持此说者，是"蔽于浅"，"蔽于今"。他认为，各级学校是否应该设读经课不应一概而论，应分别对待。小学生必读《论语》，中学生必读《孟子》，将之放入国语或国文科中。中学生读完《孟子》之后，可以任意选读一部小经或中经，要选读大经者，也可择要读之。愿意在中学毕业后入大学文科、法科，或师范的学生，应该兼读数经或诸子；愿意学实科者，只读《论语》、《孟子》就够了，不必耗费脑力来治经。对于大学文科、法科及研究院的学生，读经更不能废除。他们学习汉学家法，分别古书真伪，或研究先秦思想等等，都不能不读经书。总之，柳诒徵不主张人人都去读五经、十三经，但反对一刀切地，笼统地废除读经。从发展现代教育，培养健全人格的角度看，民国时期的学校教育的确不应设读经课程。经书中包含着帝王思想、专制思想等，在封建时代，经书的确也曾成为帝王钳制人们思想的工具，经书中的许多思想也确实已经不适于现代的生活，这是不争的事实。尤为重要的是，经书思想内容深奥，极为难读，正如傅斯年所说，经书在专门家手中都是半懂不懂的东西，更何况中小学生。再加上民国时期，中小学课程负担日益繁重，因此，在这种情况下，主张中小学设读经课显然是不切实际的。不过，经书中确实不乏包含深刻哲理的文章，或非常优美的文学作品，因此，中学生可以选读一些其中容易理解的文章。胡适、梁启超等人都认为中学教本中可以选一些古经传中容易理解的文字，将之与史部、集部文字同等对待，但中学不能有"读经"的专课。柳诒徵从学术发展和史学研究的角度，将经书与子、史、集部书籍都看作研究历史的资料，主张有关的研究者读一些经书，反对笼统地废除读经未尝不可。他的局限在于，他将一般学术研究的读经与作为学校课程的读经课相混淆，没有认识到在当时废除读经课的必要性和积极意义。

在关于是否将国学改为国文的问题上，柳诒徵认为没有争论的必要，他说："朝三暮四，在实不在名，区区一字，何足争辩。"国文可以包含国语，国语同样可以包含国文。该课程是叫"国语"课还是叫"国文"课并不重要，重要的是该课程所教授的内容，是否能够"镕冶儿童、发扬国性"。他主张，教授国语应该读《论语》，再辅以浅近的语体文，以向儿童揭示共和国民之准则。他指出，当时人们主张废除读经，提倡国语的主要理由，无非是认为经书所言，皆教人以帝王思想。主张国文者看来国语教材皆民主国家的国民思想，实际上教育部所审定和颁布的国语教科书却并非如此，其中诏示儿童为帝王、为官吏，为种种凶横残忍，不适于共和国体平民思想者，举不胜举。国语教材中诸如所谓"国王"、"大小官员"、"跟随"、"王冠"、"谕旨"等都不是共和国家所有；所谓"欺诈"、"斩首割鼻"、"卫队抓人"、"办个犯上的罪"、"大骂不要脸的东西"等，也不是文明国人所应效仿的；"乘轿带公差"、"坐堂审问"、"打四十大板"、"口呼大老爷"也不是文明国家所应效仿的。有的国语教材甚至教儿童放火等。缘此，柳诒徵指出，人们在认识上存在一种误区：认为读国语胜于读帝王传统之经训，"其书为语体，则虽王制可也，官派可也，斩首割鼻可也，打人放火可也。其书非语体，则虽二千年前之文化为后世典章制度所从出，学术思想所由来者，必极力废绝之，然后可以厘定学术，整治教规。"① 柳诒徵慨叹，不知有此认识，持此主张者，是何心理。

国语教材中存在某些不足或错误是事实。然而，民国初期，国语教材编订采用白话语体文，由于是教材改革上的创制，没有现成的教材可以参考，而且，由于人们在认识上的肤浅，编写时间仓促，因此，在教材内容的选择等方面出现一些不足也是在所难免的。柳诒徵对国语教材中的错误提出批评指正意见，对国语教材编写的进一步成熟和完善，对教育的发展和进步都是有积极意义的。从另一方面看，国语与国文虽仅有一字之差，但国语改国文绝不像柳诒徵所说的无关紧要。实际上，它涉及课程内容问题，以及教学的语言形式问题。国语教材使用语体文，教学要求用统一的注音字母，不仅可以实现言文一致，也便于全国语言的统一；不但利于普及教育，而且便于学术文化的交流。因此，改国语为国文，实为中国教育现代化过程中的重要一步，从中国文化教育事业发展看，绝不是可有可无的。柳诒徵对国语运动的认识显然过于简单，也有误解。

（三）注重个性，倡导"自由教学法"

在教学方法上，柳诒徵除了注重对学生的能力培养，实施启发式教学外，他在教学上的另一特色就是重视学生个性的发展。为发展和培养学生个性，他提出了以下主张：

第一，实行因材施教。

不同的学生存在智力的差异，同一学生在不同阶段，其知识、智力以及认识水平等也存在差异，这是人所共知的。但有些教师在教学过程中，却又经常忽略学生的差异，难以做到因材施教。柳诒徵充分认识到了这一点，主张对不同的学生，或不同的学习阶段，分别采用不同的教学方法。如就中小学的历史教学来说，小学一、二年级的学生，由于知识较少，理解力也较差，所以应以教实物的历史为宜；对小学三、四年级的学生，宜采用书本的历史和实物的历史对照教学；五、六年级，教师要教学生学会看自习的书；中学前三年，教师也要教给学生会看自习的书，并慢慢地引导他们逐渐看从前的原书；中学后三年，对预备学文科的学生，教师要教会他们看原书，预备学工科农科的，要教他们会看农业农政、工业工政方面的原书，这样，他们到了高等专门学校或大学里，就可以进行

---

① 柳诒徵：《解蔽》，《学衡》第 49 期，1926 年 1 月。

历史研究了。也就是说，对中小学生，柳诒徵主张运用直观的教学方法，教师要尽可能地将能找到的实物直接找来，没有实物，也要尽量制造实物的模型或图画以作参照，并建议中小学校要有历史标本陈列室。他认为，讲授历史不能仅在课堂上，可以到陈列室中去讲，讲乡土历史，最好到实地去，边参观边讲授，这样所教的历史才是"活的历史"，而不是"死的历史"①。活的历史学生不但易于理解和接受，而且记忆也会更牢固，对所教的历史的感悟也才会更深刻。另外，由于受学识和年龄限制，中小学和大学可以根据学生的特点各有所侧重。中小学生由于知识较浅，应着重进行修身教育，授之以实践之法。大学及专门学校的学生，由于已具备了一定的知识，德性也已较为坚定，所以，应以伦理教育为主，授之以道德原理，学生可以自觉地依据原理进行实践。这反映了柳诒徵因材施教的教育思想。

柳诒徵非常赞赏孔子的"因材施教"的教学方法，在教学过程中，他也一直重视因材施教。为满足不同学生的兴趣和爱好，他经常拟出很多题目，让学生自己去研究，然后，他详细给予个别指导。他根据学生的不同情况，教给他们不同的治学方法。在他的精心培养下，宗白华、张其昀、郑鹤声等一大批学者脱颖而出，其中既有史学家，也有教育家、地理学家、图书馆学家等多方面的人才，这不能不说与柳诒徵的因材施教有一定的关系。

第二，倡导"自由教学法"。

"五四"以后，中国教育界重视教学方法的改革，在探索新的教学方法的过程中，对西方的教学方法也很关注，其中美国的"设计教学法"和"道尔顿制"在中国影响较大。"设计教学法"于"五四"以后传入中国，首先在江苏一带试行，尤以南高师附小提倡最力。该教学法是美国教育家克伯屈根据杜威的"从做中学"的思想创立的，它以学生为中心，由学生与教师根据学生兴趣和需要，拟出预订目的、活动计划，以问题或要做的事为组织教材的中心，在活动中，运用具体材料，获得有关的经验。所谓道尔顿制，是由美国的柏克赫斯特于1920年创立，1922年传入中国。道尔顿制的最大特点是废除了班级制，按钟点统一授课。学生在教师的指导下，自己主动在实验室或作业室内，拟定自己的学习计划。每一学科开辟一作业室或实验室，充分提供该学科的有关书籍、学习材料或实验仪器，每科设专任教师一两人指导学生学习。个人教材、进度和所用时间不

---

① 参见柳诒徵：《（商榷）中小学历史教学的意见》，《史地学报》第2卷第1期，1922年。

同，以适应各自不同的能力、兴趣和需要。学生按自己所定计划去学习，必要时可以和教师、同学研究讨论。每月学习计划完成后，经教师考试及格，再开始下一个阶段的学习。学习情况和成绩都记入学习手册。从这两种教学方法看，各有利弊，"设计教学法"以学生为本位，由教师指导学生主动去学习，充分发挥学生的自主性。但是，由于这种方法在教学指导、设备、教材编写等方面都许多困难，也不利于培养学生知识的系统性。"道尔顿制"非常有利于学生个性的发展，有利于培养学生的主动学习的精神和自学的能力，但却容易形成放任自流，尤其是对那些疏懒的学生。由于学习在实验室或作业室中进行，对于那些勤奋的学生又容易养成埋头书本而脱离实际生活的毛病。由于这些教学方法都有不同程度的缺陷，因此，柳诒徵在尽量吸取这些教学法的优点，克服其不足的基础上，提出了别具特色的"自由教学法"。

1931 年柳诒徵在《学衡》第 75 期上，发表了《自由教学法》一文，系统阐述了自己的观点。柳诒徵指出，学校教育的发展趋势，应由束缚而趋于自由。而现实教育，却限以时间，制以科目，裁以单位，囿于一学期或一学年，这样极不利于人才的培养。就教师而言，自己有心得，或片语可罄，或二三小时不能毕，却都要限以 50 分钟，不足者强加废话以拖延时间。一节课讲不完者，也不得不停止，以待他日再讲，显然大不自由。就学生而言，也感到非常痛苦，所欲学者浅尝辄止，所不愿学者，则又强迫而聒之。自己不感兴趣，也必须正襟危坐着听讲，问难未终，听到下课铃声也不得不离去。数学还未演算完，又得上国文，化学实验还没做完，又扰之以音乐。时间的割裂，学分的填凑，课表的固定，等等，既浪费时间，也严重影响了教学效果。学生天资有高下，体质有好坏，对某一知识的学习，有的人短期就能完成，有的人则长年也不能完成，现在却"强屦同价，断鹤为凫，驱一级以皆升，期数门之并毕"。这样，敏者制其超轶，钝者迫其追随，即使实行选科制，也不能尽革其弊，年级制更不用说了，所有这些教学方法无不严重限制了学生个人能力的发挥和个人兴趣的发展。好学者往往孱弱多病，康强逢吉者，课程则大多平平。束缚驰骤之害，中于优秀分子，这显然已经脱离了施教的本意。像群盲翕集，独见莫伸，裹胁而闹风潮，挟持而易师长，不自由；学额有限，考生孔多，虽竞争亦不能录取，欲重试必须等待明年，不自由；家贫费绌，疾病大故，借贷穷而必须缴纳，休假多而不能补修，不自由。就学校管理方面而言，校长不过教师与学生的媒介，延师而授以徒，招生而属之师，如是而已。因为这一媒介，使教师与学生没有直接的关系，学生渴望的良师，学校不聘，学生反对的劣师，校长又对之多有保护，无法辞退。教员已经担任某年级，校长却又令其改教其他年级，教员不愿担任某年级，校长则强迫其担任某年级。柳诒徵甚至将学校比喻成工厂，校长为经理，为工头，教师则为工头所辖之工人，学生则是厂中定制的货物，是以机械方式生产的统一产品，且在生产过程中，没有任何感情道义的成分在其中。学生所从之师，非其所心悦诚服，教师所教弟子，亦非其所乐育之英才，不过工厂中偶然相植。工人欲得其劳动报酬，货物欲得其售价，双方为短时间之接触。并且因为货物杂出众工，非由一个工人完成，所以，工人不识货，货亦不感激工人，二者泛泛然若路人，不加仇视就已经很庆幸了，更不用说发生感情道义了。另外，学派林立，教育经费困难，办教育者，他无所图，穷年累月，奔走呼号而争经费。即使如此，由于学生数量与日俱增，而国家的赋税收入及教育经费的增加数量却无法与之相比，于是，许多学生想求学却无学校以容纳之，且这种现象有年甚一年的趋势，到头来，许多学生失学也就是必然的了。虽然教育界也在谋求教育改革，或注意于整顿学风，或惮心于改革学制，或提倡职业教育而谋变更课程，或注重经费而争分配赔款。但这些改革无非是头疼医头，脚疼医脚，并不是彻底改造的计划，只是从局部着想，对各方面其实并无大的裨益。因此，柳诒徵认为，要想求得各方面的自由，教者与学者必须各得分愿，必须放弃今天的教育制度和教学方法，参酌古今中外研究学术之成法，扩大范围，谋求彻底改革，以达到自由教育的目的。

他认为，按照教育原则，小学教育为国家对人民必须赋予的国民教育，也就是我们今天所谓的义务教育。此外的人才教育，非国家所必须担负的，可由人民自谋。人民无能力自谋，故有赖于国家之提倡，使人民自知向学，且竞争向学。国家对于其所学所教，只需指导规定，不必一一经营而隐若有所限制。教学是可以自由的，而择地立校，限额授徒，计时按年的行为，都无所谓，不妨进行改革，另辟新径，其效果可与学校相等，且有过之而无不及，这也并非是无稽谰言，盖就学理与事实双方观察，有此改革之可能。例如，为什么立学校，是因为没有师资，而当时社会上可为师者很多，且已有的学校不足以容纳这些教师，国家不必代人民求师；另外，师之教人，为什么必须在学校，因为没有设备。然而除理化生物必须设备外，其他科目则多恃书本授受，并非只有学校才有此书。因此，"书本教育，必麕聚于一校一室，亦可谓多事矣。学有难易，人有好尚，交互错综，使之调剂平均，固亦有联络调和之妙。"何必一时而易一课，一日而习数科。假定某级学生应习国文、历史、算术、音乐、物理、生物各若干时，听其专习国文若干日，专习算术若干日，其获益何尝逊于规定时日以各科相间者？时人所盛赞的"道尔顿制"，就已打破了钟点制，渐趋于自由学习，可惜的是，尚未能放弃一堂并习的旧制，因此，要谋各个自由，"道尔顿制"仍不彻底。基于此，他提出了"自由教学法"的教学改革设想。

一、课程 由教育部制定，某种学生必习若干科目，且学至若何程度，颁行国内，使之划一。其某时学某科，某年学某科，不必规定。敏者一年或数月了之，可也。钝者积若干年始获学完，亦可也。

二、师资 不必延师于学校，第由教育部检定师资，某人可胜中学某某科教员，某人可为大学某某科教授，予以凭证，使其自由授徒。凡授某科学术者，得予学生某科修业完了之证。

三、学生 自国民小学毕业后，听其自由求师，从甲习国文若干日月，从乙习算术若干日月，悉听其便。或一日而从数师，可也；或经年止从一师，亦可也。其习一学程，束修若干，由教育长官规定，听学生直接纳之于师，第愿加丰者听，师愿减免者亦听。

四、仪器 国家停办学堂，以其经费设立科学仪器馆于都省市县适中之地。凡经检定认可之教师，得率其徒来馆实习，实习费若干，由学生直接纳于馆员。

五、图书 都市省县亦立图书馆一所或若干所，任师若生自由阅览，不收费，但有损失，则责令赔偿。

六、音乐美术及体育 都市省县亦立音乐院美术院，如科学馆，师生得就此教学，纳费准之。设体育场，准图书馆，不收费。

七、考试 学生从师学毕某级学校之必修学科，得应某级学校毕业考试，其考试由考试院及教育长官主之。某某科及格，某科不及格，得令重习某科，声请补试，胥及格者，予以毕业文凭。

八、职业 职业教育不必习普通科目，惟重实习，由国家指定若干农场工厂或公司银行，学农者师农，学工者师工，学银行者师银行员，其理论学科，听各求师，欲应试者，试之如普通学生。

柳诒徵认为，他的"自由教学法"有六大益处：其一，可以节省时间，教者与学者皆可切实从事，无虚耗的光阴；其二，可以节省经费，教育经费直接有学生的父兄负担，可省去一切学校中教职员的薪水；其三，可以免除风潮，因为弟子自己选择老师，所选老师肯定是自己愿意听从者，所以，自然不会有学生风潮；其四，可以杜绝学阀，教育与行政分开，野心家无法再利用教师和学生；其五，可以提高学术，教师必以实学授徒，教师如果没有实学，自然无人来请业。学生也必以实学应试，若无实学，考试自然不能及格，也就拿不到毕业文凭。其六，可以增进道义，学生由此重视学术，尊敬爱戴教师，为师者也"不干人求馆，不媚徒固位"，这样人格自然高尚。

"自由教学法"有其可取性、合理性和积极意义。确如柳诒徵自己所设想的那样，实施"自由教学法"可以使聪敏者节省时间，可以免除学潮、提高学术等优点。其实，"自由教学法"的最大的优点是，它可以充分发挥学生的兴趣和个性。它既打破了年级制，也打破了学分制，既打破了钟点制，又打破了课堂制。学生可以根据自己的特长和兴趣爱好，根据自己的智力情况、时间和经济状况等，自由选择教师，自由选择学习科目、学习时间、学习方式和考试时间等；教师也可以根据自己的具体情况自由授徒，其所教授的具体内容、教授方法和时间等也不再受教育部及学校的限制，教师还可以针对不同学生的具体情况，予以不同的个别指导，最大限度地实现"因材施教"。可见，在自由教学法下，无论是教师还是学生，都有相当的"自由"。

当然，这种自由并不是绝对的、没有任何限制的。对老师来说，他不能随便想教什么课程便教什么课程，他必须取得由民国教育部颁发的某科教授凭证才能有资格教授该课程，这种教授凭证类似于今天的教师从业资格证，这样可以在一定程度上保证教师的素质，从而保证教学的质量。对学生而言，他们在选择所学课程方面也不是完全放任自流，某一级学生必须学习哪些课程，学到何程度，教育部都有明确的规定，这就在一定程度上避免了教与学的随意性，从而在整体上保证教育的水平。从"自由教学法"的指导思想看，它实际上既是新人文主义教育思想的体现，也是现代个性教育的尝试。对职业教育，该教学法强调重视实际操作能力的训练，突破了以往以课堂教学为主，实际操作为辅的教学模式，这无疑更符合职业教育的目的。对诸如天文学、人类学等发展较慢，人才较为缺乏的学科的教学，柳诒徵也提出了极有见地的主张。他认为这类学科由于缺乏人才，所以应由国家来提倡。国家招收有志于这些学科者，游学外国，学成后回国教育本国人。考虑到在短时间内可能会出现教师不足的现象，他主张这些教师可以在全国范围内"流转教授"。柳诒徵的这一教学思路在当时实现起来虽有一定的困难，但的确是一种极有远见的设想。而且，这种方法在今天交通、通讯较为发达的情况下，其借鉴意义似乎更大。这种教授方法，既可以充分利用教师资源，同时也可以节省国家的教育经费开支，而且可以使全国大多数的学生都受到一流教授的教育，对学生来说其获益不可为不大。

当然，"自由教学法"的不足和局限性也是显而易见的。第一，由于各地风气不齐，人才多寡也不均，会有某地师资过剩，而某地师资缺乏，或某地教某科者太多，而习某科者极少，教某科者太少，而学某科者则极多，这样势必造成有些地方由于师资缺乏，一些学生因求不到教师而失学，或由于某科教师缺乏，想习此学科的学生，其家庭富足者，不得不耗费更多的费用到他处求学，而家贫者，或不得已而习当地师资富足的学科，或干脆不学此学科。而某地某科师资过剩，有些教师有可能会失业，这无疑会造成教育的地域性差异，虽然，柳诒徵也考虑到了这个问题，但他却认为这是不成问题的，因为，他认为师资的盈虚消长，就像货物的息耗，某地某学科富足的教师，自己自然会到此学科不足的地方授徒，如甲地教算数者多，乙地教算数者少，则数算教师自然知道赴乙地设账收徒。其实，这只是柳诒徵的主观设想，实际运作起来并不会像他想像得那么容易。一者，在民国时期，交通和通讯都很落后的情况下，各地教师不可能会很清楚地知晓各地的师资情况；再者，即使他们知道某地师资缺乏，如果距他们所在地太遥远，交通又极为不便，他们是否会自愿到该地收徒讲学也难说。第二，由于学生是根据自己的实际情况自由学习，教育部虽规定了必修科目，但对一个学生的全面成长来说毕竟是有限的。学生自己不喜欢的科目自然可以不学，这样虽可造就专家，却难以造就博学多能的全面发展的人才。从长远来看，这无疑会束缚个性的良性发展和学术进步。第三，除少数学生外，大多数学生求学的主要目的仍是谋求职业，为了生活。因此，对一些社会需求不大，或不能带来很好的经济利益的学科，势必少有人学，也就少有人教，久而久之，这类学科很有可能会淡出教学科目，这对整个国家的学术发展的危害是可想而知的。"自由教学法"对此却没有相应的调解机制和措施。第四，由于学生要分求多师，必然需要更多的费用。虽然学生可以边工作边求学，可以减轻家里的负担，但从实际的耗费来看，还是会增加社会成本。而且，由于学费直接缴纳于教师，国家也不规定统一的收费标准，完全有教师自己规定，这势必造成乱收费现象，尤其是在师资缺乏的地方。同时，由于学生有时一日要从数师学习，奔波于求师之途，必然会耗费更多的精力和时间。第五，由于取消了学校这种教育形式，学生不再在集体中学习和生活，不利于学生协调合作能力和精神的养成。而协作精神对一个国家民族凝聚力的形成，对一个国家发展的重要性自不待言。第六，在学校教育体制下，学校有实验室、图书馆等，而"自由教学法"下，由于教师自己授徒，因此，无论在实验仪器还是图书方面必然有一定的局限。虽然。柳诒徵主张在省市县适中位置设立科学仪器馆和图书馆。教师可以率其学生到仪器馆实习，教师和学生可以到图书馆免费阅览图书。但是，由于交通方面的限制，距离图书馆和仪器馆较远的教师和学生不可能经常到图书馆阅览，也不可能经常到仪器馆去实习，即使路途较近，也不像在学校那样方便。第七，就职业教育而言，虽然有助于培养学生的实际操作能力，但用此方法培养的学生，势必缺乏系统的理论知识等。

从柳诒徵对"自由教学法"的构想看，他实际上是主张取消义务教育之外的学校教育，而代之以"私塾"教育。他所主张的私塾教育，与古代私塾教育不同，是一种现代的私塾教育。首先，古代私塾教育，塾师不需要有执业凭证，可以自由设学，或应他人之聘，为某家或某人教师。而在"自由教学法"下，不是人人都可收徒授学，必须取得由教育部颁发的凭证，且这一凭证规定了其所允许教授的科目和级别。其次，古代的私塾教育所教内容主要是四书五经，教学方法则主要是背诵式，学生可以参加科举考试，但不必参加全国性的资格考试，学习完毕，塾师不需要发给学生结业证。而"自由教学法"则不同，教师只能教授其取得资格凭证的科目，所教内容也已经不再是四书五经，而是近代的科学文化知识。学生修完某科之后，教师要发给其结业证。而且，学生在修完教育部所规定的必修学科之后，需要参加某级学校的毕业考试。考试不及格者，需要重修，并申请补考，及格者发给毕业文凭。这种教育方式，在考试方面类似于今天的自学考试或各种资格考试，只是柳诒徵将其适用于义务教育以外的各级各类教育。学生不是通过自学而是必须经过教师的教育，并持有必修学科之结业证才能参加毕业考试。今天看来，古代私塾教育虽然并不可取，但私塾教育重视学生个性发展的理念和因材施教的教学方法则是今天的教育应当借鉴的。而且，现代私塾教育也逐渐引起人们的关注，在某些地方也出现了私塾教育，或类似于私塾教育的家庭教育，并且取得了学校教育所没有的效果，这也足以证明私塾教育是有其一定的合理性的。总之，无论柳诒徵所倡导的"自由教学法"的设想成熟与否，无论其存在多大弊端，但其张扬个性教育的理念则是正确的，是应该肯定的。尤其是他针对当时教育体制的弊病，提出自由教学的大胆设想，其勇气和魄力也是难能可贵的。更何况，自由教学法也是有其相当的合理性的。

三、教育独立

柳诒徵作为一个教育家，多年从事于教育事业，不仅致力于教育目的、教学内容和教学方法等方面的探讨，对教育的根本问题——教育制度和教育体制等也多所关怀和思考。他对外国人及不懂教育的政客官僚把持教育的现状不满，主张教育要独立。

民国建立以后，中国的教育曾进行了多次改革和调整，但教育仍没有取得很大的进展，原因何在。柳诒徵认为，中国教育上存在的主要问题是教育不独立。他不论在平时的教学中，还是在发表的文章中，一再呼吁中国教育的独立。

他主张的教育独立，包含有两层含义，其一，是不受外国人的操纵控制。近代以来，随着西方国家的军事侵略，外国传教士在中国的势力也越来越大，教会学校对中国教育的影响越来越大，甚至有操纵中国教育的现象，柳诒徵对此极为不满和痛心。他指出，清末，中国举办所谓新式教育，处处学习外国，多请外国教员为总教习，并由其规划一切课程编制，所委任的学校总办、监督等，也都不熟悉新式教育学说。他甚至认为这是"清季教育之国耻"[1]。民国建立后，中国教育虽进行了多次改革，但仍以欧美马首是瞻。如将教育列为国家及地方行政之一部分，是因为欧美各国皆如此，所以中国也不得不这样。在柳诒徵看来，如果欧美各国不重视教育，中国也必定将教育"束之高阁"，那么，"此乃中国人不知自立自主惟是崇拜外人之心理，而教育上惟一之根本谬误，即在于此"[2]。讲教育若以欧美成例为前提，不足与语教育。中国教育要想真正取得新式教育之成绩，必须改变这种教育现状，摆脱西方教育的控制和束缚，建立独立的教育制度，即使延聘外籍教员，主权也必须掌握在中国人手中，外籍教员只能以其技能和学艺，担任某一科或某一系之教授。他高度赞颂南高师、东南大学教育独立的做法，他说："东南师范教育，纯为吾国人主持，不参以外力，此教育史上之一大变革。"[3] 到 20 世纪 20 年代，教育独立已经成为多数爱国教育工作者的一致主

---

① 柳诒徵：《清季教育之国耻》，《国风》月刊第 8 卷第 1 期，1936 年 2 月。
② 柳诒徵：《教育之最高权》，《学衡》第 28 期，1924 年 4 月。
③ 柳诒徵：《清季教育之国耻》，《国风》月刊第 8 卷第 1 期，1936 年 2 月。

张，柳诒徵所在的东南大学则是倡导教育独立的中心之一。1924年7月3日，中华教育改进社第三届年会在东南大学举行，柳诒徵与许多著名的教育家，如陶行知、章太炎、丁文江等一起出席了会议，会议讨论的主要问题就是收回教育权的问题。在他们的积极倡导下，在全国范围内形成了轰动一时的收回教育权的运动，这一运动大大加速了中国教育独立的步伐。

其二，教育不受政治及政客的操纵与控制。北洋军阀统治下，军费支出浩繁，教育经费难以保证。教育界人士为了解决教育经费问题，提出了"教育独立"的主张。"五四"运动以后，"教育独立"的呼声日益高涨，到1922年终于形成了一种势力较大的教育思潮。主张教育独立者多主张教育完全脱离政治，如有学者认为，教育应为独立的事业，关系国家立国之根本，最忌与政治发生联系，否则，政治上一有变动，教育政策就会随之有所变更。因此，他建议实行赫胥黎的"教授治校"① 的制度。蔡元培也主张教育"毫不受各派政党或各派教会的影响"②。而柳诒徵所谓的教育独立，并不是主张教育完全脱离政治，而是主张"一国之中，惟教育之权为最高"③，其他诸种权利都不能与之匹敌，应由教育而发生政治，绝不允许政治凌驾于教育之上。也就是说，教育不应是政治的附属物，而是要求政治为教育服务，为教育提供各种有利条件和稳定的社会环境。对此，胡适也认为，政府对教育应负之责任，为教育经费之维持，教育人才之选任与撤换。对于教育进行之方针，则应委之教育人员，政府不应过问。也就是说，政府对教育的干涉应限制在提供经费，任免教育、学校行政人员等方面，却不能插手学校的内部事物，更不能干涉具体的教学过程。可见在这一点上，柳诒徵与胡适的思想是一致的。

柳诒徵提出这一主张也是有历史依据的。他指出，教育之权为最高，自古已然。古代天子、皇帝之上，尚有一阶级，即"师"，中国古代所谓师者，至高无上，不受制于任何富贵权势之人，且古代圣贤没有不尊师者，天子、诸侯皆尊师。然而，古代的所谓师，非后世自比于劳工的教书匠可同日而语。古代天子诸侯之所以尊师，主要原因在于，教育的最高权在人权，而教师恰恰操纵着成人之权。由是，"贫贱书生，知为人之道，则尊；富贵君主，不知所以为人之道，则

---

① 刘咸炘：《赫胥黎教育论》，《国风》月刊第8卷第6期，1936年6月。

② 蔡元培：《教育独立议》，高平叔编：《蔡元培教育论著选》，人民教育出版社1991年版，第377页。

③ 柳诒徵：《教育之最高权》，《学衡》第28期，1924年4月。

卑。故古之帝王之尊师者，尊人权也，尊人道也。知尊人权，知尊人道，然后知所以尊教育。"① 柳诒徵非常赞赏古代重视教育的传统。他指出，古代不仅帝王亲受教于学校，而且常常到学校视学。每当遇到不愿接受教育的学生将要退学，则将之告于大乐正或王，然后王命三公、九卿、大夫、元士等到学校，以为之模范。如果不能改变学生的想法，则王亲自视学，以感化学生。如果还不能改变学生的想法，则将他发配到远方，而王则三日不举朝政，若引咎自责。柳诒徵指出，这些是古代重视教育的明证。由是柳诒徵认为，尊师重教古今一理。今人之所以不尊师，不尊教育，既与学生有一定的关系，与教师也有很大关系。今天的教师，只是"教书匠"、"劳工"，他们既不知道自己所以为人，其所教更不能增进学生之人格，所以，他们很难得到学生的尊重。他建议学习和发扬古代尊师重教的优良传统，主张政治之权决不能压倒教育之权。他认为政治权利压倒教育权利所带来的恶果，在今天的教育界已历历可见：校长教员出于运动，仰望官吏，以求其委任，甚或奔走索薪、呼号固位，巧猾者假教育为名高，"阳以取青年学子之尊崇，阴以弋军阀商贾之贿赂，人格扫地，师道陵夷。本实既拨，虽取新说以涂饰耳目，终无所补。任毫无教育，毫无人格者，盗窃高位，坏国权而贼民命，不但不能加以教诲，且或发电以崇之，上书以媚之，书策以左右之。"② 由是，教育遂成为政治的附庸，其权利逐渐降至政治权利之下。从教育行政、教育经费，以至学术思想，皆受制于政治，皆无独立可言，这样，教育不可能有长足的发展。因此，解决教育问题，首先必须谋求教育独立。

就教育制度的改革而言，柳诒徵与学衡派的胡先骕相比，其认识和主张显然没有胡先骕深刻和系统。柳诒徵的认识是表层的，是局部的。他虽提出了教育独立的主张，但独立的教育制度应如何建立，现行的教育制度和教育结构该怎样改革，他都没有提出具体的、系统的、具有建设性的见解和主张。胡先骕则不同，他对中国现行的教育进行了全局考虑，对中国的初等教育、中等教育、高等教育、师范教育以及留学教育等各级各类教育都提出了系统的主张和方案。如他主张进一步普及初等教育，建议将当时的6年义务教育期限，延长至9年，甚至主张最终将义务教育的时间延长至12年；对中等教育主张大力发展职业教育，以适应社会的需要；对师范教育，他认为师范教育水平提高了，培养出优秀的教

① 柳诒徵：《教育之最高权》，《学衡》第28期，1924年4月。
② 柳诒徵：《教育之最高权》，《学衡》第28期，1924年4月。

师，中国的教育才能真正获得更快更好的发展，等等。尤为重要的是，胡先骕提出的各种教育主张，都是在吸收西方的教育理论和教育思想的基础上，并结合中国的实际情况而提出的。就这一点而言，柳诒徵也无法与胡先骕相比。胡先骕毕竟受过系统的西方教育，柳诒徵则没有，这也不可避免地限制了柳诒徵的思路。不过，我们不能由此而否定柳诒徵在教育上的重要地位，他对中国教育必须独立的把握，对中国教育界存在的诸多弊病的批评等，对中国教育的改革和发展都是有积极意义的。

结　语

柳诒徵作为学衡派的核心成员，南高学派的精神领袖和东南学术的领军人物，保存和弘扬传统文化，推进学术文化事业的发展和进步，是他不懈追求的人生目标。他于1903年随缪荃孙赴日本考察教育，回国后创办新式学校思益小学堂，以启迪民智；他先于刘师培、夏曾佑等人，较早地运用章节体形式编写出了适应新式教育要求的历史教科书《历代史略》，开创了中国新式历史教科书编撰的新纪元；他在黄绍箕草创的基础上，撰写出了被认为是中国第一部教育史的《中国教育史》，结束了中国无真正自己撰写的中国教育史的尴尬局面；他较早着手梳理、研究中国文化史，开辟了中国史研究的新领域，开创了文化史的撰述体例；他阐扬传统文化中的"恒常之道"和人文睿智，彰显了中华民族"独造之真迹"；他"不立门户"、"不争意气"，开展实证研究的学术态度，影响了他的弟子，也促成了东南地区"慎思"、"笃实"、"求是"的学术风气。

柳诒徵对中国文化史和传统史学理论的梳理和研究，宗旨即在发掘中国传统文化之精髓，以达保存和弘扬祖国优秀传统文化之目的；他对未来中国史学双轨发展的构想，既提出了当时史学工作的任务，也为未来中国史学工作提出了远景规划；他参与创办《史地学报》、《学衡》、《史学杂志》等学术期刊，并创立南京中国史学会，为学术工作者提供了学术发展的平台，推动了文化事业尤其是史学的发展和进步；他阐扬传统伦理道德中具有永恒价值的成分，弥补了激烈反传统的偏颇；他倡导"成人"教育、通才教育、"自由教学法"和教育独立，推动了中国近代的教育改革，将教育近代化进一步推向深入。柳诒徵的文化思想主张虽然与同时辈流多有不同，甚至有所抵牾，但他对救国、兴国，对中国文化现代化的思索和执着追求，基本反映了当时爱国学者的心路历程，他们的终极目标则是一致的，殊途而同归。

柳诒徵的文化思想，主要有以下几个主要特征：

第一，继承中国学统，发扬中国优秀传统文化是柳诒徵文化思想的主线。清末民初，尤其是新文化运动以来，人们在反思中国近半个世纪的近代化历程的教训时，逐渐认识到文化近代化的重要，认识到传统已经成为走向近代过程中的沉重包袱。反传统被认为是近代化的必要任务。新文化运动以"科学"与"民主"相号召，对中国传统文化进行了较为彻底的批判，他们视伦理的觉悟为国民最后之觉悟；少数更为激进的学者，甚至主张完全放弃中国传统文化，全盘接受西方文化；20 世纪 20 年代，"疑古"思潮逐渐泛起，声势日益壮大。疑古派对古史，尤其是上古历史的怀疑可谓有史以来所仅有。中国传统文化面临着有史以来最为严峻的挑战。中国的文化出路究竟何在，柳诒徵苦苦思索，努力探寻。他坚信，只有对中西文化进行深入研究和客观评判，才能提出客观合理的处理中西文化的方法，才能真正找到中国文化发展的道路。

　　为了揭示中国文化之真谛，以使国人对中国传统文化获得较为全面的认识，以明"吾民独造之真际"①，从而正确对待和处理中国传统文化，柳诒徵对中国文化史进行了系统梳理和研究，对传统文化精华进行了挖掘。他认为中国传统文化具有独特的品格和优长，一个中国的"中"字，即足以表现"国性"。尤其是"人伦"精神，作为中国传统文化之根本精神，正是中国人民"能造就中国这么大的国家"，"有过数几千年光荣的历史"② 的根源所在。柳诒徵对于中国文化根本精神的概括，与吴宓的"理想人格"及陈寅恪的"独立之精神，自由之思想"的概括相呼相应，形成了学衡派对中国传统文化精神的系统阐释。柳诒徵等人对中国传统文化精神的体认，也是他们承继和恢弘传统文化的思想依据。另外，在柳诒徵看来，中国文化蕴涵于历史之中，舍历史则无中国文化，因此，他认为认识中国文化的正轨在研究中国历史。基于此认识，他除了对中国文化史进行了认真研究外，还对中国传统史学理论和方法也进行了系统整理和研究，以阐扬传统史学之精髓。他对中国史学富于政治性的历史根源的考察，对"治史以畜德"为特征的史德论的创见，对存信阙疑治史态度的弘扬，对史义、史例及史德意义的阐发，对中国史学以"礼"为核心的史学特征的归纳，以及"由经入史"的治史方法，等等，无不闪烁着他睿智的思想，也表现了他对传统史学的无限崇尚和颂扬。

　　第二，融通中西文化，建设民族的新文化，是柳诒徵中西文化观的主要特征，也是他弘扬优秀传统文化的逻辑延伸。欧战以后，西方文明之弊暴露无余，西方中心论根本动摇，反思西方文化及现代化问题成为东西方学者共同的时代课

---

① 柳诒徵：《中国文化史·绪论》，东方出版中心 1988 年版，第 1 页。
② 柳诒徵：《孔子管见》，《国风》半月刊第 1 卷第 3 号，1932 年。

题。有识之士多主张综合东西各国古今的历史文化传统，"以便借助人类普遍的
智慧解决世界面临的共同性问题"①。因此，柳诒徵融合中西文化的主张，是对
世界文化潮流和中国文化现状的积极回应。他批评新文化运动的过激行为，但他
并不反对新文化运动本身，也不排拒西方文化，而是主张既不故步自封，也不率
然从人。因此，在借鉴吸收西方文化，建设新文化的终极目标上，柳诒徵与新文
化派并无二致。所不同的是，在建设新文化的方法的选择上，一方主张在不抛弃
固有的传统文化，立足于本国国情和文化特点的基础和前提下，吸收借鉴西方新
文化；一方则主张吸收西方文化，必须舍弃传统。时至今日，在社会主义现代化
建设的今天，社会主义的文化建设依然需要立足本国国情，既要弘扬祖国优秀的
传统文化，又要借鉴西方优秀的文化成果。

　　第三，追求史学的求真与致用的统一，并以致用为最终目的既是柳诒徵治史
的原则和宗旨，也是他史学思想的主要特色。热爱国家、热爱民族文化是柳诒徵
内心深处永固的情结。他试图通过中国历史，来展现中国人民自古以来不断抗争
和顽强不屈的精神，借以凸显中华民族的伟大，激发国人的爱国主义精神，弘扬
爱国主义传统。他将深沉的爱国主义情愫蕴涵于史学经世的思想中，以求真为治
史的前提和手段，以致用为最终目的。柳诒徵经世致用的思想在 20 世纪三四十
年代民族危亡的关键时刻体现得尤为突出。这一时期，中国面临日本帝国主义的
疯狂入侵，民族危机空前严重，救亡图存再次成为时代主题。身为历史学家的柳
诒徵，也希冀借助历史的作用以激发国人的爱国主义情怀，增强抗战必胜的信
心。虽然，在亡国的危机深刻，所谓学术救国、教育救国等，都不足以直接起到
救国的作用，但它却可以增强民族的自信力和凝聚力。因此，柳诒徵对救亡图存
所起的作用，也是难以估量的。1932 年，柳诒徵带领学生张其昀、缪凤林等创
办《国风》杂志，以实现"隆人格而升国格"② 的宏愿。与此同时，他们的学术
研究也多围绕救亡图存这一时代主题而展开。柳诒徵江南高等学堂学生兼好友、
中国著名的历史学家朱师辙对柳诒徵的治史特点有过这样一段评价："先生独能
于世变方亟，学术庞杂，思想昏瞀之时，倡读史之纲要，述纂修之谊例，推之于
古，反之于身，使人学一贯，行神弗离，以明史学准的，而于国本安危，民族盛

————————

　　① 郑师渠：《在欧化与国粹之间——学衡派文化思想研究》，北京师范大学出版社 2001 年版，第 144
页。

　　② 柳诒徵：《国风·发刊辞》，《国风》半月刊第 1 卷第 1 号，1932 年。

衰尤深切致意。"① 应当说，朱师辙对柳诒徵治史特征的评价是恰当的。

柳诒徵的文化思想也存在一些不足和局限。他虽然试图通过与梅光迪、吴宓等具有系统西学知识的学衡诸友的交往，增强自己对西学的认识，但实际上他对西方文化的认识仍不是很系统。他主张融合中西文化，但究竟如何融合，他却并未提出具体可行的方案，也只是提出了对待中西文化的原则性问题。而且，吸收西方文化就是要对西方文化做出选择，必须明确西方文化的本质特征，及其有益于中国文化者何在，而他在对西方文化根本特征的认识上却存在偏狭。新文化运动倡导者们在认知西方文化的特质时，将之简括为"科学"与"民主"，并以之作为启蒙的核心。可以说，他们基本抓住了西方文化的根本特征。而且，科学与民主也确是近代中国追求民主、富强和进步所必需的。而柳诒徵所体认的、可与中国文化融合的西方文化则是古代西方的人文精神，中西文化的融合不过是西方的古代文化与中国传统文化的融合。这恰恰与当时的时代主题科学与民主相偏离。另外，他浓厚的民族文化自尊意识，直接影响了他对中国传统文化的态度。他给时人以及后来学者以"信古"、"文化保守主义"等印象，绝非偶然。在他不可轻疑古人这一客观态度的背后，也隐含着他对古人、古史崇信的微妙心理；他对传统文化，尤其是上古三代文化更是崇尚有加，如对时人多认为是伪书的《周礼》，他却认为确为周代的文献，并给予很高的评价。他对孔子的评价，也有明显的尊孔意味。他认识不到尊孔逆流的严重性，讳言孔子及儒学与封建专制唇齿相依的客观事实，极力张扬孔子的价值，并宁愿充当孔子的辩护士。尽管他评价孔子有客观、理性的一面，但的确容有过当，没有准确把握时代的方向。他反对废除文言文，虽然从纯学术的角度看有其合理性，但从文化的普及、思想的解放而言，他的思想是片面的。在关于读经与废除读经的问题上，他反对废除读经，从史学研究的角度看，主张史学研究者，应该将经书看作史料，应该去读，这无疑是对的，但主张大学乃至中小学设读经课，则显然不合时宜，反映了其思想上的局限性。

柳诒徵的文化思想尽管有这样或那样的不足，但他对中国文化的认真思索和不懈探求，对传统文化精髓的发掘和阐扬，却蕴涵了其深睿的思想见解，对当时及后世均不乏深刻的启迪意义。

第一，继承传统文化，融通中西文化，建设新文化的思想主张，为人们正确

---

① 柳诒徵：《河南大学讲演集》，开封河南省立河南大学文学院 1933 年版，第 2—3 页。

处理中西文化，建设有本国特色的新文化提供了可资借鉴的理路。

20世纪80年代末至90年代，文化热在国内再次勃兴。反观这次文化热，我们会惊奇地发现，无论其缘起抑或外在表征，其与五四时期的文化热有诸多的相似性。五四时期的许多思想、观点、争论等似乎又重新呈现出来。因此，重新认识当年学者的文化运思和主张可以为我们提供某些经验和教训。

在世界各国联系日益加强的今天，如何发展与他国的关系，紧跟世界发展潮流，融入国际社会这一整体之中，在世界事务中发挥自己应有的作用，提升自己的国际地位，并保持中国的特色，这是当前摆在国人面前的任务。民族文化是体现一个国家、一个民族特色的主要因素，文化是一个民族长期积淀而成的，它承载着该民族国家的历史传统，凸显着该民族历史的国民性，彰显着该民族国家的精神面貌。因此，柳诒徵立足本国，继承并弘扬中国传统文化之精华，吸收借鉴西方文化，融通中西文化的思路是正确的，这一文化发展思路在社会主义文化建设的今天也仍然适用，它为我们正确处理中西文化提供了宝贵经验。

第二，史学经世的思想，有助于加强人们对史学与现实关系的认识，对史学研究脱离实际的做法具有一定的警醒作用。

今天，许多人对历史与现实关系的认识仍存在误解，他们认为历史学研究的对象是过去的历史现象，所以，与今天的现实生活没有什么关系，历史无用论也在潜滋暗长。这种论调在一定程度上也影响到了历史学工作者或历史专业的学生，他们中的一些人产生了专业自卑感。由于社会对历史学的误解，加之市场经济的冲击，这种历史无用的论调直接影响了历史专业毕业生的就业问题。社会需求日益扩大，而历史专业毕业生的就业却相对困难，这一状况不能不引起我们的关注和深思。柳诒徵张扬史学有用于世，旨在说明历史的社会功用。他自己通过史学研究的实际行动，向世人表明历史学虽不能为社会创造直接的物质财富，但历史学绝不是可有可无的学科，也不是完全与现实脱离的学科。史学与其他学科一样，同样可以发挥其社会价值。虽然史学研究不能完全以社会现实为转移，但史学研究却应基于对现实问题的考虑，从历史的视角，为现实问题寻求历史的解释和依据，或提供历史的思索，或以历史来警戒现实。柳诒徵反复强调，古书上所记载的事情虽然与今天发生的事情好像没什么关系，但它所阐述的处理问题的原理则古今一理，这恰是史学研究的现实价值所在。史学无用论的出现，原因虽是多方面的，但史学工作者确有不可推卸的责任。一些史学工作者逐渐走入一种误区，认为史学研究与现实的联系越少，越具有学术性，于是，他们越来越走向窄而细的琐碎研究。其研究虽或许会有一定的学术价值，但却不解决现实社会问题，也不能对解决现实问题有任何借鉴或启示，所以，世人不能理解而产生史学无用的看法也就很自然了。因此，柳诒徵史学经世的思想，足以引起今天史学工作者的深思。

第三，柳诒徵对发展个性教育的重视和提倡，为后世教育、教学改革提供了启示。

早在 20 世纪二三十年代，柳诒徵便对学校教育的弊端提出了批评。他批评学校给学生设置的必修课太多，学生没有足够的时间发展自己的兴趣爱好，个性被压抑。同时，学校实行年级制和钟点制，使教师和学生都受到很大限制。且在教学方法上，教师多采用灌输式的课堂教学形式，课堂上缺少师生互动，严重影响了教学效果和学生能力的提高。柳诒徵将师生间的关系，比喻成工厂里的工人和定制的货物，认为双方缺乏感情，尊师重道之风严重破坏。为了促进学生个性的发展，他提出了取消义务教育以外的学校课堂教学，而代之以现代私塾教育的"自由教学法"的大胆改革设想：即由教育部统一规定某种学生需要学习的学科和需要达到的程度，由学生根据自己的具体情况，自由选择由教育部认可的教师自由学习。从教育的整体发展看，不论在当时还是今天，完全取消学校教育不仅没有必要，而且不可行，柳诒徵的设想未免有点过于理想化。但他打破机械的课堂教育模式，注重学生个性发展的教育理念则是先进的，他实施现代私塾教育的改革设想不可谓不大胆。更可贵的是，现代私塾教育的确具有相当的合理性和前瞻性，在目前某些地方出现的作为反对应试教育而出现的现代私塾教育就充分证明了这一点。另外，自由教学法至少也可以给我们提供一种思路，即学校教学模式不是单一的，是可以改变的，是可以多样化的，没有必要都采取划一的教学模式。由此也提醒我们，无论是教育改革还是其他方面的改革，固然需要创新，需要借鉴他国先进的经验，但也不能忽视前人的经验教训，不能忽视前人合理性的思索。因为，他们的思想或许在当时不合时宜，但不能就此而否定他们具有的前瞻性的价值，或许靠他们的点滴启迪，就足以影响我们的决策。在提倡素质教育、人文教育、个性教育的今天，反思柳诒徵的教育理念，对当前的教育改革当会有所启发。

总之，柳诒徵是博洽古今、兼通中外的学者，蔡尚思赞叹他的学识"听先生指教犹如读一部大的活书"①。近代国学泰斗章太炎也赞誉他的学术成就如"凤鸣高岗"②。柳诒徵作为国学大师，著名的历史学家、教育家、图书馆学家，南高师、东南大学的精神领袖，他对东南学术有深远的影响。在他带领和影响下所形成的"慎思"、"笃实"、"求是"的"南高精神"，不仅影响了当年的东南学人，而且，它作为宝贵的精神财富，依然是今天的学术工作者应当继承和弘扬的。另外，在20世纪上半叶，中西文化、古今文化激烈论争，中国文化彷徨无主的关键时刻，柳诒徵立志沟通古今、中西学术文化，并以继承和弘扬传统文化为己任，对中国的新文化建设、道德建设以及史学未来的发展和教育改革等都进行了深睿的探索，并提出了今天看来仍不失启迪和借鉴价值的思想主张。而且，作为一个爱国的学者，他的文化思想也是爱国主义的重要表现，与同时代其他爱国救亡思想一样，他思想文化的主旨亦在于此。因此，尽管他的文化思想主张还有一定的局限性，有这样或那样的不足，甚至有某些理想化、简单化的倾向，甚至有时会给人一种说固执也好，保守也罢的那么一种感觉，瑕不掩瑜，这些缺憾都不能影响其在近代救亡图存和思想启蒙运动中举足轻重的作用。

①　蔡尚思：《柳诒徵先生学述》，柳曾符、柳佳编《劬堂学记》，上海书店出版社2002年版，第5页。

②　蔡尚思：《柳诒徵先生学述》，《劬堂学记》第6页。

主要参考文献

（说明：报刊按刊名首字的拼音排列，其他按著作责任者首字拼音排列。）

一、基本史料

（一）报刊

《晨报》

《大公报》（1927 年 9 月 19 日）

《大公报·文学副刊》

《光明日报》（1986 年 1 月 6 日）

《国风》

《国立北京大学国学季刊》

《国史馆馆刊》

《国学图书馆馆刊》

《教与学》

《教育杂志》

《清华周刊》

《史地学报》

《史学杂志》

《史学与地学》

《万国公报》

《新青年》

《学衡》

《燕京社会科学》（1949 年 10 月第 2 卷）

《中外杂志》（第 7 卷第 6 期，1970 年）

（二）论著、文集

白寿彝、启功、郭预衡等主编：《文史英华》（史论卷），湖南出版社 1993 年版。

卞孝萱、唐文权编：《民国人物碑传集》，团结出版社 1995 年版。

蔡尚思：《中国文化史要论》，湖南人民出版社 1980 年第 2 版。

蔡尚思主编：《中国现代思想史资料简编》第 1、2 卷，浙江人民出版社 1982 年版。

陈安仁：《中国文化史》，商务印书馆 1947 年版。

陈登原：《中国文化史》，世界书局 1947 年新一版。

陈独秀：《独秀文存》，上海亚东图书馆 1922 年版。

陈崧编：《"五四"前后东西文化问题论战文选》，中国社会科学出版社 1989 年增订第 2 版。

陈学恂编：《中国近代教育文选》，人民教育出版社 1983 年版。

陈寅恪：《金明馆丛稿二编》，三联书店 2001 年版。

冯友兰：《中国哲学史》，中华书局 1961 年版。

傅斯年著，岳玉玺等选编：《傅斯年选集》，天津人民出版社 1996 年版。

高平叔编：《蔡元培教育论著选》，人民教育出版社 1991 年版。

（日）高桑驹吉原著，李继煌译述：《中国文化史》，商务印书馆 1931 年版。

顾康伯著：《中国文化史》，上海泰东图书局 1930 年版。

顾颉刚编：《古史辨》第 1 册，上海古籍出版社 1982 年版。

郭沫若著，郭沫若著作编辑出版委员会编：《郭沫若全集·历史编》，人民出版社 1982 年版。

何兆武主编：《历史理论与史学理论——近现代西方史学著作选》，商务印书馆 1999 年版。

胡适：《胡适文存》第 1 集，远东图书公司 1953 年版。

黄绍箕、柳诒徵：《中国教育史》，出版地出版者不祥，1925 年版。

姜义华主编：《胡适学术文集·中国哲学史》，中华书局 1991 年版。

姜义华主编：《胡适学术文集·哲学与文化》，中华书局 2001 年版。

蒋天枢：《陈寅恪先生编年事辑》（增订本），上海古籍出版社 1997 年版。

金毓黻：《中国史学史》，河北教育出版社 2000 年版。

李大钊：《李大钊选集》，人民出版社 1959 版。

梁启超：《饮冰室合集》，中华书局 1989 年版。

梁启超：《中国历史研究法》，上海古籍出版社 1998 年版。

梁漱溟：《中国文化要义》，学林出版社 1987 年版。

刘大年：《中国近代诸问题》，人民出版社 1978 年版。

刘咸炘：《推十书》第 3 册，成都古籍书店 1996 年版。

刘寅生、房鑫亮编：《何炳松文集》，商务印书馆 1997 年版。

柳曾符、柳佳编：《劬堂学记》，上海书店出版社 2002 年版。

柳曾符、柳定生选编：《柳诒徵史学论文集》，上海古籍出版社 1991 年版。

柳曾符、柳定生选编：《柳诒徵史学论文续集》，上海古籍出版社 1991 年。

柳诒徵：《历代史略》，江楚编译局 1903 年版。

柳诒徵：《河南大学讲演集》，开封河南省立河南大学文学院 1933 年版。

柳诒徵：《中国文化史》，东方出版中心 1988 年版。

柳诒徵：《柳诒徵说文化》，上海古籍出版社 1999 年版。

柳诒徵：《国史要义》，华东师范大学出版社 2000 年版。

梅光迪著，罗岗、陈春艳编：《梅光迪文录》，辽宁教育出版社 2001 年版。

缪凤林：《中国通史纲要》，钟山书局 1932 年版。

缪凤林：《中国通史要略》，商务印书馆 1947 年版。

南京大学校庆办公室、校史资料编辑部、学报编辑部编辑：《南京大学校史资料选辑》，内部发行，1982 年版。

钱基博著，曹毓英选编：《钱基博学术论著选》，华中师范大学出版社 1997 年版。

钱穆：《中国文化史导论》，正中书局 1948 年版。

乔衍琯编：《柳翼谋先生文录》，台北广文书局 1970 年版。

瞿林东：《中国史学史纲》，北京出版社 1999 年版。

浦起龙：《史通通释》，上海书店出版社 1988 年版。

孙尚扬、郭兰芳编：《国故新知论——学衡派文化论著辑要》，中国广播电视出版社 1995 年版。

汤用彤：《汤用彤学术论文集》，中华书局 1983 年版。

王德华：《中国文化史略》，正中书局 1947 年沪一版。

王德滋主编:《南京大学百年史》,南京大学出版社 2002 年版。

王国维:《王国维遗书》第 4 册,上海古籍书店 1983 年版。

王栻主编:《严复集》,中华书局 1986 年版。

王元化主编,张元济等著:《学术集林》卷六,上海远东出版社 1995 年版。

王云五:《编纂中国文化史之研究》,商务印书馆 1937 年版。

王仲荦等编注:《资治通鉴选》,中华书局 1965 年版。

吴宓:《文学与人生》,清华大学出版社 1996 年版。

夏晓虹编:《梁启超文选》,中国广播电视出版社 1992 年版。

杨名斋:《评中西文化观》,中华书局 1924 年版。

叶楚伧、柳诒徵编:《首都志》,正中书局 1935 年版。

岳玉玺、李泉、马亮宽编选:《傅斯年选集》,天津人民出版社 1996 年版。

张大为等编:《胡先骕文存》,江西高校出版社 1995 年版。

张其昀:《中华五千年史》第 1 册,台北,中国文化大学出版部 1981 年版。

章太炎:《章太炎全集》第 4 卷,上海人民出版社 1985 年版。

章学诚:《章学诚遗书》,文物出版社 1985 年版。

章学诚著,叶瑛校注:《文史通义校注》,中华书局 1985 年版。

张荫麟:《中国史纲》,山西古籍出版社 2001 年版。

张荫麟:《中国史纲》,上海古籍出版社 1999 年版。

中国文化大学出版部编印:《张其昀博士的生活和思想》,台北,中国文化大学出版部 1982 年版。

中国人民政治协商会议镇江市委员会文史资料研究委员会:《镇江文史资料》第 11 辑,1986 年。

钟錂:《颜习斋先生言行录》,中华书局 1985 年版。

朱熹:《四书集注》,岳麓书社 1985 年版。

朱有瓛主编:《中国近代学制史料》第一辑上册,华东师范大学出版社 1983 年版。

朱斐主编:《东南大学校史》,东南大学出版社 1991 年版。

(三)年谱、日记、诗集

吴宓:《吴宓诗集》,中华书局 1935 年版。

吴宓著,吴学昭整理:《吴宓日记》1-10 册,三联书店 1998 年版。

吴宓著，吴学昭整理：《吴宓自编年谱》，三联书店 1995 年版。

中国社会科学院近代史研究所中华民国史研究室编：《胡适的日记》上、下，中华书局 1985 年版。

二、研究论著

（美）艾恺：《世界范围内的反现代化思潮——论文化守成主义》，贵州人民出版社 1991 年版。

白寿彝主编：《史学概论》，宁夏人民出版社 1983 年版。

白寿彝：《白寿彝史学论集》，北京师范大学出版社 1994 年版。

（法）布洛赫著，张和声、程郁译：《历史学家的技艺》，上海社会科学院出版社 1992 年版。

冯天瑜、杨华：《中国文化发展轨迹》，上海人民出版社 2000 年版。

高恒文：《东南大学与"学衡派"》，广西师范大学出版社 2002 年版。

胡逢祥、张文建：《中国近代史学思潮与流派》，华东师范大学出版社 1991 年版。

胡逢祥：《社会变革与文化传统——中国近代文化保守主义思潮研究》，上海人民出版社 2000 年版。

黄世坦编：《回忆吴宓先生》，陕西人民出版社 1990 年版。

（英）柯林武德著，何兆武、张文杰译：《历史的观念》，商务印书馆 1997 年版。

李赋宁、孙天义、蔡恒编：《吴宓学术讨论会论文选》，陕西人民出版社 1992 年版。

李继凯、刘瑞春选编：《解析吴宓》，社会科学文献出版社 2001 年版。

（韩）李泰俊：《学衡派与五四新文学运动》，华东师范大学 1998 年博士论文。

潘维和主编：《张其昀博士的生活和思想》，台北，"中国"文化大学出版部 1982 年版。

瞿林东：《中国史学散论》，湖南教育出版社 1992 年版。

瞿林东：《中国古代史学批评纵横》，中华书局 1994 年版。

沈松侨：《学衡派与五四时期的反新文化运动》，"国立"台湾大学出版委员会1984年版。

沈卫威：《回眸"学衡派"——文化保守主义的现代命运》，人民文学出版社1999年版。

（德）斯宾格勒：《西方的没落》，商务印书馆1961年版。

苏渊雷：《中国思想文化论稿》，华东师范大学出版社1989年版。

苏云峰：《三（两）江师范学堂：南京大学的前身》，南京大学出版社2002年版。

孙永如：《柳诒徵评传》，百花洲文艺出版社1993年版。

汤一介编：《国故新知：中国传统文化的再诠释》，北京大学出版社1993年版。

唐凯麟、王泽应编：《20世纪中国伦理思潮问题》，湖南教育出版社1998年版。

汪澍白：《二十世纪中国文化史论》，中国青年出版社1999年版。

王学典：《20世纪中国史学评论》，山东人民出版社2002年版。

王跃、高力克：《五四：文化的阐释与评价——西方学者论五四》，山西人民出版社1989年版。

吴学昭：《吴宓与陈寅恪》，清华大学出版社1992年版。

徐浩、侯建新著：《当代西方史学流派》，中国人民大学出版社1996年版。

许凌云：《经史因缘》，齐鲁书社2002年版。

严耕望：《治史经验谈》，台湾商务印书馆1988年版。

杨振宁、饶宗颐等著：《中国文化与科学——人文讲演录》，江苏教育出版社2003年版。

张岱年：《中国伦理思想研究》，上海人民出版社1989年版。

张岱年：《张岱年全集》，河北人民出版社1996年版。

张岱年、汤一介等著：《文化的冲突与融合——张申府、梁漱溟、汤用彤百年诞辰纪念文集》，北京大学出版社1997年版。

张萍萍：《论〈学衡〉》，山东大学2002年博士论文。

张岂之、陈国庆著：《近代伦理思想的变迁》，中华书局2000年版。

郑师渠：《近代中西文化论争的反思》，高等教育出版社1991年版。

郑师渠：《在欧化与国粹之间——学衡派文化思想研究》，北京师范大学出版社 2001 年版。

中央大学南京校友会、中央大学校友文选编纂委员会编：《南雍骊珠：中央大学名师传略》，南京大学出版社 2004 年版。

周云：《学衡派思想研究》，南开大学 2000 年博士论文。

左惟、袁久红、刘庆楚等编：《大学之道——东南大学的一个世纪》，东南大学出版社 2002 年版。

三、期刊论文

卞孝萱、孙永如：《史学家柳诒徵的学术贡献与道德风范》，《宁波大学学报》（人文科学版）1999 年第 3 期。

卞孝萱：《柳诒徵与〈中国文化史〉》，《文史知识》2002 年第 5 期。

陈其泰：《历史观的进展与二十世纪史学走向》，《山西师大学报》（社会科学版），1999 年第 4 期。

房晓军：《柳诒徵史学成就述评》，《历史教学问题》1999 年第 5 期。

何晓明：《评 60 年间问世的五部文化史著作》，《史学月刊》1998 年第 5 期。

何兆武：《对历史学的若干反思》，《史学理论研究》1996 年第 2 期。

纪振奇：《柳诒徵中国文化史学的理论与方法》，《晋阳学刊》2004 年第 3 期。

姜海：《评陈登原的〈中国文化史〉》，《湖北大学学报》（哲学社会科学版）1999 年第 4 期。

李平：《20 世纪中国文化史研究述评》，《文艺理论与批评》2000 年第 3 期。

区志坚：《科学史学与道德史学的论争：以傅斯年与南高学者柳诒徵的讨论为例》，2004 年 8 月聊城"傅斯年国际学术研讨会"论文。

瞿林东：《探索建设史学理论的道路——谈谈《史学要论》和《国史要义》的启示》，"二十世纪中国史学与中外史学交流国际研讨会"论文，2003 年 10 月。

沈卫威：《〈学衡〉主要作者的个体命运》，《河南社会科学》1998 年第 5 期。

沈卫威：《〈史地学报〉及其文化立场》，《史学月刊》2004 年第 3 期。

田亮：《柳诒徵的民族主义史学思想》，《史学史研究》2004 年第 2 期。

肖平珍：《柳诒徵先生对图书馆事业的贡献》，《江苏图书馆学报》1994 年第 2 期。

徐建华：《柳诒徵图书分类思想与〈国学图书馆图书总目〉》，《中国矿业大学学报》（社会科学版）2001 年第 4 期。

徐国利：《钱穆论史体与史书》，《史学史研究》2000 年第 4 期。

徐昕：《柳诒徵与国学图书馆》，《中国典籍与文化》1998 年第 4 期。

许思园：《论中国文化二题》，《中国文化研究集刊》第 1 辑，复旦大学出版社 1984 年。

杨齐福：《20 世纪中国文化史研究之回顾与展望》，《淮阴师范学院学报》（哲学社会科学版）2002 年第 2 期。

万彩霞：《试论柳诒徵的中西文化观》，《镇江师专学报》（社会科学版）2001 年第 3 期。

王家范：《中国通史编纂百年回顾》，《史林》2003 年第 6 期。

吴调公：《治学经验谈》，《江海学刊》1983 年第 1 期。

张文建：《柳诒徵和中国文化史》，《学术月刊》1985 年第 5 期。

张文建：《传统史学的反思——柳诒徵和〈国史要义〉》，《学术月刊》1988 年第 4 期。

张文建：《学衡派的史学研究》，《史学史研究》1994 年第 2 期。

张文建：《柳诒徵与民俗研究》，《历史教学问题》2004 年第 3 期。

郑师渠：《学衡派史学思想初探》，《北京师范大学学报》（社科版）1998 年第 4 期。

郑先兴：《论柳诒徵的汉代史研究》，《南都学坛》2003 年第 1 期。

郑先兴：《柳诒徵的通史理论及其实践》，《内蒙古师范大学学报》（哲社版）2003 年第 4 期。

周积明：《二十世纪的中国文化史研究》，《历史研究》1997 年第 6 期。

周文玖：《论中国史学史学科的产生》，《史学月刊》2002 年第 8 期。

朱守芬：《柳诒徵与〈史学杂志〉》，《史林》2000 年第 3 期。

后　记

本书是在我博士论文的基础上进一步修改完善而成的。

2003年秋，我有幸考入北京师范大学历史系，忝为郑师渠教授门下弟子。入学后，我怀着膜拜的心理仔细研读了郑老师的《在欧化与国粹之间——学衡派文化思想研究》一书，在郑老师的笔下，学衡派的每一个个体都是那么地鲜活，尤其是柳诒徵，给我的印象更深。他博雅宏通的学术功力、严谨求实的治学态度、高尚正直的人格魅力，他对弘扬传统文化的执着和对后辈的提携与栽培等都使我顿生敬意。在我进一步阅读了有关学衡派和柳诒徵的相关著作和资料，尤其是柳诒徵的《中国文化史》以后，我对柳诒徵在学衡派中的重要作用，在民国时期东南学术界的领军地位和对南京国学图书馆的贡献的认识更加深刻，尤其是柳诒徵学术研究和学术活动背后一以贯之的爱国主义思想更使我对他平添了几分敬意。我选择柳诒徵作为研究对象，还由于学术界对柳诒徵的认识和研究还很不够，与他的学术贡献和学术地位极不相符。更令人遗憾的是，学术界对柳诒徵的认识还有很多误解，评价上也有很多扭曲的地方，这对柳诒徵是不公平的。肩负历史研究者的责任，怀着对学术和学术前辈的敬畏，我决定以"柳诒徵文化思想研究"作为博士论文的选题。

在郑老师的精心指导下，经过两年的刻苦学习和钻研，2006年夏，我顺利通过答辩。博士毕业后，由于工作的关系，论文的修订与完善工作时断时续。柳诒徵是一个"博通古今中外"的学者，文化思想丰富而深邃，以自己的史学素养，要将柳诒徵的研究推向更高层次，绝非易事，只敢说已经尽力了。因此，本书即将出版，我还是有些忐忑不安，敬望各位专家和读者批评指正。

在论文的撰写与答辩过程中，我得到了龚书铎、郑师渠、史革新、王开玺、李帆、程歗、黄兴涛、郑大华、郭双林、迟云飞等诸位教授的悉心指导，他们或在论文开题报告，或在评审、答辩，或在后期的修订过程中，都对论文提出了十分宝贵的意见和建议。尤其要感谢我的授业恩师郑师渠教授，在治学和做人上，郑老师都给了我严格的教诲，使我终身受益。在此，谨向他们表示深深的谢意！在此还要感谢我的硕士生导师董丛林教授，是他指引我步入学术研究的殿堂。

　　本书得以出版，还要感谢我所在单位全国妇联妇女研究所的谭琳、刘伯红、白梅等几位所长、妇女运动历史研究室主任肖扬研究员，以及我的同事们，他们在工作和生活上都给予我极大的支持和鼓励。另外，还要感谢我的家人一直以来对我的默默支持。

　　在本书即将付梓之际，还要感谢人民出版社的王萍编审和其他为本书付出辛勤劳动的各位同志。

范红霞
2010 年 7 月

责任编辑:王　萍
封面设计:肖　辉

图书在版编目(CIP)数据

柳诒徵文化思想研究/范红霞 著. -北京:人民出版社,2010.8
(青年学术丛书)
ISBN 978-7-01-009298-0

Ⅰ.①柳… Ⅱ.①范… Ⅲ.①柳诒徵(1880~1956)-文化理论-研究
　Ⅳ.①K825.4

中国版本图书馆 CIP 数据核字(2010)第 187121 号

柳诒徵文化思想研究
LIUYIZHENG WENHUA SIXIANG YANJIU

范红霞　著

人民出版社 出版发行
(100706　北京朝阳门内大街 166 号)

北京龙之冉印务有限公司印刷　新华书店经销

2010 年 8 月第 1 版　2010 年 8 月北京第 1 次印刷
开本:710 毫米×1000 毫米 1/16　印张:16
字数:300 千字　印数:0,001-3,000 册

ISBN 978-7-01-009298-0　　定价:34.00 元

邮购地址 100706　北京朝阳门内大街 166 号
人民东方图书销售中心　电话 (010)65250042　65289539